Christina Fischer

WEIN & SPEISEN
Leidenschaft mit System

Christina Fischer

WEIN & SPEISEN
Leidenschaft mit System

Inhalt

Essen
und Trinken
in Deutschland

8

Die Basis – ein
theoretischer
Exkurs

30

Trinken
mit System

48

Essen
mit System

88

Kulinarisch experimentieren	Ungeschriebene Gesetze	Die Genusswerkstatt	Anhang
102	164	208	234

Wein & Speisen – Leidenschaft mit System

Die genussvolle Verbindung von Wein und Speisen ist seit langer Zeit ein fester Bestandteil in meinem Leben. Irgendwann kam allerdings der Punkt, an dem ich wissen wollte, warum manche Kombinationen besonders gut funktionieren und andere wiederum gar nicht. Bis dato basierten meine Erkenntnisse im Wesentlichen auf persönlichen Erfahrungen. Schlüssige Erklärungen hatte ich nur wenige und sie waren auch nicht unbedingt in der einschlägigen Literatur zu finden. Mit hilfreicher Unterstützung und lebensmittelchemischen Grundlagen bin ich diesen Werten auf den Grund gegangen. Der Versuch sie nachvollziehbar zu definieren war das Startsignal für die erste Ausgabe von Wein & Speisen, die Sie jetzt komplett überarbeitet und in erweiterter Form in Händen halten. Herausgekommen ist ein systematischer Wegweiser, welcher die Allianz von Wein und Speisen nachvollziehbar erläutert aber bei aller Wissenschaft den Genuss nicht vergessen lässt.

Genuss ist eine wunderbare, allerdings höchst individuelle Empfindung, die von all unseren Sinnen wahrgenommen wird. Ebenso der Geschmack, der nicht nur die wissenschaftliche Reaktion auf der Zunge beschreibt, sondern auch ein subjektives Gefühl, welches bei jedem Menschen unterschiedlich ausgeprägt ist. Bedingt durch familiäre Prägung, unterschiedliche Kulturen und Landessitten entwickelt sich Geschmack nicht zuletzt aus dem jeweiligen sozialen Umfeld.

Grund genug, etwas mehr über unsere Empfindungen und die komplexe Wahrnehmung »Geschmack« wissen zu wollen. Wie funktioniert Geschmack? Klar, das Auge isst bekanntermaßen mit, Duftmoleküle werden erschnuppert, die geschmackliche Grundrichtung von Rezeptoren der Zunge bestimmt, dabei von unterschiedlichen Texturen und Reizen unterstützt. Aber welche Rolle spielen die Aromen in diesem Spiel? Man könnte ihre Intensität vielleicht mit einem Lautstärkeregler vergleichen. Laut oder leise. Hinzu kommt die spannende Wechselwirkung von Süße, Säure, Bitterkeit,

Salzigkeit, Umami, Textur oder Fett. Wird der Gaumen durch Säure oder Bitterkeit angeregt oder eher von Süße oder einer tapezierenden Fettschicht ausgekleidet? Obendrein können all diese Parameter zusätzlich durch unterschiedliche Zubereitungsarten verändert werden. Ein Rinderfilet »schmeckt« anders, je nachdem, ob es gebraten, gegrillt, pochiert oder roh gegessen wird.

Außerdem leben wir in einer globalisierten Welt und werden täglich mit den vielfältigsten Einflüssen und Produkten konfrontiert. Dabei macht die ständig wechselnde Vielfalt der internationalen Weinwelt die Orientierung auch nicht eben leichter. Ähnlich komplex verhält es sich mit unterschiedlichen Kochstilen, Lebensmitteln und Inhaltsstoffen. Wenn dann noch Beides zusammenkommt, kann das recht komplexe Auswirkungen haben.

An dieser Stelle sollten Sie nicht vor Ehrfurcht erstarren, sondern eher neugierig weiterlesen. Es folgt ein systematischer Exkurs über das genüssliche Miteinander von Wein & Speisen. Angefangen bei einer schlüssigen Einteilung in Weintypen bis hin zu nachvollziehbaren Faustregeln für den täglichen Gebrauch. Dieses Buch ermöglicht einen unkomplizierten Einstieg in eine vielschichtige Materie. Keine dogmatische Schule oder gar ein Patentrezept, sondern eher ein Anreiz zum Experimentieren.

Sie werden schnell merken, dass die Genusswelt kein Buch mit sieben Siegeln ist. Um das Spannungsfeld zwischen persönlicher Erfahrung und wissenschaftlichen Erkenntnissen zu entschlüsseln, benötigt man lediglich eine Portion gesunden Menschenverstand, eine Prise Sensibilität aber auch unstillbare Lust auf Neues. Mit diesem Buch können Sie sich sozusagen »schluckzessive« an das Thema heranwagen. Und weil es hier eben nicht nur um den Wein, sondern auch um die Wurst geht, führt das dann unweigerlich zu einer Leidenschaft – mit System. Allerdings immer unter der Prämisse, dass Genuss auch ohne Regeln stattfinden kann. Erlaubt ist, was gefällt.

Ihre Christina Fischer

Essen und Trinken in Deutschland

Genussvolle Revolution

Gutbürgerlich versus Nouvelle Cuisine

Zu Beginn der 1970er-Jahre brach aus kulinarischer Sicht eine neue Epoche an – ein fast revolutionärer Wandel vom üppigen Sattessen zum stilvollen Genusserlebnis. Einer der wichtigsten Pioniere dieser köstlichen Entwicklung war der Österreicher Eckart Witzigmann. Seine Kochkarriere begann nach prägenden Lehrjahren bei den französischen Großmeistern Bocuse und Haeberlin 1971 im Münchener »Tantris«. 1979 erhielt er mit dem eigenen Restaurant »Aubergine« als erster deutschsprachiger Koch die begehrten drei Michelin-Sterne. Laut Wolfram Siebeck, Deutschlands kritischster Zunge, gibt es sogar Zeitgenossen, die ihre kulinarischen Erfahrungen in die Zeit »vor Witzigmann« und »seit Witzigmann« einteilen.

Betrachtet man die kulinarische Landschaft in den Jahren »vor Witzigmann«, scheint diese Aussage durchaus verständlich. Abgesehen von gastronomischen Institutionen im frankreichnahen Südwesten des Landes, dem »Erbprinzen« in Ettlingen, dem »Ritter« in Durbach und dem »Schwarzen Adler« in Oberbergen, wurde seinerzeit in den meisten Restaurants bestenfalls »gutbürgerliche« Küche geboten. Manch zartes Stück Fleisch fiel einer mehldicken Sauce zum Opfer. Gemüse und Kartoffeln garte man gemeinsam bis zur Unkenntlichkeit, Fisch wurde vorzugsweise in wallendem Wasser gekocht. Und Wein zum Essen? Nein, eher nicht.

Eine Vorstellung davon, welch genussvolles Erlebnis eine frische, ideenreiche Küche in Verbindung mit einer geschickten Weinauswahl bedeutet, hatten damals nur diejenigen, die sich regelmäßig auf Frankreichs Feinschmecker-Routen bewegten. Denn unter dem Schlagwort »Nouvelle

Cuisine« fand zu dieser Zeit gerade eine zweite Revolution statt. Diese »neue«, deutlich weniger klassisch ausgerichtete Kochkunst orientierte sich an Frische und Eigengeschmack der Lebensmittel. Parallel dazu rückte die Optik der einzelnen Gerichte in den Vordergrund, und die Art und Weise des Anrichtens wurde immer wichtiger. All diese Ideen und Entwicklungen griff Witzigmann begierig auf und lehrte eine ganze Nation, dass Essen etwas anderes sein kann, als einfach nur den Mund voll zu nehmen.

Genusspioniere der ersten Stunde

Dass Löwenzahn zu jener Zeit als »Kaninchenfutter« belächelt wurde und manche Lebensmittel außerhalb von Frankreich fast gar nicht zu bekommen waren, brachte ihn und seine Kollegen nicht aus dem Konzept. Im ganzen Land wurde nach und nach ein kulinarisches Netzwerk geknüpft. 1978 gründete Karl-Heinz Wolf, ein innovativer Bonner Gastronom, den Lebensmittelspezialisten Rungis-Express, der die Gastronomen direkt belieferte. Schon damals fuhr er regelmäßig auf den Großmarkt nach Paris, um Lebensmittel frisch einzukaufen, die in Deutschland zu dieser Zeit gar nicht zu bekommen waren. Auch Adalbert Schmitt gehört mit seinen »Schweizer Stuben« zu den Genusspionieren der ersten Stunde. Im Jahr 1972 engagierte er den damals in der Schweiz tätigen Badener Jörg Müller als Chef einer neu ausgerichteten Küche mit frischen Grundprodukten.

Ebenso waren Hans-Peter Wodarz und das »Urgestein« Lothar Eiermann an der damaligen kulinarischen (R)Evolution beteiligt. Wodarz prägte in den folgenden Jahren den Begriff der »Erlebnisgastronomie«. Sogar französische Küchengötter wie Jean-Claude Bourgueil zog es zu dieser Zeit nach Deutschland. Ein ganzer Kreis kreativer Geister wie Gerhard Gartner, Vincent Klink, Egbert Engelhardt, Harald Wohlfahrt und

noch viele andere gehören zu den kulinarischen Revoluzzern dieser Zeit. Sie waren die maßgeblichen Vordenker einer neuen kulinarischen Kultur, die sich aus der modernen französischen Küche entwickelte.

Die Feinschmecker pilgerten in Scharen in diese Restaurants. Um gut zu essen, mussten sie damals weite Reisen auf sich nehmen. Was die Genusstouristen in den damaligen Gourmettempeln allerdings gar nicht bekamen, war deutscher Wein. Auf den Karten standen seinerzeit überwiegend französische Gewächse, weil diese als besonders speisekompatibel galten. Die Sommeliers kannten jeden Bordelaiser Rebstock mit Namen – aber bis auf wenige wertvolle Beeren- und Trockenbeerenauslesen keinen einzigen Topwein aus Deutschland.

Verständlich, weil es damals keine qualitative Entwicklung gab, sondern eher den Trend zum einheitlichen Serienwein, der sich aus der Welle des lieblichen Weins der Nachkriegszeit uniformierte. Eine ungute Entwicklung, denn je weiter ein Durchschnittswein eine bestimmte Restzuckergrenze überschreitet, desto mehr büßt er an Individualität ein.

Als adäquater Speisen-Partner sollte ein Wein, vergleichbar mit einer guten Sauce, jedoch über eine entsprechende Balance seiner Inhaltsstoffe, Frucht, Säure, Süße und Alkohol verfügen. Vielleicht hätte damals das Gros der Winzer trockene Weine produziert, wenn die Kombination von Wein und Speisen in dieser Zeit überhaupt einen Stellenwert besessen hätte. Doch die Mehrheit der Weinbauern hatte sich in den 1970er-Jahren zu bereitwillig der Massennorm angepasst und ersparte sich damit die Mühen des individuellen Weinbaus.

Allzu spät wurde hierzulande begriffen, dass die meisten Speisen nach trockenen Weinen verlangen.

Die Verbindung von Wein und Essen war damals unwichtiger denn je. Vor allem in den Städten außerhalb der Weinanbaugebiete. Den Sommeliers und Servicemitarbeitern blieb gar nichts anderes übrig, als Bordeaux, Chablis, Meursault & Co. aus dem Keller zu holen. Erst spät, allzu spät, begriff man hierzulande, dass die meisten Speisen nach trockenen Weinen verlangen. Leider beantworteten damals die meisten Winzer diese Nachfrage nach trockenen Tropfen mit der Lieferung von meist ungenießbaren Säuerlingen. Da aber ein knochentrockener, säurebetonter Riesling mit dem eigens dafür erfundenen gelben »Diabetiker-Siegel« noch lange nicht Genuss bedeutete, setzte die Gastronomie verständlicherweise nach wie vor auf ausländische Tropfen. Und es kam noch schlimmer: zum Ende der 1970er-Jahre kam dann der Elsässer Edelzwicker in Mode, dem folgte kurz danach der zum Global Player mutierende Chablis, dann kamen Muscadet, Sancerre und Chardonnay. Selbst Pinot Grigio, Prosecco & Co. avancierten zu Kultgetränken.

»Jetzt macht das Essen endlich Spaß!«

Dass in den 1980er-Jahren auch zunehmend gute trockene Weine aus deutschen Landen auf den Tisch kamen, verdankte die Gastronomie einigen individualistischen Winzern wie Franz Keller vom Kaiserstuhl, Paul Schmitt aus Franken, Hans Rebholz aus der Südpfalz, Hajo Becker aus dem Rheingau und wenigen anderen. Hieran hatte natürlich auch die aufkeimende Gastronomiekritik ihren Anteil. Die maßgeblichen Journalisten Wolfram Siebeck, Gerd von Paczensky und Klaus Besser sowie die Weinjournalisten Pit Falkenstein und Rudolf Knoll setzten sich nachhaltig für hochwertigere, trockene Weine ein. Die Zeitschrift »Essen & Trinken« erschien bereits zu Beginn der 1970er-Jahre, gefolgt vom »Feinschmecker« und Johann Willsbergers zukunftsweisendem Magazin »Gourmet«, das ebenso kreativ wie feinfühlig den aktuellen Zeitgeist widerspiegelte. Im Jahr 1982 titelte Willsberger: »Junge Köche mit neuen Ideen, Produkte frisch vom Bauernhof, mutige Winzer mit trockenen Weinen: Jetzt macht das Essen endlich Spaß!« Plötzlich avancierten diejenigen Winzer, die jahrzehntelang – gegen den Trend – trockene Weine ausgebaut und über den Kellerrand hinausgeschaut hatten, zu Stars der damaligen Szene.

Das Zusammenspiel von Wein und Speisen

Einer der wichtigsten Vordenker dieser Zeit war Erwein Graf Matuschka-Greiffenclau, der 1977 das Erbe auf Schloss Vollrads im Rheingau übernahm. Der ehemalige Werbe-Chef des Büromaschinenmultis Olivetti sondierte mit gesundem Selbstbewusstsein den Markt und machte sich grundsätzliche Gedanken darüber, weshalb ausländische Weine in der Gastronomie erfolgreicher waren als deutsche und wieso französische Weine als perfekte Speisebegleiter galten.

Akribisch hielt Graf Matuschka die Erkenntnisse aus seinen Versuchen schriftlich fest.

Mit Egbert Engelhardt, dem Küchenchef des »Grauen Hauses« in Oestrich-Winkel, erarbeitete Matuschka allgemeingültige und vor allem nachvollziehbare Regeln für eine harmonische Kombination von Wein und Speisen. Akribisch hielt der Graf all diese Ergebnisse schriftlich fest, und das meiste davon hat seit dem nur wenig an Aktualität eingebüßt.

Auch wenn man sich heute über manche gewagt scheinende These wundern mag, die damals wahrscheinlich einfach mit ein wenig zu viel persönlichem Enthusiasmus für den halbtrockenen Riesling entwickelt wurde, für die gastronomische Szene Deutschlands hat Graf Matuschka-Greiffenclau Vorbildliches geleistet. Hunderte von »lukullischen Weinproben« führte er in den verschiedensten Restaurants und auf »Schloss Vollrads« durch, um das staunende Publikum mit launigen Vorträgen zu unterhalten.

Parallel machte sich im Süden Dr. Werner Schön kreative Gedanken um die Allianz von Wein und Speisen. Er leitete 33 Jahre den Badischen Weinbauverband und war seiner Zeit meilenweit voraus. Gemeinsam mit Franz Keller und anderen war er wesentlich an der bahn-

brechenden Umstellung vom süßlich, opulenten Ruländer zu einem trockenen, eleganten Grauburgunder beteiligt. Das setzte wichtige Impulse in der Winzerschaft und weckte die damalige Szene aus ihrem kulinarischen Dornröschenschlaf. Aus all diesen Initiativen entstand die erste »marketenderische« Winzergruppierung der 1980er-Jahre, die sich aus Michael Graf Adelmann, Armin Diel, Erwein Graf Matuschka-Greiffenclau und Dr. Carl von Schubert zusammensetzte. Gemeinsam zogen diese durch das Land und warben für deutschen Wein und dessen genussreiche Verbindung mit gutem Essen. Der Einsatz Graf Matuschkas und vieler anderer engagierten Pioniere war ein grundlegend wichtiger Bausteine für die heutige kulinarische Weinkultur, die sich stetig und vor allem spannend weiterentwickelt.

Köche & Kellermeister

Genuss-Botschafter der Gegenwart

Hier kommen Zeitgenossen zu Wort, die sich professionell mit der genussvollen Allianz von »Wein & Speisen« beschäftigen. Allesamt essen und trinken sie gerne, verbinden Genuss und kulinarische Empfindungen mit Lebensfreude und gemeinsamer Zeit.

Es geht nicht um teure Lebensmittel, Luxusware oder Trend, sondern um pure Lebenslust und unverfälschte Produkte. Ein charakterfester Widerstand in einer globalen Konsumgesellschaft, die sich leider nicht mehr nur auf ihre fünf Sinne und den gesunden Verstand verlässt. Zu sehr beeinflusst von einer medialen Umwelt mit bunten Bildern und computergesteuerten Oberflächlichkeiten, in der Geruch und Geschmack eine untergeordnete Rolle spielen. Riechen und schmecken sind sensible Empfindungen, die hinter scheinbar spannenderen visuellen Reizen zu verkümmern drohen. Gegen die kunterbunte Verführung unserer modernen Mediengesellschaft kommen zarte Duftnuancen und sinnliche Geschmackseindrücke oftmals nicht mehr an. Die täglichen Belastungen, Zeitmangel und nachlässige Essgewohnheiten leisten ein Übriges. Sich auf »seinen Geschmack verlassen« hat eine andere Wertigkeit bekommen.

Spannend und kurzweilig zu lesen sind deshalb die persönlichen Ansichten und individuellen Ausführungen der unterschiedlichen Genuss-Protagonisten. Das Thema Wein und Speisen sehen sie allerdings nicht unbedingt bierernst, sondern eher kulinarisch genüsslich oder teilweise einfach nur pragmatisch. Es ist auch nicht immer sichergestellt, dass der Wein perfekt zum Essen passt. Selbst Fachleute lassen sich manchmal von ihrem Gefühl leiten und tun das, wozu sie gerade Lust haben. Letztendlich geht es ihnen eher um ein ganzheitliches Lebenssystem. Um den gesellschaftlichen Wert von miteinander Essen und Trinken. Das kann sowohl in purer Entspannung als auch in quirligem Miteinander gipfeln.

Für **Ingo Holland**, Inhaber und kreativer Geist des Alten Gewürzamtes in Klingenberg, bereitet bereits eine Scheibe dunkles Brot mit bester französischer Rohmilchbutter und schwarzem, indischem Salz Hochgenuss. Dazu trinkt er am liebsten ein Glas trockenen Rosé aus Luberon oder Bandol, am besten mit Eiswürfeln und Sonnenschein. Die Frage ob der Wein denn immer zum Essen passen muss, beantwortet er schnörkellos: »Nein. Ich finde der Spaßfaktor sollte uneingeschränkt im Vordergrund stehen. Das soll nicht bedeuten, dass kein Wein mehr passen muss, sondern das die perfekte Harmonie vielleicht einmal etwas in den Hintergrund rückt, man dafür aber einen Wein trinken kann, auf den man große Lust verspürt.« Man merkt Ingo Holland an, dass er sich nicht nur um das Kochen, sondern auch um den passenden Wein Gedanken macht. Er hat sich in den letzten Jahren als Spezialist einer reichhaltigen Gewürzwelt etabliert und produziert sozusagen am Stück Ideen für mögliche und unmögliche Rezepturen.

»Den Wein kombiniere ich grundsätzlich zur Sauce und nicht zum Fleisch.«
Ingo Holland, Altes Gewürzamt, Klingenberg

Ein dunkles Fleisch wie Tafelspitz kann also, wenn es nicht geschmort ist, durchaus mit einem kräftigen Weißwein, wie Silvaner oder auch einem im Holzfass gereiften Chardonnay harmonieren. Eine Seezunge an der Gräte gebraten mit Vaucluse-Trüffelrahm schreit dagegen nach einem Pinot Noir.«

Ingo Hollands Küche kann man nicht in eine Schublade stecken, er kombiniert und verarbeitet Produkte so, dass sie in Geschmack und Duft zusammenpassen. Ob diese vom gleichen Kontinent stammen ist dabei nebensächlich. »Ich setze Gewürze dort ein, wo sie gebraucht werden, wo sie begleiten oder abrunden.« Mit dem Wein hält er es ebenso: »Wenn man ein paar Regeln beachtet, gibt es kaum Schwierigkeiten bei der entsprechenden Weinkombination. Man sollte den Wein zuerst verkosten, ihn in seine Aromen zerlegen, sich dann Gedanken über das Gericht machen und die Weinauswahl anhand der entsprechenden Aromen treffen. Oder eben umgekehrt. Ansonsten würde ich von extremen Verbindungen abraten – also hohe Säure zu süßlichen Gerichten oder leichte, frische Aromen mit allzu kräftigen Noten. Trotz aller Überlegungen finde ich es am spannendsten, zuerst die Weine auszusuchen die man im Laufe eines Abends gerne einsetzen möchte und diese nacheinander zu verkosten und die vorhandenen Aromen und Eigenarten zu analysieren. Aus diesen Informationen kann man ein wunderbares Menü zusammenstellen, das dann auch passt. Ich finde diesen Weg erheblich interessanter als ein Menü zu schreiben und anschließend die Weine dazu auszusuchen. Speziell bei stark gewürzten bzw. scharfen Gerichten ist es wichtig, dass nicht zu säurelastige Weine eingesetzt werden. Ich kombiniere dazu sehr gerne Weine mit angemessener Reife und leichter Süße. Also beispielsweise einen gereiften Rheingauer Riesling, bei dem die Säure bereits etwas in den Hintergrund getreten ist und dessen Restsüße eine herrliche Brücke zu den kräftigen Aromen schlägt. Die Verbindung von Rotwein und scharfem Curry oder ähnlichem halte ich für problematisch. Ansonsten können kräftige Rebsorten wie Cabernet franc, Cabernet Sauvignon, Grenache, Syrah usw. durchaus kräftige Gewürzaromen – zum Beispiel Pfeffer, Lorbeer, Wacholder und sogar Chili – verkraften.

Ähnlich hält es **Dirk Niepoort**, innovativer Traditionalist und kulinarischer Kosmopolit. Im Auftrag seiner Weine reist er durch die ganze Welt und lernt dabei nicht nur interessante Leute und gute Weine, sondern auch die verschiedensten Küchentrends und alle nur denkbaren Lebensmittel kennen. »Grundsätzlich ist mir schon wichtig, dass die Weine zum Essen passen, aber ich denke dabei immer zuerst an den Wein. Dann versuche ich die verschiedenen Speisen individuell dem Wein anzupassen. Nach Rezept habe ich im Übrigen noch nie gekocht. Ich mache es davon abhängig, was mir gerade so einfällt, wenn ich über einen Markt schlendere und die frischen Lebensmittel sehe. Meine Küche basiert auf lokalen, natürlichen Zutaten.

> »Ich denke immer zuerst an den Wein und versuche dann entsprechend die verschiedenen Gerichte zu kombinieren und dem Wein anzupassen.«
> Dirk Niepoort, Niepoort, Douro

Zuhause suche ich dann zunächst den Wein aus und erst danach koche ich – passend zum Wein. Und teilweise auch abhängig von der Stimmung, in der sich meine Gäste befinden und welche Weine wir wann öffnen. So entsteht dann eher zwanglos ein Abendessen in mehreren Gängen. Manchmal entscheide ich die Reihenfolge der Gänge und vor allem was ich kochen möchte erst, wenn alle schon sitzen.«

Auch Rieslingwinzerin **Eva Clüsserath** aus Trittenheim kocht eher spontan – aber immer frisch: »Meist beginne ich planlos und verwende die Zutaten die vorrätig sind. Im Alltag sind es deshalb eher regionale Lebensmittel, nach Rezept koche ich selten. Leider ist die Beschaffung bei uns auf dem Land mit einigen Schwierigkeiten verbunden. Wenn ich etwas ganz Besonderes möchte, bedarf das einer größeren Planungs- und Einkaufsaktion.« Auch wenn Eva Clüsserath nicht immer nach Rezept kocht, so hat sie doch ganz bestimmte Gerichte im Kopf, die zu fruchtigen, finessenreichen Rieslingweinen passen: »Asiatisch gewürzte Gerichte harmonieren perfekt mit süßen Rieslingen mit einer ausgewogenen Balance zwischen saftiger Frucht, lebhafter Säure und köstlicher Süße.« Eine hervorragende Kombination ist deshalb für sie eine pikant-scharfe Curry-Kokos-Suppe mit einem fruchtigen Kabinett. »Tendenziell harmonieren unsere Rieslinge sehr gut mit Fisch, Geflügel, Gemüse und leichten, nicht allzu gehaltvollen Saucen. Ein echter Geheimtipp ist die Kombination von geschmortem Wild und reifem, mindestens 15 Jahre altem Riesling.«

> »Haben Sie schon einmal eine gereifte süße Riesling-Auslese zu einer geschmorten Rehkeule probiert? Passt wunderbar!«
> Eva Clüsserath, Weingut Ansgar Clüsserath, Mosel

Auf die Frage, welche Weine am besten zu seiner Küche passen, antwortet **Harald Rüssel** ohne lange nachzudenken: »Strukturierte Rieslinge, nicht staubtrocken oder gar herb, sondern »moselanisch trocken«, also im perfekten Gleichgewicht zwischen Frucht, Säure und Süße. Besonders gut passen gereifte Moselrieslinge, weil sie sich unserer an Aromen starken, authentischen Küche wunderbar anpassen und dabei trotzdem ihren Charakter behalten. Die Jahrgänge 1971, 1975 und 1976 präsentieren sich derzeit geradezu perfekt, weil Fruchtsüße und Säure köstlich in wohltuender Reife eingebunden sind. Wir verarbeiten ausschließlich regionale Frischware und »längst vergessene« Lebensmittel. Durch den persönlichen Kontakt mit den hiesigen Produzenten habe ich die Möglichkeit, persönliche Wünsche zu äußern und damit die Qualität deutlich beeinflussen zu können. Ich habe in den letzten Jahren wieder das getan, worauf ein Koch einen großen Teil seiner Zeit verwenden sollte: ich habe nach hervorragenden regionalen Produkten gesucht!

»Wenn man die Weine gemeinsam mit dem Essen probiert, muss es einen Geschmackskick im positiven Sinn geben.«
Harald Rüssel, Landhaus St. Urban, Naurath

Für den gebürtigen Rheinländer **André Siebertz** war Wein eine angenehme Begleitung zum Essen, bevor er Christina Fischer kennenlernte. »Ich musste zunächst lernen, einen Wein – genau wie ein Gericht – geschmacklich differenzieren zu können. Als Koch achtet man viel zu sehr auf die Inhaltsstoffe der Lebensmittel, ihre Aromen, Gewürze und die wechselseitige Wirkung. Dann kommt es schon einmal vor, dass die passende Weinbegleitung in den Hintergrund gerät oder gar vergessen wird.« André Siebertz ist neugierig und experimentierfreudig, deshalb lässt er sich gerne auf das Thema Wein ein. »Ich liebe subtile Aromen und es macht mir großen Spaß, an weinkompatiblen Allianzen zu tüfteln.« Dazu pflegt er einen regelmäßigen Austausch mit der Sommelier- und Service-Crew. »Diese Gespräche bergen wertvolle Erfahrung und elementares Wissen für beide Seiten, so können wir bei der nächsten Kombi noch eins draufsetzen.« Eines seiner Schlüsselerlebnisse war die Auswirkung von herb schmeckendem Rucola auf einen fruchtbetonten, trockenen Weißwein: »Die Kombination zum Wein hat nicht funktioniert, die Bitterstoffe ließen der Fruchtigkeit des Weines keine Chance. Nachdem wir den Rucola gegen Lauch ausgetauscht hatten, passte der Wein perfekt!«

> »Wenn man eine erfolgreiche Kombination austüfteln möchte, muss der Wein – genau wie ein Gericht – geschmacklich differenziert werden. So können Sie mögliche Gemeinsamkeiten oder disharmonische, konträre Bestandteile rechtzeitig erkennen und entsprechend gegensteuern.«
> André Siebertz, Schloss Morsbroich, Leverkusen

Auch **Michael Kammermeier**, Küchenchef der »Ente« in Wiesbaden, befindet sich in einem ständigen Austausch mit seinem Sommelier, um sein Weinwissen zu vervollständigen. Umgekehrt profitiert der Sommelier von Kammermeiers Kochkenntnis. »Dieser Austausch hilft mir sehr und gibt gleichzeitig zahlreiche Impulse für neue Rezepturen. Wenn man versteht, dass ein Wein ähnlich wie ein komplexes Gericht zusammengesetzt ist, sind weiteren Kombinationsmöglichkeiten keine Grenzen gesetzt. Da ich gerne mit verschiedenen Saucen und auch Früchten koche, sensible Aromen und Aha-Effekte mag, sind für mich die scheinbar gegensätzlichen Kombinationen die eigentliche Herausforderung. Allerdings muss man die grundsätzlichen Regeln verstanden haben, um sich auf die Gratwanderung mit konterkarierenden Elementen zu wagen. Schnell liegt man hier daneben und es droht ein völliger geschmacklicher Absturz. Das Größte ist, mit wenigen Akzenten große geschmackliche Reflexe zu setzen, von denen man zunächst nicht glaubt, dass sie zum Wein passen. Die aber letztendlich dem Wein die entsprechende Verbindung bieten, um das Gericht perfekt zu begleiten. Die Betonung liegt auf ›Begleitung‹.«

> »In meinen Augen sollten sich Wein und Speise ergänzen und Lust auf den nächsten Bissen oder Schluck machen.«
> Michael Kammermeier, die Ente im Nassauer Hof, Wiesbaden

Wenn **Monika Fürst** für eine größere Runde kochen möchte, verfügt sie über ein umfassendes Repertoire an weinprobaten Rezepten. Ihre Empfehlung lautet: »Kopfarbeit schon Tage vorher. Entsprechende Menüabsprache, zu den Weinen, die probiert werden sollen. Keine Vielfalt auf den Tellern, sondern klare Strukturen. Gutes Geflügel, Fleisch oder Fisch nur von Lieferanten, die wir kennen. Am liebsten Bentheimer Schwein und Milchkalb aus Frankreich, schmackhaftes Gemüse (nur eines!) aus dem eigenen Garten oder Bio, hochwertige Käsesorten und in jedem Fall eine Nachspeise, die bereits vorbereitet ist.« Beim Kochen und den passenden Weinen geht Monika Fürst unprätentiös vor, einfach nur mit gutem Geschmack. Sie bevorzugt die klassischen Rebsorten. »Im Sommer eher leicht und fruchtig mit einem Silvaner oder Riesling, im Winter gerne schokoladig intensiv, mit einem Frühburgunder oder Pinot Noir.«

»Ganz wichtig ist die Art der Zubereitung und der begleitenden Sauce. Fällt sie eher sahnig, zitronig-frisch aus, kombiniere ich gerne einen Weißen Burgunder, während ich einen Spätburgunder aus Klingenberg zu geschmorten, eher kräftigen Aromen bevorzuge.«
Monika Fürst, Weingut Rudolf Fürst, Bürgstadt, Franken

Neben seiner Familie und dem Pfälzer Weingut besitzt **Karl-Heinz Wehrheim** noch weitere Passionen. Er ist begeisterter Jäger, fischt Forellen aus dem eigenen Teich und kocht für sein Leben gern. Ob dabei der Wein perfekt passen muss? »Das sollte schon so sein. Allerdings neige ich immer mehr zu Experimenten. In der ursprünglichen Pfälzer Küche wird reichlich Thymian, Majoran und Knoblauch verwendet. Heute gibt es daneben asiatische Gewürze, Ingwer, Koriander, Zitronengras, Wasabi und vieles mehr. Die Küche hat sich verändert. Durch diese intensiven und teilweise scharfen Gewürze hat sich auch die Anforderung an die begleitenden Weine gewandelt.« Nicht nur beim Wein, sondern auch beim Kochen ist Karl-Heinz Wehrheim die Individualität wichtig. »Ich kann mich sehr schwer gegen sie wehren und das macht ein genaues Nachkochen aus einem Kochbuch so gut wie unmöglich. Wenn ich ein Rezept-Gerüst im Kopf habe, ergänze ich dieses frei nach meinem Gusto und meiner momentanen Stimmung mit verschiedenen Zutaten und Gewürzen. Da kann es sein, dass ein Stück Wild schon einmal eine süßliche Sauce bekommt oder der Fisch auch mal nach Ingwer schmeckt! Auf Grund dieser unorthodoxen Kochweise muss ich die Speisen während des Kochens prüfen und dann relativ flexibel den passenden Wein dazu aussuchen. Ich verwende gerne Riesling und Weißen Burgunder, vielleicht auch deshalb, weil ich sie am liebsten trinke. Sie können am Anfang eines Essens auch durchaus leicht sein. Später natürlich etwas dichter und gehaltvoller. Ältere, gereifte Weine sind für mich immer spannender. Holz spielt bei mir so gut wie keine Rolle mehr, aus Altersweisheit vielleicht. Ich habe von allen Reisen Weine mitgebracht, deshalb muss es – und das ist wichtig – nicht immer der Eigene sein. Deshalb: Augen und Ohren auf! Mein Kochstil wurde ganz klar von meiner Mutter geprägt. Im Hause Wehrheim wurde damals von Omas Seite her eine pfälzisch-elsässische Küche gepflegt. Meine Mutter, gebürtige Schwäbin, brachte aus ihrer Heimat Spätzle- und Maultaschenrezepte mit. Eine spannende Verbindung!«

»Es wurde selten nach Rezept gekocht, sondern eher frei aus der Hand improvisiert und ebenso gewürzt. Das habe ich mir abgeschaut und deshalb muss ich manchmal etwas länger nach einer passenden Weinkombination suchen.«

Karl-Heinz Wehrheim, Weingut Dr. Wehrheim, Birkweiler, Pfalz

Ob ein Wein zum Essen passt, ist für den fränkischen Winzer **Hans Ruck** eine zentrale Frage. »Die Kombination zwischen Wein und Speise soll wie in einer guten zwischenmenschlichen Beziehung von Harmonie geprägt sein. Keiner sollte unterdrückt werden, sondern beide sollen sich gegenseitig zur Geltung bringen – dabei denke ich immer an meine Birgit!« Wenn man Hans Ruck nach seiner Küchenphilosophie befragt, antwortet er: »Am liebsten koche ich regional, mit dem was die Jahreszeit in unserer fränkischen Heimat hergibt. Als Jäger natürlich die ganze Wildpalette, in letzter Zeit wieder bevorzugt Reh und ›Has‹. Wir bekommen aber auch wunderbare Lämmer und Zicklein – eine besondere fränkische Spezialität. Wobei es mir auf die natürlich eigenen Aromen sehr stark ankommt. Derzeit habe ich mich der Niedriggartemperatur verschrieben. Das ist genau die Methode, die früher – ohne Hightech-Herde und Dampfdruckgarer – für fantastische Genüsse gesorgt hat. Wer träumt nicht vom Sonntagsbraten der Oma, die dafür schon um sechs Uhr in der Früh aufgestanden ist und das Ding ins Rohr schob, welches damals garantiert keine 220 Grad Temperatur hatte. Wie beim Wein: Gut Ding will Weile haben.«

Bei der Weinauswahl muss vor allen Dingen die ›Gradation‹ stimmen. Zu frischen, leichten Gerichten, wie Vorspeisen und Entrèes, nimmt man junge, frische Weine. Steigerungen in der Geschmacksintensität bei der Menüfolge muss man mit entsprechend kräftigeren Weinen kombinieren.

»Gewürze, je nach Intensität, brauchen sehr dichte, voluminöse Weine, weil auch meistens Schärfe mit ins Spiel kommt und da kann man keinen ›Fruchtzwerg‹ brauchen.«

Hans Ruck, Weingut Ruck, Iphofen, Franken

Wenn **Frank Buchholz** sich nicht gerade mit heimischen Produkten auseinandersetzt, schwört er auf Currywurst von Pommes Heini in Waltrop. Wobei er dazu ganz klar ein frisch gezapftes Pils vorzieht. »Alles zu seiner Zeit«, lautet seine Devise, mit der er seit vielen Jahren erfolgreich seine mediterran orientierte Küche liebevoll zu rheinhessischen Weinen kombiniert. »Ich lebe auf dem Land und möchte deshalb regionale Produkte in meinem Restaurant verwenden. In Rheinhessen entsteht geradezu rückbesinnend eine ausgesprochen spannende Ess- und Trinkkultur, die Landwirtschaft und Gastronomie in traditionellem Sinn verbindet. Ich koche ausschließlich mit frischen Lebensmitteln, zum Beispiel besonders gerne mit Kräutern und Gewürzen, die mir ein benachbarter Gärtner liefert. Meine Küche würde ich grundsätzlich eher als leicht und frisch bezeichnen, was mir weintechnisch sehr entgegen kommt, denn ich liebe Riesling und Burgunder.«

»Ich achte darauf, dass die Sauce zum Wein passt und nicht der Wein zur Sauce.«
Frank Buchholz, Buchholz Restaurant & Kochschule, Mainz

Ralf Bos liebt und lebt Lebensmittel. Die Produkte für seinen Delikatesshandel sucht er mit den Augen eines ambitionierten Kochs oder Sommeliers aus. Ralf Bos findet es deshalb wichtig, dass die Menschen mehr Esskultur in ihr Leben bringen. Gerade da in Deutschland beim Lebensmittelkauf doch eher die Geiz-ist-geil Mentalität vorherrscht. »Die Leute sollen mit guter Laune in der Küche stehen, mit frischen Zutaten, viel Spaß und einer Prise Kreativität kochen! Es geht darum, schöne Dinge zu teilen und mit der Familie oder Freunden kulinarische Zeit gesellig zu verbringen.« Dazu gehört doch sicherlich auch ein Glas Wein? »Natürlich!« grinst Ralf Bos. »Ich halte es sogar für wichtig, dass die Weine zum Essen passen. Mit der Ausnahme, dass ich, wenn ich gerade Lust auf Sauvignon Blanc habe, diesen auch zum

Wildschweinragout, und wenn ich Lust auf alten Bordeaux habe, auch mal ein Glas zum gedünsteten Steinbutt trinke. Bei mir bekannten Speisen funktioniert das problemlos, bei mir unbekannten Gerichten diskutiere ich die Auswahl auch gerne mit dem Sommelier.« Da Ralf Bos ständig in Restaurants isst, probiert er bei diesen Besuchen alles, was mit sehr viel Aufwand sehr kunstvoll gekocht wird. Daheim geht es eher mediterran zu, weil hier das Produkt im Vordergrund steht. »Bei Speisen, die ich zu oft esse, nimmt der Genussreiz nach gewisser Zeit ab. Es gibt jedoch eine Ausnahme: Trüffel. Bei uns zu Hause gibt es in der Trüffel-Saison schon Eier mit Trüffel zum Frühstück. Aber mein Leibgericht ist ein Witzigmann-Klassiker: Rahmspinat mit Spiegelei und weißen Trüffelscheiben. Ich stelle mir bei jedem Produkt die wichtigste aller Fragen: Kann ich das Erlebnis im Glas oder auf dem Teller steigern und ist das Resultat überhaupt im täglichen Geschäft umsetzbar. Meinen Kunden rate ich deshalb genau diese Faktoren zu bedenken. Wer diesem simplen Prinzip folgt, wird sich langfristig über zufriedene Gäste und entsprechenden Zulauf freuen können.«

»Denn bei allem Wissen sollte der persönliche Genuss im Vordergrund stehen. Ansonsten achte ich bei der Kombination von Wein und Speisen maßgeblich auf die Saucen und die primären Gewürze.«
Ralf Bos, bos food, Meerbusch

Pastorale heißt sein Restaurant. Bevor **Bart de Pooter** mit seiner Frau dort 1991 einzog, beherbergte das trutzige Steinhaus ein recht einfaches Bistro und davor den Pastor von Reet. Heute dürfen genussfreudige Gäste zwei Michelin Sterne in einem angenehm unkonventionellen Ambiente genießen. Alte Holztreppen, moderne Kunst, schlichte weiße Tischdecken, kühle schwarze Wände und sich scheinbar unordentlich durch den Raum windende, ineinander verrankte Holzlatten. Das bizarr verschraubte Werk des Künstlers Arne Quinze steht als Synonym für Bart de Pooters lebendige Gastronomie, es spiegelt die konsequente Entwicklung wieder. Ein rundherum geschmackvolles Erlebnis, dass nicht nur die Sinne, sondern auch das Herz in höchstem Maße erwärmt. Sommelier Jon Stalmans ist seit 16 Jahren die rechte Hand seines Chefs. Stolz zeigt er mir den gut gefüllten Weinkeller, der unter anderem eine respektable Riesling-Sammlung beherbergt. Bart zählt zu den Köchen, die perfekt auf Wein, insbesondere auf Riesling zu kochen können. Was für andere eine echte Herausforderung ist, hält er für eine Rebsorte, die eher einfach zum Essen zu kombinieren ist:

»Ein gut gereifter Riesling zeichnet sich durch perfekte Balance zwischen Fruchtsüße und Säure aus. Dieses Spiel sorgt für Vielschichtigkeit und nachdrückliche Komplexität. So wie ich es auch in meinen Gerichten suche.«

Bart de Pooter, Restaurant de Pastorale**, Reet, Belgien

Neben hochwertigen Lebensmitteln setzt er dabei auf unterschiedliche Salzsorten, die er bewusst einsetzt: »Wir würzen mehr als das wir salzen. Aber Salz wirkt intensivierend, es sorgt dafür, dass der Geschmack länger im Mund bleibt.« Bart de Pooters Küche ist klar und sehr puristisch ausgerichtet. Die Qualität der Lebensmittel steht uneingeschränkt im Vordergrund. Bei der Zubereitung spielt er mit pointierter Säure, zarter Bitterkeit, salzigem Prickeln und unterschiedlichen Texturen: »Mit welcher Technologie kann ich den Geschmack eines Lebensmittel möglichst schonend transportieren? Vielleicht sogar noch auf eine geschmacklich höhere Qualitätsstufe anheben.«

Dass Spitzenköche nicht nur Haute Cuisine auf den Teller bringen müssen, davon ist **Lea Linster** überzeugt. »Ein gutes Huhn ist wie ein guter Freund, es lässt dich nie im Stich!« Mit ihr über die Kombination von Wein und Speisen zu philosophieren macht große Freude. Es sind nicht nur die Rezepte, die ihr am Herzen liegen, sondern auch der Wein. Schließlich ist sie stolze Besitzerin eines Elbling-Weinbergs an der luxemburgischen Mosel. Sie weiß genau, wovon sie spricht. Kurzweilig und schalkhaft berichtet sie über ihre Erfahrungen mit gelungenen Kombinationen. »Der richtige Wein

gewährt dem Geschmack einen »zweiten Augenblick«. Haben Sie schon einmal Kaviar und einen süßen Riesling probiert? Viel besser als Champagner und Kaviar! Diese Verbindung klingt eher nach Bordell, Casino, Luxus und Überfluss. Beide sind viel zu individuelle Charaktere, um eine erfolgreiche Verbindung einzugehen. Bei einer reifen Spätlese hingegen setzen sich zarte fruchtsüße Aromen frei, die den anregenden, leicht salzhaltigen Kaviargeschmack wesentlich intensiver erscheinen lassen.«

»Eine falsche Kombination zwischen Wein und Speise ist ein ähnliches Erlebnis, als wenn Sie sich die Zähne putzen und anschließend versuchen, Champagner zu trinken …«
Lea Linster, Cuisinière, Frisange, Luxemburg

Auf die Frage nach perfektem Genuss antwortet **Vincent Klink**: »Um Genuss zu empfinden, muss ich zunächst in einem guten Zustand sein. Wenn dann noch Essen und Wein passen, dann ist mir das eine Wonne. Wirkliche Wonne bedeutet für mich annähernde Perfektion. Völlige Perfektion ist mir zu kalt, ja geradezu unmenschlich.« – und bringt mit dieser Aussage die Gralsuche auf den Boden der Tatsachen zurück. Ob es ihm wichtig ist, dass der Wein zum Essen passe? »Wenn es passt, freue ich mich, wenn es nicht so ganz passt, und das Essen ist gut, dann tröpple ich die Pulle schnell hinter mich, um es mit der zweiten Flasche besser zu machen. Wir haben zwei Sommeliers im Haus und diese Herren hängen sich sehr in die Materie des Weineinkaufs und der Verkostung rein. Die Vorarbeit dieser Leute, durch die ich ungeheure Bevorzugung erfahre, verschafft mir, nennen wir es mal einen ›Patronstatus‹. Patron ist ein wirklich prima Job und hat mich bewogen die Wielandshöhe mindestens bis zu meinem 80. Geburtstag zu betreiben. Ansonsten koche ich mit meinem wunderbaren Team auf Teufel komm raus, soll der Sommelier doch gucken wie er klar kommt, das ist schließlich sein Beruf.« Vincent Klink ist ein Genussmensch und weiß sehr wohl um das Einmaleins einer erfolgreichen Kombination. »Ich selber liebe komplexe Weine und wenn sie sich trotz 12,5 Volumenprozent Alkohol noch gegen ein Ochsenschwanzgericht behaupten können, dann sind das die Weine, die gut zu meiner Küche passen. Trotzdem muss noch Platz für Launen bewahrt werden. Im Leben geht es doch um das Beschaffen der täglichen Illusion. Vor zwei Jahrzehnten waren Weine so barriquehüftsteif, dass der Elsässer Winzer Jean Huegel zum Ausruf getrieben wurde: ›hat der Winzer dieser Flasche Schreiner gelernt?‹ Komisch, die meisten Gourmets schätzten damals das knarzendes Gesöff, und der Grund liegt darin, dass wir gewissen Moden, bis hin zum Unfug, oft nicht logisch begegnen können. Deshalb könnte man im philosophischen Sinne sagen, egal was, alles passt. Was dem einen sein Uhl, ist dem anderen sein Nachtigall! Sicher, es gibt Kriterien, die sind messbar und es gibt mittlerweile eine Gastronomie- und Weinkritik, die sich nicht wissenschaftlichen Ansätzen versperrt. Es bleiben jedoch die Tücken der Subjektivität und dass Zunge und Gaumen nicht ständig zuverlässig funktionieren. Ich erinnere mich an Winzer, die ihr eigenes Produkt nicht erkannten. In der Kombination zu Wein sehe ich bei unserer Küche keine großen Schwierigkeiten, da wir sehr naturbezogen kochen. Und dieselben Vorgaben erwarte ich von einem Wein.«

»Alles was mit Respekt vor der Natur erzeugt wird, verträgt sich gut. Es ist ähnlich wie in der Malerei, wenn sich die Kunst nur auf Naturfarben reduziert, wird es nie unangenehm bunt. Ganz klar, die fruchtige Säure eines jungen Rieslings passt zu Schokolade wie Benzin zu Rollmops.«

Vincent Klink, Wielandshöhe, Stuttgart

Die Basis – ein theoretischer Exkurs

WEINGENUSS
TAFELFREUDEN

Leidenschaft mit System
Über das genussvolle Miteinander von Wein & Speisen

Zu einem genussreichen Leben gehört Wein, zu einem guten Essen sowieso. Kompliziert muss es dabei nicht sein: Alles beginnt beim täglichen Schinken- oder Käsebrot und endet beim mehrgängigen Menü. Die häufigste Frage lautet: Welcher Wein passt zu welcher Speise?

In Zeiten täglicher Kochshows und gut sortierter Lebensmittelläden werden auch Weinhändler nach der perfekten Kombination gefragt. Auch wenn Sie heute von ihm genauso wie von einem Sommelier erwarten dürfen, dass er auf Ihre Frage eine Antwort parat hat – am sichersten ist es doch, wenn Sie kompetent und selbstständig entscheiden können, welcher Wein am besten zu Ihrer Küche passt. Es schadet also nicht, sich die Grundkenntnisse des Sommelier-Handwerks anzueignen. Dieses Buch ist keine dogmatische Schule, genauso wenig Patentrezept, sondern vielmehr Anreiz und Anleitung zum Selbstversuch. Machen Sie sich Schritt für Schritt mit Ihrem eigenen Geschmack vertraut und erlangen Sie so glas- und häppchenweise Verständnis für ein Handwerk, das sich mit dem delikaten Miteinander von Wein und Speisen beschäftigt und Ihnen den sicheren und erfolgversprechenden Griff ins Weinregal ermöglicht.

Die Kunst der Kombination

Den einfachsten Einstieg in die Kunst der Kombination bieten kulturell gewachsene oder regionaltypische und damit nachvollziehbare Verbindungen: Meeresfrüchte und Muscadet, Spargel und Silvaner, Choucroute und Elsässer Riesling oder Gänsestopfleber und edelsüße Weine. Wenn Sie an diesen Kombinationen Geschmack finden und sich weiter entwickeln möchten, sollten Sie Ihre Sinne schulen. Das kleine Einmaleins jeder gelungenen Kombination: Erkennen Sie die geschmacklichen Bestandteile der Weine und lernen Sie ebenso, die einzelnen Komponenten der Speisen herauszuschmecken.

Die Erkenntnis, dass sich jeder Wein in der Verbindung mit Speisen verändert, ist die wichtigste Voraussetzung für eine perfekte Kombination.

Zu der Erfahrung, dass sich jeder Wein in der Verbindung mit Speisen verändert, kommen die jeweiligen Fertigkeiten und Kenntnisse des Probierenden – aber natürlich auch seine persönlichen Präferenzen hinzu. Dabei sind die menschlichen Sinne ein unerlässliches Werkzeug. Die Zunge bietet mit ihrer Fähigkeit, die Geschmacksrichtungen süß, sauer, salzig und bitter wahrzunehmen, die Grundausstattung. Als fünfte Geschmacksempfindung wurde 1908 von einem japanischen Wissenschaftler »Umami« entdeckt – ein Salz der Glutaminsäure, einer Aminosäure, die in Proteinen eingebunden ist und verstärkend auf die vorhandenen Geschmackseindrücke wirkt. Es entsteht ein angenehmes Mundgefühl, das unsere sinnliche Wahrnehmung sowohl geschmacklich als auch haptisch bereichert. Umami ist zum Beispiel in Tomatenmark, Algen, Bohnen, gereiftem Parmesan aber vor allem in Sojaeiweiß enthalten. In Verbindung mit Salz sorgt Umami wie ein Katalysator für einen würzig intensiven, anregenden Geschmack, der an Fleisch erinnert. Der künstlich hergestellte Geschmacksverstärker Glutamat besitzt ähnliche Eigenschaften wie Umami und wird in der Lebensmittelindustrie leider viel zu unverhältnismäßig eingesetzt.

Jedes Geschmackserlebnis ist ein sehr komplexer Vorgang, der nicht nur auf den Geschmackssinn zurückzuführen ist, sondern auch auf den Geruchs-

und den Tastsinn, wobei in manchen Fällen sogar das Gehör eine Rolle spielt, denken Sie an knackige, krachende Kartoffelchips. Sogar das Auge beeinflusst unseren Geschmackssinn, löst Erwartungshaltungen aus. Sie wissen ja: Das Auge isst mit! Aber am Gaumen entsteht das »Mundgefühl«. Diese Empfindung wird neben den fünf Grundgeschmacksarten »süß, sauer, salzig, bitter, umami« von weiteren Parametern beeinflusst: Strukturen und Texturen (knusprig, hart, weich, wässrig etc.), Fett (auskleidend), Adstringens (austrocknend, zusammenziehend) sowie durch Reize (scharf, heiß, kalt).

Geschmack liegt also auf der Zunge – aber auch in der Luft. Ohne Aromen geht es nicht, die flüchtigen Moleküle finden ihren Weg durch die Nase. Gut 80 Prozent des Geschmackseindrucks werden durch eine Vielzahl von Aromen bestimmt. Erst in der Zusammenarbeit mit dem Geruchssinn kann das Gehirn die feinen Differenzierungen erkennen.

Abgesehen vom Eiweiß besitzen Wein und Speisen ganz ähnliche Inhaltsstoffe, die aufeinander eingehen können (siehe Seite 88). Erfahrungsgemäß reagieren Weine, je nach Typ, recht unterschiedlich auf die Grundgeschmacksarten »süß, sauer, salzig, bitter und umami« und begleitende Parameter wie Fett, Adstringens, Temperatur, Textur etc. Wie heftig die Reaktion erfolgt, hängt jedoch maßgeblich vom jeweiligen Weintyp ab. Süße, leichte Weine reagieren anders als mittelkräftige, trockene Weine oder gar alkoholreiche, im Barrique ausgebaute Weine mit deutlicher Tanninstruktur. Manche Komponenten können miteinander umgehen, andere nicht.

Ständiges Schnüffel-Training ist für jeden, der sich mit Wein und guter Küche beschäftigt, eine unerlässliche Grundvoraussetzung. Die Nase ist der Schlüssel zu einer riesigen Aromenbibliothek – nur ist sie oftmals untrainiert.

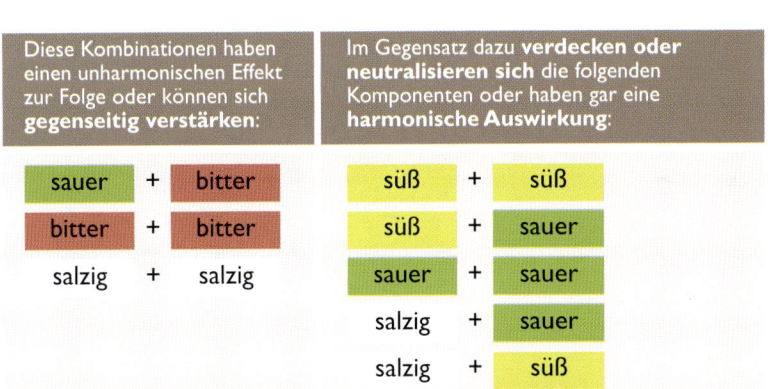

Diese Regeln sind lediglich Anhaltspunkte. Sie dienen als Richtlinien zur allgemeinen Orientierung und können durch unterschiedliche Konzentrationen und durch andere beeinflussende Parameter modifiziert werden.

Wer dem Geschmack wissenschaftlich auf den Grund gehen möchte, dem empfehlen wir das Buch »Kochuniversität Geschmack« von Prof. Dr. Thomas Vilgis.

Wein ist wählerisch

Wie verhält es sich mit den althergebrachten Regeln, die jeder von uns kennt? Weißwein darf nur zu hellem Fleisch (Fisch und Geflügel) und Rotwein nur zu dunklem Fleisch (Rind, Lamm und Wild) serviert werden? Offen gestanden – sollten sie je Gültigkeit gehabt haben, so sind sie heute längst überholt. Das Regelwerk für die korrekte Weinauswahl hat weiter entwickelt und ist heute deutlich umfangreicher. Der Hauptbestandteil einer Speise, also Fisch oder Fleisch, ist nicht die maßgebliche Komponente. Versuchen Sie eher die geschmacksprägenden Elemente eines Gerichtes genauso wie die des in Frage kommenden Weines zu definieren.

Brückenbau und Puffer

Wenn alle Komponenten eines Gerichts bekannt sind, lässt sich Wein als neuer Bestandteil in das Gefüge einbinden. Ein weiterer wichtiger Baustein ist dabei das Wissen um »Brückenbau- und Pufferungs-Möglichkeiten«. Konkret sind das alle Arten von Gemüse sowie stärkehaltige Lebensmittel wie Kartoffeln, Hülsenfrüchte, Reis und Pasta. Stärkehaltige Lebensmittel strecken oder mildern die Wirkung von geschmacksintensiven Röstaromen, Kräutern, Gewürzen und Saucen. Ein Fischfilet in einer Kartoffelkruste, von beiden Seiten in einer Pfanne angebraten und mit Sauerkraut und einer rahmigen Sauce serviert, harmoniert bestens mit einem jungen, kräftigen Riesling. Der Trick: Die Stärke der Kartoffelschicht puffert und mildert sowohl die Säure im Sauerkraut als auch im Riesling.

Gemüse wirkt in der Regel neutral, kann aber in einzelnen Fällen zum »Brückenbau« benutzt werden und eine Verbindung schaffen. Grüne Bohnen, Blattspinat oder Paprikagemüse können als »Übergang« zu den Gerbstoffen und Tanninen eines Rotweines genutzt, aber auch als Katalysator eingesetzt werden. Wenn hinter dem süßlichen Geschmack eines Schmorgerichtes die Tannine eines Rotweins zu verschwinden drohen, kann eine Beilage aus grünen Bohnen oder Paprika als geschmacksverstärkende Brücke zu den Gerbstoffen des Weines dienen.

Worauf es ankommt: Mehr als die Entscheidung ob Fisch oder Fleisch wird beispielsweise die Sauce als elementarer Bestandteil Spannung in das Gericht bringen. Und fast ebenso wichtig ist die Gar- und Zubereitungsmethode: gedünstet, gebraten, gegrillt oder geschmort oder »sogar« durchgegart? Welche Gewürze und Kräuter aromatisieren die Speise mit welcher Intensität, und wie bestimmen oder beeinflussen weitere Parameter den Gesamteindruck eines Gerichts?
Versuchen Sie zu ergründen, ob die Wein-Inhaltsstoffe und Lebensmittelkomponenten sich unterstützend ergänzen und ein Miteinander eingehen oder ob eine Spannung durch gegensätzliche oder widersprüchliche Eindrücke entsteht.

Ein Wein verändert sich relativ wenig, solange seine Aromen mit den Inhaltsstoffen der Speise eine Balance halten und kein intensives Element den Geschmack dominiert. Eine der einfachsten Möglichkeiten ist, Speisen mit einem ebenbürtigen Weinpartner zu konfrontieren. Feine und im Geschmack vielschichtige Speisen verlangen meist hochwertige, komplexe Gewächse. Einfache und rustikale Gerichte begnügen sich hingegen mit unkomplizierten Basis-Weinen. Ein gebratenes Steinbuttfilet mit einer ge-

schmacksintensiven Beurre blanc benötigt einen vielschichtigen Burgunder, einen eleganten Chardonnay mit ziselierten Zitrusaromen und zarten Holznoten, während sich für das herzhafte Schinkenbrot besser ein einfacher, fruchtiger, leicht gekühlter Rotwein mit wenig Gerbstoffen eignet.

Diese Aussagen sind lediglich das Start-up Programm für eine langanhaltende Leidenschaft. Das zentrale Rüstzeug samt strategischem Leitfaden für die passende Weinauswahl können Sie auf den folgenden Seiten genussvoll Stück für Stück abrufen. Dabei gilt hier, wie auch sonst im Leben, dass Ausnahmen die Regel bestätigen. Geschmack, Geruch und die anderen Sinne sind immer nur eine Momentaufnahme. Und dieser flüchtige Eindruck fällt bei jedem Menschen anders aus.

Auf die Sauce kommt es an
Die wahre Seele eines Gerichtes

Die klassische Regel, dass Weißwein zu hellem Fleisch wie Fisch und Geflügel und Rotwein nur zu dunklem Fleisch wie etwa Rind, Lamm und Wild serviert werden darf, ist Geschichte. Dieser überholte Grundsatz lässt nämlich die individuellen Merkmale eines Gerichtes, also Zubereitungsart, Gewürze und vor allem die Sauce, völlig außer Acht.

Für eine erfolgreiche Kombination mit Wein kommt es in erster Linie auf die geschmacksprägenden Inhaltsstoffe eines Gerichtes an. Das sind neben intensiven Kräutern und Gewürzen, die dem Gericht eine weitere geschmackliche Dimension geben, auch die unterschiedlichen Gar- und Zubereitungsmethoden. Letztere beeinflussen jeden Braten, jedes Steak, jeden Fisch und darüber hinaus auch Gemüse und Beilagen in ihrem Geschmack.

> Die Sauce ist der Mittelpunkt jedes Gerichtes,
> weil sie die einzelnen Komponenten geschmacklich verbindet.

Welche Rolle die Sauce bei all dem spielt? Sie wird mit jedem Bissen aufgenommen und beeinflusst damit alle anderen Komponenten. Die Sauce ist unbestritten der Mittelpunkt einer jeden Rezeptur, weil sie die einzelnen Komponenten miteinander verbindet. Stellen Sie sich ein gebratenes Rinderfilet vor. Rotes Fleisch verlangt nach rotem Wein, lautet die lange überholte Regel. Das ist richtig. Allerdings nur, solange das Filet zum Beispiel mit einer Rotwein-Schalotten-Jus serviert wird. Falsch wird diese These, sobald gebratene Steinpilze mit einer cremigen Rahmsauce das gute Stück begleiten. Natürlich verfügt das gebratene Rinderfilet über schmackhafte Röstaromen, die sich den Gerbstoffen eines kraftvollen Rotweines perfekt anschmiegen könnten – ein im Barrique ausgebauter Chardonnay käme damit allerdings genauso gut klar, vor allem dann, wenn Steinpilze und

Rahm ins Spiel kommen. Im Gegenteil, die bitteren Gerbstoffe des tiefgründigen Rotweines hätten große Schwierigkeiten, dem sahnigen Milcheiweiß-Überfluss standzuhalten, sie würden mit herber Adstringens reagieren. Während sich ein im Barrique ausgebauter Chardonnay geradezu in diesen sahnig üppigen Aromen badet und parallel delikate Cremigkeit mit reichhaltigen Fruchtaromen entwickelt.

Einer der Faktoren, warum man heute mit klassischen Regeln nicht mehr weiterkommt, ist die Globalisierung im Wein- und Küchenbereich. Mit der Auswahl an Zutaten, Wein- und Küchenstilen hat sich schon allein rein rechnerisch der Spielraum für deren Kombinationen ins Unermessliche erweitert. Klassische, absolut sichere Verbindungen wie das Steinbuttfilet in sahniger Beurre blanc mit elegantem Meursault oder geschmortes Bœuf Bourguignon mit gereiftem Gevrey-Chambertin, wie sie lange Zeit die gehobene, weinaffine Küche bestimmten, sind nur noch selten zu finden. Die Speisekarten offerieren heute eher einen crosskulturellen Mix: Da gibt es asiatische neben orientalischen Einflüssen, mediterran inspirierte Rezepte, französische Klassik, molekulare Bestandteile und regionale Ingredienzien.

Statt sich also nur um eine Hauptzutat, wie Rind, Fisch oder Geflügel zu kümmern, deren Zubereitung in der klassischen Hochküche wie selbstverständlich bestimmt war, rücken heute andere Elemente in den Vordergrund. Bei der unübersichtlich gewordenen Vielzahl der Zubereitungsarten, Zutaten und Küchenstile macht es mehr Sinn sich auf die zentralen, geschmacksprägenden Komponenten eines Gerichtes zu konzentrieren. Und in der Regel tut man gut daran, dabei zu allererst der Sauce auf den Grund zu gehen und ihre Eigenheiten herauszuschmecken.

Warum sind die Saucen so wichtig?

Um ein gutes Gericht zu beurteilen, gibt es mindestens so viele Kriterien wie für die Verkostung eines guten Weines. Die gleiche Aufmerksamkeit, die man einem Wein widmet, um seine Aromen und Bestandteile zu analysieren, sollte man auch dem Gericht zukommen lassen, zu dem der Wein gereicht werden soll. Da in der Regel die Saucen den geschmacklichen Eindruck eines Essens dominieren, ist für die Wahl des passenden Weines ihre Zubereitung entscheidend: Wie groß ist der Säureanteil der Sauce, wie stark prägen Fette ihren Geschmack, wie intensiv spüre ich ihre Röstaromen, ist sie kräftig, reduziert, von bestimmten Gewürzen beeinflusst oder gar sehr scharf?

> Ähnlich wie beim Wein sollte man auch beim Essen die Geschmacksbestandteile bestimmen.

Eine gute Sauce besitzt ein Eigenleben, sie ist vergleichbar mit einem kleinen Kraftwerk. Neben einem Fettanteil enthält sie eine gehörige Portion Säure (in Form von Wein, Zitrone, Essig) und Salz, die der Sauce – ähnlich wie bei einem hochwertigen Wein – eine komplexe Vielschichtigkeit mit entsprechender Brillanz verleihen. Ohne Säure und Salz erscheint eine Sauce weich und leblos. Das Fett, egal ob als Öl, Sahne, Butter oder Schmalz, dient der Sauce als Geschmacksträger. Damit entspricht es dem Alkoholanteil eines Weines, der ebenfalls ein wesentlicher Geschmacksträger ist. Manche Saucen verfügen daneben über eine gehörige Portion Süße. Gerade Fertigprodukte kommen heute kaum mehr ohne diesen im Grunde recht einfachen Effekt aus. Wie beim Wein wickelt Süße die Zunge regelrecht ein. Oft ist dies nur ein billiger Trick um von eventuellen Unzulänglichkeiten in ihrer Zubereitung abzulenken.

In der Küche unterscheidet man zwischen kalten Saucen wie einer Vinaigrette, sahnigen, buttrigen Saucen und kräftigen, dunklen Saucen, die durch Rösten von Knochen entstehen. Alle diese Saucen bezeichnet man als Grundsaucen.

Kalte Grundsaucen	Weiße Grundsaucen	Dunkle Grundsaucen	Weitere Grundsaucen	Pikante Sauce (eingekocht)
Vinaigrette Mayonnaise	Beurre Blanc (mit Fischfond) Velouté (mit Kalbsfond) Hollandaise Béchamelsauce	Geflügeljus Kalbsjus Lammjus Wildjus	Tomatensauce	Chutney Chilisauce

Fond

Ein Fond ist nichts weiter als eine unfertige Sauce. Es handelt sich um eine eingekochte Brühe, die für die Fertigstellung der Grundsaucen genutzt wird. Ein geschmackvoller Auszug aus Fisch, Schalentieren, Geflügel, Fleisch, Lamm oder Wild schmeckt nicht nur »umami« (siehe Seite 34), sondern ist auch die Grundlage für Jus und andere konzentrierte Saucen.

Vinaigrette

Eine Vinaigrette enthält Essig und meist auch Zucker. Das stellt die meisten Weine vor ein schier unlösbares Problem. Weinsäure und Essigsäure mögen sich nicht besonders. Um neben einer Vinaigrette einen Wein bestehen lassen zu können, sollte sie neben einem guten Öl milden Essig und frisch gekochte Brühe (Fond) enthalten. Senf dient zwar hervorragend zur Bindung, sollte aber wegen seines Säuregehalts nur sehr vorsichtig eingesetzt werden.

Weiße Grundsauce

Weiße Saucen sind mit Sahne verfeinert, meist mit Butter montiert und besitzen eine cremig, sahnige Textur. Beurre blanc ist eine der wichtigsten Saucen der feinen Küche. Mit ihrem delikaten, buttrigen, zart zitronenartigen Geschmack lässt sie sich vielfältig variieren, und unzählige Ableitungen, etwa mit frischen Kräutern, Senf oder Aceto balsamico herstellen.

Jus

Eine dunkle Jus entsteht durch das Anrösten von Knochen unter Zugabe von Röstgemüse, Rotwein und Tomatenmark. Die gesamte Masse wird immer wieder mit Flüssigkeit, meist einem Fond, aufgefüllt und durch scharfes Anbraten erneut reduziert. Zum Schluss wird die Sauce durch ein Tuch passiert und erneut reduziert, bis höchstens ein Drittel der ursprünglichen Menge übrig bleibt. Das Resultat ist eine kräftige Grundsauce mit integrierten Röstaromen und einer feinen Säurestruktur, die von dem verwendeten Rotwein und dem Tomatenmark herrührt. Eine Jus ist sehr wandlungsfähig. Aus ihr lassen sich je nach Bedarf die verschiedensten Saucen, wie etwa Rosmarinjus, Portweinjus oder Rotwein-Schalotten-Jus, zaubern.

Wechselwirkung zwischen Wein und Sauce

Jede der Saucen besitzt individuell ihre geschmacksprägenden Elemente, die es bei der Kombination mit Wein zu bedenken gilt. Kennt man diese Elemente, lässt sich eine Sauce – und damit oft ein ganzes Gericht – passend zu den Eigenheiten eines bestimmten Weines modifizieren. Voraussetzung hierfür ist die Kenntnis der Inhaltsstoffe und ihrer gegenseitigen Wechselwirkungen:

- Säure
- Süße
- Karamell
- Geschmeidigkeit (Fett)
- Bitterkeit
- Salzgehalt

Eine Konzentrierung der Sauce und ihrer Aromen und Inhaltsstoffe erreicht man durch weiteres Einkochen. Die fertigen Saucen und deren Ableitungen können eine weitere Geschmacksverstärkung durch folgende Gewürze und Aromaten bekommen:

- Chili (Schärfe)
- Salzgehalt (Marinaden)
- Umami (Sojasauce)
- besondere Gewürze und Kräuter
- Aromaten (ätherische Komponenten etc.)

Die Aromenbibliothek
Das Baukastensystem der Natur

Geruch und Geschmack sind sinnliche Empfindungen und als solche subjektiv. Doch liegen beiden die gleichen chemischen Verbindungen zu Grunde. Egal ob in Obst, Gemüse oder Wein, diese Verbindungen sind oft identisch oder verwandt und damit die Grundlage unserer Aromenbibliothek.

Düfte und Gerüche

Die Natur verfügt über ein umfassendes Repertoire an chemischen Verbindungen, die für Gerüche und Düfte verantwortlich sind. Bewährte Verbindungen setzt die Natur mehrfach ein. Sie finden sich in Früchten und Gemüse wieder, genauso auch im Wein. Der heutige Stand der Wissenschaft spricht von mehr als tausend verschiedenen Duft- und Geschmacksstoffen. Wenn man etwas isst oder trinkt, transportieren die entsprechenden Sinnesorgane die Aromen in Mund und Nase. Die Wirkung des Geruchssinns darf nicht unterschätzt werden. Diese Wahrnehmung findet im hinteren Teil des Gaumens statt, es gibt eine direkte Verbindung zum Riechzentrum des Gehirns. Von dort kommt zum Beispiel die Botschaft, dass etwas nach Zitrone oder nach Limette schmeckt. Diese feinfühlige Unterscheidung fällt nicht im Mund, sondern im Riechzentrum des Gehirns – seiner gut gefüllten Aromenbibliothek. Dort werden die Düfte überprüft und mit Höchstgeschwindigkeit sortiert und eingeordnet. Jemand, der sich intensiv mit Speisen, Wein und deren Verbindung untereinander beschäftigt, wird im Laufe der Zeit eine umfangreiche Geschmacksorientierung entwickeln. Er speichert die gewonnenen Eindrücke ab und ist in der Lage, sie zu einem späteren Zeitpunkt rasch abzurufen. Das hat mit bewusstem und trainiertem Wahrnehmen zu tun. Je mehr Gerüche und Düfte aktiv gespeichert sind, desto besser, schneller und eindeutiger gelingt das Erkennen, Abrufen und Zuordnen der jeweiligen Aromabestandteile.

> In der Aromenbibliothek unseres Gehirns werden die unterschiedlichen Düfte in Höchstgeschwindigkeit sortiert und eingeordnet.

Beim Essen verknüpfen sich also zahlreiche geschmackliche Empfindungen, die in ihrer Gesamtheit und gegenseitigen Wechselwirkung einen völlig veränderten Eindruck hinterlassen können. Die Tücke besteht darin, dass bei einem klassischen Gericht (Fleisch/Fisch, Sauce, Gewürze, Gemüse und Beilagen) verschiedene Bestandteile wahrgenommen werden. Je nachdem, in welcher Zusammenstellung die einzelnen Komponenten in den Mund befördert und am Gaumen und vom Geruch wahrgenommen werden, wirken sie unterschiedlich auf den begleitenden Wein. Hinzu kommt bei einer Kombination der wechselseitige Einfluss von Wein und Speisen. Solo schmeckt ein Wein meist völlig anders als in Begleitung. Es gibt sogar Weine, die erst mit dem entsprechenden Gericht ihren wahren Geschmack entwickeln.

Wo fängt man nun an? Welche Parameter sind wichtig? Übung macht auch hier den Meister. Eine harmonische Verbindung zwischen Wein und Speise zu erkennen, ist wesentlich einfacher als eine zunächst scheinbar gegensätzliche Verbindung zwischen Wein und Speisen zu schaffen, die aber für genussvolle Spannung sorgt. Dafür benötigen Sie ein wenig Übung und geschultes Interesse sowohl an Wein als auch an den verschiedenen Nahrungsmitteln und deren individuellen Zubereitungsarten.

Die optimale Lösung für jeden Anfänger: Beides verbindet sich zu vollkommener geschmacklicher Harmonie. Leider passiert das selten, weil ein normales Gericht aus verschiedenen Komponenten besteht und der passende Wein dementsprechend mit allen Bestandteilen klar kommen muss. Da der Wein sich aber nicht verändern kann, sollten Sie Ihr vorhandenes Wissen anwenden und die »nicht kompatiblen Zutaten« ein wenig in Richtung des Weines modifizieren. Das gelungene Resultat kostet nicht viel Einsatz, lässt aber sowohl dem Wein als auch der Speise den notwendigen Freiraum zur individuellen Geschmacksentfaltung.

Anmerkung: Jedes ausgewogene Gericht besitzt ebenso wie ein eleganter, vielschichtiger Wein eine perfekte Balance der einzelnen Komponenten. Dieses spannende Wechselspiel findet im Wesentlichen zwischen den Aromen (der Frucht), der Säure, dem Salzgehalt (Mineralien) und dem Fett (dem Alkohol) statt. An einer gelungenen Balance dieser Parameter kann man die Qualität eines Weines oder einer Speise erkennen. Dabei spielt es keine Rolle, in welcher Kategorie man sich gerade befindet. Ein Wein aus dem soliden Basis-Segment kann diese Balance ebenso aufweisen wie ein großer, komplexer Kultwein. Gleiches gilt für eine gut zubereitete Hühnerbrühe aus heimischer Küche gegenüber einem facettenreichen Gericht aus der Profiküche. Je hochwertiger, vielschichtiger und feiner die Produkte und vor allem deren Vielfalt, desto subtiler sind die Nuancen und desto schwieriger gestaltet sich die erwünschte harmonische Verbindung zwischen Wein und Speise.

Weiterhin kann man mit gegensätzlichen Aromen ein Gericht konterkarieren. Denken Sie an einen fetten Gänsebraten, der mit einem fruchtigen, frischen, leicht säurehaltigen Pinot Noir geradezu auflebt, während Ihnen bei einem kräftigen, leicht marmeladigen, alkoholhaltigem australischen Shiraz wahrscheinlich der Bissen im Hals stecken bleiben würde. Hier wirkt der Pinot Noir fast katalysatorisch, er unterstützt das Gericht, hebt die Aromen und bewirkt mit seiner Säure die notwendige Balance im Mund.

Wahlverwandtschaften

Regionale Verbundenheit von Weinen und Speisen
Historisch gesehen wurden Weine einer Region traditionell zu den dort üblichen Speisen getrunken. Deshalb passen oft die Weine einer Landschaft zu den traditionsreichen, regionalen Rezepten, wie zum Beispiel Meeresfrüchte zu Muscadet, Boeuf Bourguignon zu Pinot Noir, Wild mit Trüffel zu Barolo, Choucroute zu Elsässer Riesling und Spargel zu Rheinhessischem Silvaner.

Kulturell gewachsene Verwandtschaft von Weinen und Speisen
Aber auch kulturell gewachsene, altbewährte Kombinationen wie zum Beispiel »Stopfleber und edelsüße Weine« und »Stilton und Port« faszinieren immer wieder aufs Neue.

Harmonische Verwandtschaft der Aromen
Wenn man die Aromen des Weines und der Speisen kennt, ist es einfach, eine harmonische Verbindung zu schaffen. Sobald die Aromen in Wein und Speise ausbalanciert sind, verändert sich der Wein kaum. Treffen verwandte Aromen aufeinander, wie Grüne Bohnen und die grasigen Noten eines Sauvignon Blanc, kommt es zum geschmacklichen Gleichklang. Die Rebsorte Cabernet Sauvignon lässt sich mit ihren Aromen von grüner Paprika gut zu Gerichten mit Paprikagemüse einsetzen und ein buttriger Chardonnay aus dem Holz schmiegt sich perfekt an sahnige Saucen an. Mit ein wenig Übung kommt man hier schnell zum Erfolg.

Harmonie durch gegensätzliche Aromen

Bei dieser Kombination benötigt man außer einem umfangreichen Produktwissen entsprechendes Fingerspitzengefühl und einen gehörigen Erfahrungsschatz. Ergänzende oder gar gegensätzliche Aromen bei Wein und Speisen können einen finalen Geschmackskick auslösen. Ein fetter Gänsebraten wird zum Beispiel von einem eleganten, fruchtigen Pinot Noir nicht nur bestens begleitet, sondern geschmacklich ins Rampenlicht gehoben. Ältere, reife, etwas müde Weine gewinnen, wenn sie zu Fisch- und Fleischgerichten in Kombination mit einem angemachten Salat serviert werden. Die Säure der Vinaigrette gibt dem Wein die notwendige Frische zurück. Facettenreiche Gerichte mit vielen Geschmackskomponenten und Aromen können einfache, harmonische Weine ins Rampenlicht rücken. Diese Weine können sich unkompliziert und viel einfacher als komplexe Tropfen auf den egozentrischen Speisepartner einstellen, sie danken es mit anregender und fruchtiger Lebhaftigkeit. Mit dieser Methode betritt man allerdings einen schmalen Grat. Schon der kleinste Fehltritt bedeutet geschmacklichen Absturz.

Geschmackliche Verwandschaft von Weinen und Speisen

Zunächst sollten Sie die Haupteigenschaften des jeweilgen Weines und der entsprechenden Speise kennen. In welchem Verhältnis stehen Süße, Säure, Salzigkeit, Alkohol- und Fettgehalt, Schärfe, Tannine und Bitterstoffe zueinander? Harmonie entsteht, sobald diese Eigenschaften gleichwertig auf ihre jeweilige Entsprechung im Wein- oder Speisepartner treffen. Dafür ist allerdings ein solides Basiswissen der verschiedenen Inhaltsstoffe und Kombinationsmöglichkeiten notwendig. Anspruchsvolle Speisen verlangen vielschichtige, facettenreiche Weine, während ein regionales, rustikales Gericht eher nach einem süffigen Basiswein verlangt. Aber genau dieses Wissen macht letztendlich das eigentliche Salz in der Suppe aus und erklärt, warum man für die Zusammenstellung erfolgreicher Kombinationen einige Jahre regelmäßiger Praxis benötigt.

Trinken mit System

Warum Weintypen?
Das notwendige Handwerkszeug für gelungene Kombinationen

Bei der Weinauswahl wird oft nach Farbe unterschieden. Weiß-, Rosé- oder Rotwein? So lautet in der Regel die erste Frage. Und wenn es um die Zuordnung zu Speisen geht, kommt die älteste und unsinnigste aller Regeln auf den Tisch: »Rotwein zu dunklem Fleisch, Weißwein zu hellem Fleisch, Fisch und Geflügel.«

Wenn Sie sich damit zufrieden geben, ist spätestens jetzt der Moment gekommen, dieses Buch zuzuklappen. Falls Sie aber gesunde Neugier und entsprechenden Wissensdurst mitbringen, sind Sie hier genau richtig. Nachdem es im ersten Kapitel um Aromen, Geschmack, Leitgedanken und Basisregeln ging, widmen wir uns jetzt ausschließlich der flüssigen Seite: dem Wein. In diesem Kapitel geht es um eine sinnvolle Unterteilung in Kategorien, die die unterschiedlichen Weintypen verständlich beschreiben und vergleichbar machen. Genießen mit System.

Essen verändert den Geschmack des Weines meist stärker als umgekehrt. Wein wird als fertiges Produkt in eine Flasche gefüllt und verändert sich lediglich durch Reifung. Speisen unterliegen hingegen einer Rezeptur, die jederzeit modifiziert werden kann. Deshalb wäre es eigentlich sinnvoller, zuerst den Wein auszusuchen, um dann zu entscheiden, was man dazu kocht, bzw. die Gerichte so zu optimieren, dass sie zu dem Wein passen, den man gerne trinken möchte. Ein Wunschgedanke, der im normalen Restaurantservice leider undenkbar ist.

Eine weitere Erkenntnis hat mich zu einer grundsätzlichen Einteilung des umfangreichen Weinangebotes bewogen: Weine können unabhängig von ihrer Farbe ähnlich mit Speisen reagieren. Die Einteilung nach Farben ist also nur bedingt brauchbar. Probieren Sie einen leichten, fruchtigen Rotwein gut gekühlt. Blind werden Sie kaum eine Unterscheidung zum Weißwein treffen können. Und die Rebsorten? Auch diese Einteilung ist nicht nachvollziehbar, denn viele Weine bestehen aus mehreren Sorten. Außerdem kann man aus einer Rebsorte höchst unterschiedliche Weine keltern – vom einfachen Literwein bis zum Grand Cru!

Trinken mit System 51

Der Amerikaner Jerry Comfort, ein gelernter Koch und Master Sommelier, beschäftigt sich seit fast 20 Jahren mit der Kombination von Wein und Speisen. Seine Überlegungen bieten genussreiches und vor allem spannendes Potenzial. Er unterteilt die Weinwelt in Kategorien, denn: »Es kommt darauf an, wie ein Wein gemacht ist – welche Stilistik und welchen Geschmack er besitzt – und nicht unbedingt aus welcher Rebsorte er gekeltert wird.« (www.beringer.com/wine-food-pairing)

Eine solche Einteilung macht durchaus Sinn, weil eine verständliche, für jedermann nachvollziehbare Weinbeschreibung nicht einfach ist. Die meisten Weintrinker sind unsicher und sehr viel eher in der Lage, ihren favorisierten Weintyp zu beschreiben, als haargenau Auskunft über Jahrgang, Winzer und Anbaugebiet des Weins, den sie trinken wollen, zu geben. Deshalb ist eine sinnvolle Systematik – die Einteilung in Weintypen – vielleicht ein Ansatz, sich an das scheinbar komplizierte Thema auf einfache Weise heranzuwagen.

Wie funktioniert die Einteilung in Weintypen

Die folgenden Seiten werden zunächst als Zusammenfassung in Form einer Tabelle dargestellt, anschließend folgen Einteilung und detaillierte Beschreibungen der unterschiedlichen Weintypen. Diese Kategorisierung soll Ihnen als sinnvolles Handwerkszeug für die folgenden weinkulinarischen Kapitel dienen. Dabei bin ich mir durchaus bewusst, dass diese Unterteilung nicht einfach und vielleicht auch gewagt ist. Ein Weinfreak, der sie auf Herz und Nieren prüft, kann sicher Schwachstellen finden. Für jede Kategorie finden sich typische Vertreter, aber auch Gegenbeispiele und Ausnahmen. Und es gibt immer wieder auch Überschneidungen unter den Kategorien. Natürlich sind nicht alle Bordelaiser Weine komplex und elegant. Und umgekehrt nicht alle Übersee-Rotweine opulent, fett und alkoholreich. Vielleicht ist die Neue Weinwelt bereits ein Stück voraus, weil man dort heute sehr akribisch nach Eleganz und Komplexität sucht und deshalb in kühlen Höhenlagen pflanzt: »Cool climate« lautet das Zauberwort. Es bildet sich also dort ein neuer, wesentlich eleganterer Stil!

Ausnahmen und Sonderfälle lassen sich also in diesem Modell nie ausschließen und gerade das macht den Wein ja so interessant. Dennoch lässt sich das Gros der Weine mit dieser Kategorisierung fassen. Diese Weintypen werden Sie durch das ganze Buch begleiten. Sie sind in allen Tabellen dargestellt und sollen Ihnen eine Hilfestellung bei der Auswahl Ihrer Weine und vor allem eine gewisse Verlässlichkeit bieten.

Suchen und finden Sie Ihren Typ …

Wein-typen	Weintyp 1 leicht & frisch	Weintyp 2 fruchtig & harmonisch	Weintyp 3 komplex & elegant	Weintyp 4 kraftvoll & opulent
Beschreibung	frisch-fruchtiger, schlanker, leichter Wein, in der Regel im Stahltank ausgebaut (ohne Holzeinfluss)	mittelschwerer, meist süffiger Wein mit sanftem Schmelz und balancierten Fruchtaromen, mit und ohne Holzeinfluss	komplexer, facettenreicher Wein mit Spannung und Eleganz, besitzt Länge und Reifepotential, perfekt integrierter Holzeinfluss oder Ausbau im Stahltank	kraftvoller, konzentrierter Wein mit opulenter Statur, spürbarem Alkohol, sowohl Ausbau im Stahltank als auch mit deutlichem Barrique-Einfluss
Frucht	klare Fruchtaromen, lebt von spritziger Leichtigkeit und in südlichen Gebieten von Jugend	fruchtige bis reife Aromen, mittlere Intensität, teilweise würzig, kräutrige Komponenten	präzise, feinfruchtig, komplexe Aromen mit brillanter Struktur und druckvollem Nachhall	sehr intensive, üppig reife und ausdrucksvolle Aromen, saftig, massiv, teilweise überreif
Säure	knackig frische bis lebhaft anregende Säure	moderate, harmonisch integrierte, milde bis saftige Säure	perfekt integrierte, lebhafte Säure, die für Rückgrat und Struktur sorgt	hohe Reife, geringe Säure, durch Alkohol überlagert
Weißwein	bis 12 % Vol.	12 – 13,5 % Vol.	12,5 – 13,5 % Vol.	ab 13,5 % Vol.
	Kabinett, Deutschland Elbling Müller Thurgau Gutedel Steinfeder, Wachau Steirischer Junker Entre deux mers, Bordeaux Muscadet, Loire Vinho Verde, Portugal Weißweine, Penedes Hárslevelü, Ungarn	Silvaner, Scheurebe Grau- und Weißburgunder Steirische Klassik Federspiel, Wachau DAC Weißweine Fendant, Schweiz Tourraine, Loire Chenin Blanc, Loire Weißweine Italien Verdejo, Rueda Furmint, Ungarn Weißweine Osteuropa Weißweine Übersee	Riesling Großes Gewächs Lagen Sauvignon blanc, Steiermark 1er und Grand Cru, Burgund 1er und Grand Cru, Chablis Sancerre & Pouilly Fumé, Loire Bordeaux Blanc, Graves Lagen Sauvignon Blanc, Südtirol Dezaley, Schweiz Chardonnay (cool climate)	Ruländer/Grauburgunder Gewürztraminer Smaragd, Wachau Grand Crus, Elsass Vouvray, Loire Condrieu, Rhône Marsanne-Roussanne Vin Jaune, Jura Chardonnay Barrique, neue und alte Welt
Rotwein	bis 12,5 % Vol.	12,5 – 14 % Vol.	12,5 – 14,0 % Vol.	ab 14 % Vol.
	Trollinger Beaujolais Côtes de Bourg Rosé Bardolino Vernatsch	Pinot Noir Dornfelder, Lemberger Zweigelt, St. Laurent DAC Rotweine Cabernet Franc, Loire Beaujolais Cru Bordeaux Côtes du Rhône Languedoc-Roussillon Valpolicella, Dolcetto Rosso di Montepulciano einfache Tempranillo Rotweine Portugal Pinotage Rotweine international	Pinot Noir Cru Blaufränkisch Bordeaux Cru Côte Rôtie Hermitage Roussillon Barbaresco Chianti Classico Riserva Brunello di Montalcino Barolo Rioja Ribera Del Duero Premium Cabernet, Übersee	Rotwein-Cuvées, international Blaufränkisch Reserve Châteauneuf-du-Pape Amarone Toro Priorat Douro Dao Zinfandel Merlot Malbec Shiraz

Wein-typen	**Weintyp 1** leicht & frisch	**Weintyp 2** fruchtig & harmonisch	**Weintyp 3** komplex & elegant	**Weintyp 4** kraftvoll & opulent
Beschreibung	frisch fruchtiger, schlanker, leichter Wein, in der Regel im Stahltank ausgebaut (ohne Holzeinfluss)	mittelschwerer, meist süffiger Wein mit sanftem Schmelz und balancierten Fruchtaromen, mit und ohne Holzeinfluss	komplexer, facettenreicher Wein mit Spannung und Eleganz, besitzt Länge und Reifepotential, perfekt integrierter Holzeinfluss oder Ausbau im Stahltank	kraftvoller, konzentrierter Wein mit opulenter Statur, spürbarem Alkohol, sowohl Ausbau im Stahltank als auch mit deutlichem Barrique-Einfluss
Frucht	klare Fruchtaromen, lebt von spritziger Leichtigkeit und in südlichen Gebieten von Jugend	fruchtige bis reife Aromen, mittlere Intensität, teilweise würzig, kräutrige Komponenten	feinfruchtige, klar definierte, komplexe Aromen mit brillanter Struktur und druckvollem Nachhall	sehr intensive, üppig reife und ausdrucksvolle Aromen, saftig, massiv, teilweise überreif
Säure	knackig frische bis lebhaft anregende Säure	moderate, harmonisch integrierte, milde bis saftige Säure	perfekt integrierte, lebhafte Säure, die für Rückgrat und Struktur sorgt	hohe Reife, geringe Säure, durch Alkohol überlagert
Schaumweine	bis 12,5 % Vol.	12,0 – 12,5 % Vol.	12,0 – 12,5 % Vol.	11,0 – 15,0 % Vol.
	einfache Markensekte Frizzante Perlwein	Winzersekte Champagner Crémant, Cava Spumante, Cap Classique Sparkling, Brasilien u.a.	Jahrgangschampagner Spezial Cuvées mit feinfühligem Holzeinfluss (Krug, Jacquesson, Bollinger etc.)	Krimsekt Sparkling Shiraz
Süßweine	7,0 – 10 % Vol.	7,5 – 13 % Vol.	6,5 – 12,5 % Vol	12,5 – 16 % Vol.
	Riesling Kabinett (Mosel, Rhein, Nahe) Moscato d'Asti (ab 4,5% Vol.)	Spätlesen Vendanges tardives Gewürztraminer Recioto di Soave Rosenmuskateller Late Harvest Übersee	Auslesen Beerenauslesen Trockenbeerenauslesen Eiswein Ruster Ausbruch Quarts de Chaume Coteaux du Layon Jurançon und Tokaji Aszú	Sélection de grains nobles Gewürztraminer edelsüß Strohwein, Vin de pailles Sauternes, Monbazillac Recioto della Valpolicella Vin Santo Moscato Passito di Pantelleria, Sizilien Constanca, Südafrika
Verstärkte Weine		14 – 18 % Vol.	15 – 20 % Vol.	18 – 22 % Vol.
		Trocken Sherry Manzanilla & Fino Madeira Sercial Portwein weiß, trocken **Süß** Banyuls und Maury Muscat de Rivesaltes Muscat de Beaumes de Venise Ruby Tawny, jung LBV Port	**Trocken** Sherry Amontillado Palo Cortado Madeira Verdelho **Süß** Banyuls Grand Cru Madeira Bual Tawny, 30 oder 40 Jahre Colheita Port Vintage Port	**Trocken** Sherry Oloroso **Süß** Madeira Malmsey Marsala Sherry Pedro Ximenez Cream Sherry Montilla Moriles Orange und Black Muscat, Kalifornien Brown Muscat, Australien

Weißwein-Typ I 🍷
leicht & frisch

Leichte Weine sollen erfrischend »leicht« aber nicht wässrig oder dünn schmecken. Dabei ist ein niedriger Alkoholgehalt die wichtigste Voraussetzung. Das Spektrum dieses Weintyps ist groß: vom köstlich einfachen Alltagswein über unkomplizierte »Bag in Box« Literware bis hin zu fein ziselierten Kabinett-Weinen. Leichte Weine mit Geschmack sind in erster Linie Provenienzen der nördlichen Anbaugebiete. Die Witterung dort ist im Vergleich zu südlichen Anbaugebieten eher kühl. Dieses moderate Klima beschert der Pflanze eine wesentlich längere Vegetationsperiode. Damit können die Trauben frische Fruchtaromen einlagern, ohne ihre anregende Säure zu verlieren. Solche Kabinettweine sind – traditionell und vom Weingesetz her vorgesehen – erfrischend leichte aber geschmackvolle Vertreter unter 12 Volumenprozent Alkohol. Sie gedeihen vornehmlich in den nördlichen Anbaugebieten Mosel, Saar, Ruwer, Mittelrhein, Nahe, Rheingau, Saale-Unstrut und Sachsen.

Allgemein sind leichte Weine oftmals kulturell gewachsene, lokale Spezialitäten, meist aus authochtonen (ursprünglichen) Rebsorten. Typisches Beispiel ist der traditionsreiche Elbling, der vornehmlich an der Mosel sowohl auf luxemburgischer als auch auf deutscher Seite wächst. Auch die österreichischen Weißweine haben hier Animierendes zu bieten: leichte Grüne Veltliner wie die Wachauer Steinfeder, zartwürzige Welschrieslinge oder bukettreiche Muskateller aus der Steiermark. Sogar in einigen wärmeren Gebieten gibt es traditionell leichte, frische Weine, die von ihrer Jugend, den anregenden Hefenoten und einer erfrischenden Leichtigkeit leben. Köstliche Beispiele sind der belebende Muscadet von der Loire, ein aromatischer Entre-deux-mers aus dem Bordelais oder der spritzige portugiesische Vinho Verde.

Kurzweilige Spaßmacher, sommerliche Terrassenweine oder kernige Solisten.

Bis auf klassische Kabinettweine der nördlichen Anbaugebiete werden diese Leichtgewichte in der Regel in Edelstahltanks mit kontrollierter Temperatur reduktiv, also unter weitgehendem Ausschluss von Sauerstoff ausgebaut. Sie brillieren in erster Linie mit knackiger Frische und primären Fruchtaromen. Gemeinsam ist den meisten, dass sie zwar durchaus zu einigen Speisen passen aber nicht unbedingt perfekte Menübegleiter sind. Aber das ist ja auch nicht ihre Aufgabe. Sie sind vielmehr kurzweilige Spaßmacher, sommerliche Terrassenweine oder kernige Solisten und nehmen es uns nicht übel, wenn wir ihnen ab und zu die geteilte Aufmerksamkeit entziehen. Zudem eignen sie sich hervorragend als Aperitif anstelle eines Kir oder Modeerscheinungen wie »Spritz«. Ihre frische Unbekümmertheit macht richtig Lust auf ein köstliches Essen. Kaufen sollten man sie möglichst jung und auch baldmöglichst trinken, denn zum Lagern eignen sie sich nur bedingt. Eine Ausnahme bilden hier trockene Kabinett-Rieslinge, die auch nach drei bis fünf Jahren Flaschenreife nichts von ihrer Frische eingebüßt haben und zudem nunmehr ein unglaublich komplexes Aromenspektrum besitzen.

Weißwein-Typ 2
fruchtig & harmonisch

Harmonie ist der typischste Wesenszug dieser Weine, die auf einer ausgewogenen Balance aller Inhaltsstoffe beruht: Extrakt, Aromen, Säure, Alkohol und Frucht. Es handelt sich um mittelschwere Weine im trockenen Bereich mit angenehmer Fruchtausprägung. Dieser klassische Weißweintyp wird auf der ganzen Welt produziert und macht mit einem moderaten Alkoholgehalt zwischen 12 und 13,5 Volumenprozent mehr als die Hälfte der internationalen Weißweinproduktion aus. Je nach Anbaugebiet und Alter zeigen diese Mittelgewichte frische bis saftig reife Noten, angenehm milde bis saftige Säure und teilweise sogar würzige Aromenkomponenten.

Tägliche Essensbegleiter mit fruchtigem Schmelz und ausgeglichenem Wesen.

Diese Weine werden aufgrund ihrer mittelkräftigen Intensität sowohl ohne als auch mit Holzeinfluss ausgebaut. Also in einem Beton-, Kunststoff- oder Stahltank, mit Holzchips, in großen Holzfässern oder in Barriques. Allerdings schmeckt man bei diesem Weintyp den möglichen Holzeinsatz bestenfalls nur indirekt als unterstützendes Element. In diese Kategorie fallen die meisten reinsortig ausgebauten Weine: Grau- und Weißburgunder, Riesling, Silvaner, einige regionale Spezialitäten wie Grüner Veltliner, Chenin Blanc, Verdejo, Torontes aber auch internationale Rebsorten wie Sauvignon Blanc oder Chardonnay. Dieser Weintyp steht Pate für viele erfolgreiche Weinkonzepte: zum Beispiel die rheinhessische Selection oder DC Pfalz, die für ihre Region typische Rebsortenprofile anbieten. Parallel haben die Österreicher mit der Steirischen Klassik (Sauvignon Blanc, Morillon, Weißburgunder) einen Weintyp mit hoher Wiedererkennbarkeit geschaffen. Auch das überregionale Konzept DAC (Districtus Austriae Controllatus) setzt mit dem herkunftstypischen Qualitätsweinen deutliche Signale. Diesem klaren Profil entsprechen Grüne Veltliner des Weinviertels und der Gebiete Traisental, Kremstal und Kamptal, in denen zusätzlich auch noch Riesling zugelassen ist. Auch Norditalien und vor allem Südtirol bieten eine beachtliche Auswahl köstlicher Mittelgewichte mit würzig, herzhafter Aromatik. Die Palette ist reichhaltig besetzt: von Pinot Grigio über Weißburgunder, Chardonnay, Sauvignon Blanc bis hin zum dort heimischen Traminer. Überhaupt spielen die authochtonen Rebsorten in einigen Ländern eine prominente Rolle: zum Beispiel Rueda mit Verdejo, Galizien mit Albariño, Ungarn mit Furmint, die Schweiz mit Chasselas oder die Loire mit Chenin Blanc.

Auch in der neuen Welt hat man schnell begriffen, dass Chardonnay & Co. nicht immer holzig, dick und fett sein müssen. Mittlerweile werden in der gesamten südlichen Hemisphäre Weißweine temperaturkontrolliert im Stahltank ausgebaut, um die primären Fruchtaromen und die damit verbundene, anregende Frische zu erhalten. Dies erklärt dann auch den erfolgreichen Siegeszug des Sauvignon Blancs um die ganze Welt. Dank sorgsamer Oenologie sind harmonisch saftige, mittelgewichtige Weine dieses Typs heute fast überall recht einfach zu erzeugen. Für die meisten Zeitgenossen sind sie ein täglicher Begleiter mit fruchtigem Schmelz und ausgeglichenem Wesen – lecker und wohlschmeckend.

Weißwein-Typ 3 🍷🍷🍷
komplex & elegant

Komplexität ist ein häufig benutzter Begriff für Weine, die vielschichtig und finessenreich zugleich sind. Gesellt sich einer solchen Weinbeschreibung noch das Attribut »elegant« hinzu, handelt es sich um einen tiefgründigen Wein mit Struktur und Charakter. Unter Weinkennern ist dies sicherlich einer der gefragtesten Weintypen überhaupt. Sie sind genau das Gegenteil von Alltagsweinen.

Weinpersönlichkeiten, mit denen man sich intensiv beschäftigen sollte.

Vielleicht vergleichbar mit einer komplexen, aus vielen Einzelheiten und Geschmacksfacetten bestehenden Kreation eines besternten Küchenchefs, handelt es sich um Weinpersönlichkeiten, mit denen man sich intensiv beschäftigen sollte. In der Jugend präsentieren sie sich oft verschlossen und zugeknöpft, sie geben dann nur einen kleinen Teil ihrer Komplexität preis. Als Jungspunde bestimmen sie substanzreich und mitunter vorlaut Weinverkostungen, um anschließend erst mal wieder für einige Jahre im Dornröschenschlaf zu versinken um dann schließlich umso überzeugender wieder aufzuwachen. Eine ihrer wichtigsten Eigenschaften ist die Tatsache, dass sie durch Flaschenreife an Finesse und Komplexität zunehmen. Voraussetzung sind ein gemäßigtes Klima, eine lange Vegetationsperiode und moderate Erträge. Es geht darum, die physiologische Reife der Trauben optimal auszureizen, ohne dass dabei die Zuckergrade in die Höhe schnellen und bei der anschließenden Gärung einen zu hohen Alkoholanteil zur Folge hätten. Je später der Lesezeitpunkt – je näher die Trauben an den Punkt der Vollreife kommen – umso ausgeprägter und intensiver entwickeln sich die Aromastoffe, die diesem Weintyp die geschmackliche Eleganz verleihen. Das Terroir – eine vielversprechende Verkettung zwischen Rebsorte, Bodentyp, Hangneigung und Ausrichtung des Weinbergs, Mikroklima und Winzer – spielt hier eine ganz entscheidende Rolle. Deshalb findet man diese Weine vornehmlich in den gemäßigten Zonen Europas, in den traditionsbehafteten Anbaugebieten mit großem kulturellem Erfahrungsschatz. Da kann die Kellerwirtschaft noch so ausgetüftelt sein, die Qualität des Weines kommt

ausschließlich aus dem Weinberg. Beim Ausbau begleitet der Winzer seine Weine und dreht gefühlvoll an kleinen Stellschrauben, ohne große Eingriffe vorzunehmen. So verzichtet man häufig auf Holz, oder setzt es nur sehr vorsichtig ein. Das große Fuderfass verleiht ein unterstützendes Rückgrat, das kleinere Barrique Struktur und aromatische Komponenten. Ein Riesling Großes Gewächs Deutschlands sieht in der Regel kein Holz, falls doch, dann große oder weingrüne Fässer, während jeder elegante Chardonnay aus dem Burgund in kleinen 225 Liter fassenden Barriques, dort pièces genannt, ausgebaut und meist auch vergoren wurde. Das ist im Übrigen der Maßstab, an dem sich die restliche Weinwelt in puncto Holzeinsatz, Komplexität und Eleganz orientiert. Denn diese eleganten und vielschichtigen Weine passen einerseits hervorragend zum Essen und weisen andererseits ein beträchtliches Reifepotenzial auf. Eine gut eingebundene und dennoch schmeckbare Säure, die für Spannung und Struktur sorgt, bildet in Verbindung mit komplexen Aromen, Extrakten und ausgewogenem Alkoholgehalt ein fließendes Gegengewicht zu vielen Speisen.

Weißwein-Typ 4 🍷🍷🍷🍷
kraftvoll & opulent

Auch bei diesem Weintyp steckt der Teufel im Detail, denn innerhalb dieser Kategorie gibt es wiederum unterschiedliche Stilrichtungen. Wer das gesamte Spektrum entdecken möchte, muss sich den opulenten Schwingungen dieser Weine ergeben und den schmeichelnden Alkohol zulassen, der den Gaumen angenehm betäubt. Diese reichhaltigen Typen können sowohl fruchtüppig, saftig, sahnig und ausladend schmecken, aber auch würzig, toastig und mit gebündelter Kraft den Gaumen fordern.

Kraftpakete von angenehm üppiger Statur.

Je nach Philosophie des Winzers gibt es diesen ausladenden Weintyp ohne schmeckbare Holzprägung, etwa geradezu cremig schmeckende Grauburgunder aus Baden und dem Elsass. Herrlich konzentrierte Wachauer Grüne Veltliner Smaragde, würzige Elsässer Gewürztraminer oder sahnig süffige Weißburgunder aus Südtirol. Und natürlich auch die umgekehrte Variante: mit einem gewollten, deutlich schmeckbaren Einfluss der Holzfässer. Diese Kraftpakete sind meist von opulenterer Statur. Sie haben es im wahrsten Sinne des Wortes in sich, weil der hohe Alkoholgehalt – meist über 14 Volumenprozent – diese Tropfen in eine spannende Grenzsituation zwischen Lust und Last bringt. Ein geschmacklicher Absturz in rustikale Langeweile ist latent vorhanden und kann bei diesen Weinen eigentlich nur durch üppigreife Fruchtnoten, konturgebende Extrakte oder durch zartbittere Phenole (Bitterstoffe oder Botrytis) balanciert werden. Das ist sowohl möglich durch die Maischestandzeit, bei der Aroma- und Bitterstoffe aus den Traubenschalen gelöst werden, als auch durch einen gezielten Holzeinsatz mit mehr oder weniger neuen Fässern. Das bringt diese fülligen Weine sozusagen »in Form«, die hohen Alkoholwerte werden vom Holz assimiliert und regelrecht maskiert. Im besten Fall ist das Resultat ein ausgewogener, gehaltvoller Wein, der neben seiner Üppigkeit über ausgleichende Aromen, einen Tick belebender Säure und anregend herbe Noten verfügt.

Dieser Weintyp entsteht vornehmlich in den wärmeren Gebieten Europas und vor allem in der südlichen Hemisphäre, stets also unter hohem Sonneneinfluss.

Die extremen Temperaturen sorgen dafür, dass die Trauben innerhalb kürzester Zeit reif werden, viel Säure abbauen und im Gegenzug viel Zucker einlagern. Im späteren Wein hat das hohe Reife-Gradationen zur Folge, was durchaus mit geringer Säure und einer möglichen Überlagerung des Alkoholanteils verbunden sein kann. Dieser Weintyp hat sich Ende der 1990er-Jahre nach dem Vorbild des burgundischen Chardonnays entwickelt, mittlerweile ist er ein »Gobal Player« und auf der ganzen Welt in unterschiedlichsten Ausprägungen zu finden. In der Regel handelt es sich um sehr konzentrierte, reife Kraftpakete, deren süßliche Note sowohl vom Holzeinfluss als auch vom Alkoholgehalt rühren und meist erst im Nachhall so richtig wahrgenommen wird. Diese konzentrierten, oftmals recht füllligen Weine besitzen einen eigenwilligen Charakter und sind deshalb nicht ganz einfach zum Essen zu kombinieren. Ein köstliches Schinkenbrot würden sie wahrscheinlich vom Tisch wischen. Ihre süßliche Opulenz, die durch den Alkohol unterstützt wird, machen die Weine zu wahren Muskelprotzen, die ein ausgleichendes Gegengewicht in Form von Säure, Salz, pikanten Gewürzen oder sogar bitterherben Röstaromen benötigen. Allerdings immer im Zusammenspiel mit einer gehörigen Portion Fett: beispielsweise in Form von Butter, sahniger Beurre blanc oder auch Gänseleber. Dann übernehmen sie sogar spielend leicht die Rolle des klassischen Rotweinbegleiters zu Wild- und Fleischgerichten.

Rotwein-Typ 1 🍷
frisch & leicht

Manche bezeichnen ihn als dünnen, zwittrigen Wein mit roter Färbung, andere erfreuen sich gerade an dieser unterhaltsam köstlichen Leichtigkeit. Dieser sympathisch leichte Weintyp benötigt kaum Gerbstoffe, sein Charme liegt eher in der jugendlichen Frische und der damit verbundenen süffigen Frucht. Der Most für diese unkomplizierten Rotweine bleibt nur kurze Zeit mit den Traubenschalen in Kontakt. Dadurch bleibt seine Farbe hell, die bitteren und herben Tannine sehr gering, die Fruchtaromen frisch und sein Charakter zugänglich und beschwingt. Adstringierende Gerbstoffe aus Schalen, Kernen und Stiele finden sich hier kaum oder gar nicht. Auch die anschließende Lagerung in Stahltanks oder großen, gebrauchten Holzfässern dient dem gleichen Ziel.

Rotwein im Widerspruch.

Dieser frische Wesenszug bringt den Weintyp in nahe Verwandtschaft mit manchem Weißwein – aber natürlich auch mit Rosé. Einige der für diesen Typ eingesetzten Rebsorten können von Natur aus kaum intensivere Farbe in den Wein bringen (Trollinger, Pinot Noir). Andere sind hingegen schon als Rosé dunkler (Cabernet Sauvignon). Je nach Vinifikation haben die Rebsorten mehr oder weniger geschmacklichen Einfluss auf den späteren Wein. In dieser Gruppe nehmen die Roséweine einen wichtigen Anteil ein. Man kann sie auf unterschiedliche Weise herstellen: Die dunklen Trauben werden nach kurzer Maischestandzeit abgepresst, was Roséweine mit deutlich roter Farbe ergibt. Eine weitere gebräuchliche Méthode ist die Pressung ganzer Rotweintrauben, die einen sehr hellen Most ergeben und in der Regel als Blanc de Noir gefüllt werden. Ist das Ziel jedoch ein etwas dunklerer Rosé, benötigt dieser Wein zusätzlich Farbe. Dazu werden bei der sogenannte Saignée-Methode zehn bis 15 Prozent des Mostes aus dem Rotwein-Gärbehälter abgezogen, mit dem hellen Saft verschnitten und anschließend als Roséwein vinifiziert. Diese Methode hat den Nebeneffekt, dass der verbleibende Rotwein aufgrund des dann höheren Anteils an Schalen eine natürliche Konzentration erhält. Eine weitere Methode hellrote Weine herzustellen, ist die Vermischung von Weiß- und Rotwein.

Allerdings darf ein solches Cuvée nicht als Rosé, sondern nur als Rotling bezeichnet werden (Schillerwein, badisch Rotgold, sächsischer Schieler). Eine weitere Spielart stellt der heute fast vergessene Clairet dar, der verglichen mit Rosé eine etwas kräftigere Farbe besitzt. Im Mittelalter war Clairet das allgemeingültige Synonym für Bordeauxwein und ein Massenexportartikel nach England. Dieser Wein wird nur kurz auf den Traubenschalen vergoren, damit sie nicht zu viele Farb- und Gerbstoffe abgeben.

Neben all diesen Rosévarianten gibt es aber natürlich auch Rotweine, die traditionell ausgebaut werden und trotzdem in diese Kategorie der süffigen Leichtgewichte gehören: Trollinger, Portugieser, Südtiroler Vernatsch, einfache Beaujolais-Weine aber auch Bardolino und schlichte Valpolicella sowie klassisch ausgebaute Bordelaiser Tropfen aus den sogenannten Satellitengebieten, beispielsweise der Côtes de Blaye oder Côtes de Bourg. All diese unkomplizierten Rotweine sollten mit einer Temperatur von ca. 15 °C gekühlt serviert werden (Rosé entsprechend kühler), was keinesfalls frevelhaft, sondern eher einer kurzweiligen Trinkfreude dienlich ist. Ansonsten freuen sie sich über Käse, Speck und Schinkenbrot als Speisepartner einer bodenständigen Alltags-Wein-Kultur.

Rotwein-Typ 2 🍷🍷
fruchtig & harmonisch

Diese Kategorie umfasst sowohl alle regionaltypischen Klassiker als auch internationale, harmonisch geprägte Rotweintypen der gesamten Weinwelt. Es handelt sich um mittelschwere, aromengeprägte, saftige Rotweine mit einem gut eingebundenen Tanningerüst, moderatem Alkoholgehalt und einer ansprechenden Länge. Man findet sie in jedem Weinkeller, es sind die täglichen Essensbegleiter mit höherem Anspruch und entsprechendem Gewicht. Zudem sind diese unprätentiösen Allrounder universal kompatibel. Sie setzen sich mit allen möglichen Gelegenheiten völlig unkompliziert auseinander. Daran hat die moderne Weinbereitung großen Anteil. Die Winzer sind in der Lage, die Fruchtaromen attraktiv in den Vordergrund zu stellen und die Weine lediglich mit einer samtigen, gut eingebetteten Tanninstruktur zu unterstützen. Das Resultat ist angenehm harmonisch, Genuss über den man nicht lange nachdenken muss. Geschmackliche Hürden wie jugendlich unangenehm pelzige Adstringens, hohe Säurewerte, überladener Alkohol oder aufgesetzte Röstaromen vom Barrique sind bei diesem Rotweintyp eher selten.

Universal kompatible, unprätentiöse Allrounder.

Dieser mittelkräftige Rotweintyp kommt vornehmlich in Deutschlands Süden vor, während er in den Mittelmeerländern durchgängig in allen Gebieten zu finden ist. Selbst in der Schweiz ist dieser Typ verbreitet und auch aus Osteuropa oder aus China werden wir in den nächsten Jahren noch einiges zu erwarten haben. Österreich hat mit der Bezeichnung DAC (Districtus Austriae Controllatus) eine zusätzliche geografische Bezeichnung zum bisherigen Qualitätswein-System geschaffen. Beispielsweise stehen die Weine der Rebsorte Blaufränkisch unverkennbar für das Weinbaugebiet Mittelburgenland; sehr vorteilhaft und mit einem hohen Wiedererkennungswert für den Konsumenten verbunden, weil er weiß, was ihn erwartet. Diese Sortentypizität findet man auch bei Spätburgundern von der Ahr, Pfalz und Baden, bei Dolcetto, Chianti und Rosso di Montepulciano, in der gesamten Rioja, bei Saumur Champigny von der Loire, Côtes du Rhône,

im Beaujolais und auch bei einfachen Burgundern und Bordelaiser Tropfen. In Südafrika, Australien, Chile, Argentinien, Kalifornien und dem Rest der Welt sind es weniger die gebietstypischen Weine, als mehr die pure Rebsorten- oder Markenbezeichnungen, die das wichtigste Segment, diesen mittelkräftigen Weintyp, bezeichnen. Insgesamt ein sehr hilfreicher Ansatzpunkt für ungeübte Weintrinker. Abgesehen von wenigen ursprünglichen Rebsortenweinen wie dem südafrikanischen Pinotage und dem chilenischen Carmenere handelt es sich bei den Rotweinen der neuen Weinwelt meist um Cuvées aus den klassischen Bordelaiser Rebsorten Cabernet Sauvignon und Merlot. Eine Cuvée erlaubt dem Winzer eine feine Abstimmung der beteiligten Partnerweine, was dem Endprodukt sehr entgegenkommt. Die Vermählung von Rebsorten ist eine hohe Kellerkunst und hat nichts mit tumbem Verschnitt oder gar unehrlichem Panschen zu tun. Ansonsten mag dieser Rotweintyp üppig gedeckte Tafeln und kulinarische Gesellschaft. Interessanterweise passen diese Rotweine oftmals zu sehr komplexen Gerichten. In solchen Allianzen sind sie in der Lage, geschmackliche Spitzen zu nivellieren und gewinnen sogar selber noch an Finesse. Nicht zu warm serviert, sondern eher leicht gekühlt mit 16 °C passen sie sich jeder Situation problemlos an.

Rotwein-Typ 3 🍷🍷🍷
komplex & elegant

Diese Kategorie lässt Kennerherzen höher schlagen. Eleganz, Brillanz, Vielschichtigkeit und Komplexität sind die besonders gesuchten Attribute und gelten gemeinhin als höchste Weihe. Bei solch euphorischen Weinbeschreibungen schüttelt manch einer verständnislos den Kopf, während andere bereits den Platz in ihrem Keller für diese wertvollen Tropfen ausgesucht haben. Ans Licht kommen diese Trouvaillen idealerweise erst wieder nach einigen Jahren der Reife. Erst dann offenbaren sie im Gegensatz zu Alltagsweinen ihre wahre Klasse.

Eleganz, Brillanz, Vielschichtigkeit und Komplexität sind besonders gesuchte Attribute.

Noch vor einigen Jahrzehnten entstanden solche Weine eher zufällig und meist nur in Ausnahmejahren. Die Natur traf die Entscheidung. Neben einer herausragenden Weinbergslage und den entsprechenden Rebsorten musste vor allem das Wetter in der Reifeperiode der Trauben mitspielen. Obendrein war eine lange Lagerung Voraussetzung für einen optimalen Genuss. Erst durch eine entsprechende Flaschenreife bauten diese jugendlich ungelenken Weine ihre Tannine ab und entwickelten die gewünschte Harmonie. Auch heute wird die eigentliche Qualität eines Weines an seiner Lagerfähigkeit gemessen, die er jedoch ohne eine perfekte Balance seiner Inhaltsstoffe gar nicht aufweisen könnte. Die Lagerfähigkeit ist sozusagen einer der wichtigsten Parameter dieses besonderen Weintyps. Allerdings ist es manchmal selbst für Fachleute schwer, einen komplexen, eleganten Wein auf Anhieb als solchen zu erkennen. Sie werden zwischen 20 und 2000 Euro gehandelt und sind gefragtes Gut. Die Kunst liegt darin, für möglichst kleines Geld einen großen Wein zu bekommen. Angebot, Nachfrage und ein international verzweigtes Handelssystem regeln den Preis. Bordeaux steht Pate mit seinem jahrhundertealten Weinhandelskonzept, das bereits im Mittelalter hervorragend funktionierte. Gleichzeitig lässt sich aber auch genau an diesem Gebiet die immer mehr verschwimmende Abgrenzung aufzeigen. In Zeiten der Globalisierung und der Klimaerwärmung findet man gerade in Bordeaux neben der Topqualität genauso üppig alkoholstarke Beispiele und

auch einfache Alltags-Rotweine, die ganz klar das Gros der Weinproduktion ausmachen. Puristische, elegante und komplexe Weine sind eher der kleinste Teil des Angebots.

Dieser gesuchte Weintyp ist in fast allen europäischen Anbaugebieten mit Tradition und entsprechender Weinkultur zu finden und macht nur einige Prozentpunkte der gesamten Weinproduktion aus: Bordelaiser und Burgunder Crus, die würzigen Syrahweine der nördlichen Rhône, einige wenige Reserva und Gran Reserva der Rioja und des Ribera del Dueros, sowie ausgesuchte Sangiovese und die »Super-Tuscans« sowie die Tops der italienischen Weinszene: Barolo und Barbaresco. Den Anschluss an diese begehrte Spitzengruppe haben bis jetzt nur wenige Cabernet Sauvignons der neuen Weinwelt geschafft. Abgesehen von Bordeaux sind in dieser Kategorie nur wenige Blends vertreten. Allesamt wachsen sie in besonderen Lagen und gemäßigten Klimazonen und werden beim anschließenden Ausbau sensibel vom Holz der Barriquefässer begleitet. Die Winzer betreuen die Weinentwicklung sehr sensibel und behandeln diese Crus wie ihre eigenen Kinder. So kommt es auch hier auf die gesunde Mischung an: Wenn Spannung und Struktur in Verbindung mit einer lebhaften Säure, komplexen Fruchtaromen und einem moderaten Alkoholgehalt eine unendlich köstliche Länge bilden, werden sie mit Recht als besonders wohlgeraten bezeichnet.

Rotwein-Typ 4 🍷🍷🍷🍷
kraftvoll & opulent

In südlichen und besonders warmen Anbaugebieten reifen die Trauben wesentlich schneller als in den kühleren Regionen. Die Säure wird abgebaut und im Gegenzug entsteht Süße in Form von Zucker. Der wird wiederum bei der anschließenden Gärung zu Alkohol umgewandelt und bedingt bei einem trockenen Wein logischerweise einen höheren Alkoholgehalt und damit ein eher vollmundiges Vergnügen. Der Ursprung dieses üppigen, reifen und warmen Weintyps könnte an der südlichen Rhône liegen, wo uralte, verknorzte Rebstöcke ihre Wurzeln in den kargen Boden treiben. Weil die Trauben von der Sonne fast gekocht werden, schmeckt der anschließende Wein angenehm marmeladig, würzig, warm und weich.

Die intensiven Aromen erinnern an überreife Früchte, gekochtes Pflaumenkompott mit einem Hauch Zimt, Schokolade und Lakritz und wirken durch die Konzentration fast süßlich konzentriert.

Richtigen Kultstatus hat dieser Weintyp allerdings erst in den 1990er-Jahren mit Einzug der saftig, voluminösen Rotweine der Neuen Welt bekommen. Es schwappte eine noch nie dagewesene süffig üppige Fruchtfülle aus den Gläsern und wickelte die europäischen, an Gerbstoffe gewöhnten Zungen in Sekundenschnelle ein. Bevor man sich des sättigenden Effektes dieser Weine bewusst wurde, hatte der Alkohol längst alle Sinne aufs Wohligste betäubt. Verglichen mit den bekannten, eher säurebetonten und in der Jugend tanninbehafteten europäischen Rotweinen, die vor entsprechendem Genuss erstmal einige Jahre Lagerung benötigten, schlugen diese fruchtigen Blockbuster wie eine Bombe in das bis dato klar strukturierte Geschmacksraster der gesamten Weinwelt ein. Heute haben sich die neue und die alte Weinwelt angenähert, beide Seiten profitieren von den jeweiligen Entwicklungen. Fruchtüppige, alkoholreiche Weine sind mittlerweile – sicherlich durch den Klimawandel begünstigt – auch in Europa, beispielsweise auf der iberischen Halbinsel, in Südfrankreich, Italien und in Griechenland zu finden. In der neuen Weinwelt verändern sich die Bestrebungen mittlerweile von Opulenz in Richtung Eleganz. Wenn möglich, weicht man in die Höhe aus, um Kühle und eine entsprechende Säure zu bekommen.

Nicht selten liegen die Weinberge in extrem hohen Lagen, zum Beispiel in den Argentinischen Anden bis zu 1500 Metern und mehr über dem Meeresspiegel.

Aufgrund des oftmals sehr hohen Alkoholgehaltes dieses reichhaltigen Weintyps stellt sich die entsprechende Wirkung dann auch recht schnell ein. Mögen diese konzentrierten Weine auf den ersten Schluck auch noch so viel Spaß machen, nach dem ersten Glas verspürt man eine gewisse Sättigung. Deshalb müssen diese aromenstarken Alleinunterhalter in der Kombination mit Speisen sehr gezielt eingesetzt werden. Bauen Sie die alkoholstarke Fruchtsüße intelligent ein: Beispielsweise übernimmt ein fruchtsüßer, herrlich opulenter Shiraz bei jedem Wildgericht problemlos den Part der Preiselbeeren. Dunkle Saucen, die mit Gänseleber verfeinert wurden, lieben üppige Rotweine, sie verleihen dem Gericht durch ihre fruchtexplosive Aromatik den letzten Pfiff. Aber auch Innereien, extrem würzige Elemente und Gerichte mit einer entsprechenden Säurestruktur, zum Beispiel saure Nierchen oder Grillfleisch mit Ketchup eignen sich sehr gut, weil die Säure diesen fruchtfülligen Muskelpaketen entsprechend Paroli bietet und damit einen appetitanregenden Genuss erst ermöglicht.

Schaumwein-Typ 1 🍷
leicht & frisch

Das ist die Kategorie für erfrischende Perlweine, Frizzante und das große Feld der Markensekte. In der Regel industriell produzierte Schaumweine, unkomplizierte, sprudelnd einfache Typen, die eine breite Käuferschicht erreichen. Dicht gereiht stehen sie im Discount oder in prall gefüllten Supermarktregalen. Als echter Prototyp dieses Genres sei hier der allseits beliebte und unverwüstliche Prosecco genannt. Bei Perlwein oder Frizzante handelt es sich allerdings um »halbschäumende Weine« mit einem Mindestgehalt von 8,5 Volumenprozent Alkohol und einem Kohlensäureüberdruck bis höchstens 2,5 bar. Von richtigem Schaumwein spricht man erst ab 3,5 bar Druck. Auch rein äußerlich unterscheiden sich Perl- von Schaumweinen. Aufgrund des hohen Innendrucks müssen sowohl Schaumweinflaschen als auch Sektkorken anders konzipiert sein. Der pilzförmige Kork wird zusätzlich von einer Agraffe (vierseitiges Drahtgeflecht zum Festhalten des Korks auf Schaumweinflaschen) gehalten.

Die notwendige zweite Gärung, die Stillweine in das perlende Dasein überführen, erfolgt bei günstigen Schaumweinen in der Regel in einem großen Tank. Markensekte sind Cuvées und zeichnen sich durch ein immer gleichbleibendes Geschmacksmuster, unabhängig von der Qualität der Jahrgänge, aus. Oft erreichen sie Umsätze von mehreren Millionen Flaschen pro Jahr. Schon alleine deshalb werden die Grundweine eher nicht von engagierten Winzern oder aus einzelnen, individuellen Weinbergslagen bezogen.

Schaumwein-Typ 2 🍷🍷
fruchtig & harmonisch

Für diese Kategorie steht zweifellos der Champagner Pate. Bereits im 17. Jahrhundert wurden in dieser Region die Weichen für die aufwändige »Méthode Champenoise« durch findige, äußerst genussfreudige Mönche gestellt. Im Laufe der letzten Jahrhunderte hat sich dieses Verfahren akribisch weiterentwickelt und der Champagne einen weltweit einmaligen Status verliehen. Wichtiges Merkmal eines Schaumweins ist die zweite Gärung. Sie wird durch die Zugabe von Hefen eingeleitet und findet – nach dem Vorbild der Champagne – in der

Flasche statt. Allerdings darf die klassische Bezeichnung »Méthode Champenoise« per Gesetz ausschließlich in der Champagne benutzt werden. Alle anderen Regionen und Länder können den gleichen Vorgang – die zweite Gärung in der Flasche – alternativ als »traditionelle Flaschengärung« bezeichnen. Noch gilt Champagner als Inbegriff des prickelnden Luxus aber mittlerweile sind dieser Delikatesse andere Regionen dicht auf der Spur. Selbst der kleine Bruder Crémant macht in Bestform so manchem Billig-Champagner erhebliche Konkurrenz. Auch in England und Nordamerika

gibt es bereits eindeutige Bestrebungen. In Deutschland werden diese hochwertigen Schaumweine als Winzersekte bezeichnet, in der Steiermark hat sich der ehemals saure Schilcher zu einem richtig delikaten Stoff gemausert und jenseits des Äquators engagieren sich sogar die Champagnerhäuser im Übersee-Sparkling-Business. So auch im südlichen Teil Brasiliens, wo aufgrund der besonderen geoklimatischen Gegebenheiten in der Serra Gaúcha im »Vale dos Vinhedos« beinahe perfekte Konditionen für Schaumwein herrschen. Für Italiens Top-Spumante steht das Anbaugebiet Franciacorta, und auch der spanische Cava zeigt mittlerweile sehr facettenreich sein immenses Potential und ist nach Frankreich der zweitwichtigste Markt für flaschenvergorenen Schaumwein weltweit. In dieser Kategorie ist das Qualitätsspektrum leider außerordentlich breit gefächert. Tipp: Bodenständige Winzer und engagierte Genossenschaften bieten in der Regel wesentlich prickelndere Entdeckungsmöglichkeiten als große, namenhafte Handelshäuser.

Schaumwein-Typ 3 🍷🍷🍷
komplex & elegant

Wer einmal einen vielschichtig, komplexen Jahrgangs-Champagner gekostet hat, der weiß wie umwerfend flüssige Eleganz schmecken kann. Im Gegensatz zu einem eleganten Stillwein ist dieses Luxusprodukt mit einer seidig perlenden Kohlensäure verwoben, die dem köstlichen Geschmack geradewegs Flügel verleiht. Das einzige Problem ist der Preis. Für viele verschließt sich dieser erhabene Genuss von vornherein oder beschränkt ihn zumindest auf wenige wirklich besondere Gelegenheiten.

Perlende Eleganz gepaart mit facettenreicher Substanz

Bedingt durch die »Méthode Champenoise« kann ein Champagner viele Jahrzehnte lang auf der die Jugend erhaltenden Hefen in den verzweigten Gängen der Kreidekeller lagern. Die Hefezellen konservieren und verleihen ihm die neuartigen, cremigen Aromen. Vintage Champagner sind die Visitenkarte aller Champagnerhäuser und reifen mehrere Jahre. Dass die Winzer für ihre Jahrgangschampagner nur die besten Grundweine lagern, versteht sich von selbst. In dieser Kategorie gibt es noch ein weiteres, wesentliches Unterscheidungsmerkmal in der Kellertechnik: der Umgang mit Holz. Diejenigen Champagnerhäuser, die für die erste Gärung und anschließende Lagerung der Stillweine Holzfässer nutzen, verwenden in ihren späteren Cuvées eher einen höheren Anteil an Pinot-Noir-Trauben. Champagner aus weißen Rebsorten erfährt in der Regel eher eine Gärung in neutraleren Gebinden. Manche Häuser wie Bollinger, Egly-Ouriet, Laval und Krug verwenden kleine Eichenfässer, während andere Erzeuger wie zum Beispiel Jacquesson, Roederer und Bedel auf traditionelle Holzfässer setzen. Oft besitzen die Barriques ein Durchschnittsalter von gut 30 Jahren und die großen Holzfässer sind teilweise sogar noch älter. Bei der Champagnerherstellung ist ein »Holz-Geschmack«, wie er von neuen Fässern vermittelt wird, nicht erwünscht, stattdessen strebt man einen Hauch von Toastgeschmack und dezente karamellartige, nussige Aromen an, die in ihrem Zusammenspiel die zart fruchtigen Nuancen elegant flankieren. Pure Eleganz gepaart mit subtiler Komplexität.

Schaumwein-Typ 4 🍷🍷🍷🍷
kraftvoll & opulent

Wer es gerne süß und opulent mag, ist mit dieser Kategorie bestens bedient. Diese Schaumweine sind ganz bewusst für einen mundfüllend süßen Genuss gemacht. Da Kohlensäure die sensorische Süße im Schaumwein stark abschwächt, können die Restzuckerwerte auch in einem deutlich höheren Bereich als bei Stillwein liegen, ohne gleich pappig und klebrig zu wirken. Zuckerwerte zwischen 32 und 50 Gramm (halbtrocken) pro Liter und oberhalb von 50 Gramm (mild) sind keine Seltenheit. Ein Krimsekt aus roten oder weißen Trauben schmeckt zum Beispiel mit gut 80 Gramm pro Liter fast wuchtig süß, während ein Übersee Sparkling Shiraz bereits mit gut 40 Gramm pro Liter ähnlich süß wirkt. Dieser intensive rote Schaumwein zeichnet sich durch ein verführerisch schokoladiges Cassis-Aroma und eine spürbare Gerbstoffstruktur aus, die bei hochwertigen Produkten auch von einer entsprechenden Holzfasslagerung herrühren kann.

Süßwein-Typ 1
leicht & frisch

Weintypen dieser Kategorie sind wie eine flüchtige Begegnung. Man nimmt sie in ihrer Komplexität zunächst gar nicht richtig wahr. Sie schmecken köstlich frisch und vor allem nach mehr. Diese zugleich unkomplizierten und delikaten Leichtgewichte kommen ohne ausladenden Schmelz und Volumen mit einem wunderbar niedrigen Alkoholgehalt zwischen 7 und 10 Volumenprozent aus. Die besten Exemplare weisen zarte Aromen, eine fein ziselierte Mineralität und eine sanfte Fruchtsüße auf, die von einer lebhaften Säure getragen wird. Unkomplizierte und delikate Leichtgewichte.

Prototypen für diese Kategorie sind Riesling Kabinett-Weine aus den nördlichen deutschen Anbaugebieten Mosel, Saar, Ruwer, Mittelrhein, Nahe und Rheingau, die auf steinigen, schieferreichen Böden gedeihen. Leider sind diese einmaligen leichten Weine im Zuge der Trockenwelle der letzten Jahrzehnte ein wenig in Vergessenheit geraten. In der Jugend sind Kabinettweine unerhört animierend und machen Lust auf ein weiteres Glas. Eigentlich mag man gar nicht aufhören, wenn man diese erfrischende Köstlichkeit erst mal richtig gekostet hat. Nach einigen Jahren Flaschenreife zeigen diese Kabinettstückchen ein weiteres Talent: Sie entwickeln sich zu völlig unterschätzten Essensbegleitern. Als einige der wenigen Ausnahmeerscheinungen in dieser Kategorie könnte man vielleicht den perlendenden Moscato d'Asti bezeichnen, der ebenfalls von seiner fruchtigen Frische lebt, aufgrund seiner Kohlensäure aber eher in die Gruppe der Perlweine gehört. Einer Weingruppe, der er sich rein weinrechtlich wegen seines zu geringen Alkoholgehalts von 4,5 bis 6,5 Volumenprozent nicht zurechnen darf.

Süßwein-Typ 2
fruchtig & harmonisch

Das ausgewogene Verhältnis zwischen anregender Frucht, saftiger Säure und unterstützender Süße entscheidet auch bei diesem Weintyp über geschmackliche Qualität. Wie eine Sauce die zu fett ist, schmecken pappig süße Weine furchtbar langweilig, weil die frische, anregende Unterstützung der Säure fehlt. Das geschmackliche Spektrum dieses Weintyps reicht des-

halb im Zweifel von langweilig süß bis anregend süffig. Das hat nichts mit der Gradation der Süße zu tun, sondern nur mit einem ausgewogenen Verhältnis von Frucht, Säure und Süße. Diese Weine enthalten mittels einer abgestoppten Gärung den fruchtigen Schmelz der eigenen Fructose und schmecken sehr viel eleganter als solche, deren Restsüße mit konserviertem Traubensaft (Süßreserve) eingestellt worden ist und niemals ihren leicht zuckrigen Charakter verlieren. Die Bezeichnungen Spätlese, Vendage Tardive, late harvest und Recioto bieten deshalb keine Qualitätsorientierung, sondern bezeichnen lediglich ein gewisses Reifestadium der Trauben. Besonders finessenreiche Spätlesen können so auch ohne Weiteres dem eleganten Süßwein-Typ 3 zugeordnet werden. Es ist deshalb wichtig, nicht nur den Wein, sondern auch die Intention des Winzers zu kennen. Auch die Vielfalt der maßgeblichen Aromen, die später gemeinsam mit der Säure und dem Zuckergehalt die gewünschte Geschmacksexplosion im Mund erzeugen, entsteht nach einer möglichst langen Vegetationsperiode erst in den letzten sonnigen Herbsttagen. Weine aus kühleren Gegenden haben deshalb Heimvorteil und ganz klar die Nase vorne.

Süßwein-Typ 3 🍷🍷🍷
komplex & elegant

Die eindeutige Stärke dieser Weine liegt in dem überaus reizvollen Spannungsbogen zwischen köstlicher Fruchtsüße und einer quicklebendigen Säure. Im Idealfall werden die Trauben hierfür auf dem Höhepunkt ihrer physiologischen Reife geerntet. Eine etwas luxuriösere Variante liegt vor, wenn der Botrytispilz Cinerea sein heimtückisches Werk vollbringt und kleine Öffnungen in der Beerenhaut schafft. Dadurch verdunstet die Flüssigkeit in der Traube zunehmend, wodurch es zu einer natürlichen Konzentration des Zuckers und der anderen Inhaltsstoffe kommt. Für den Winzer ist dies eine heikle Gradwanderung zwischen erwünschter Edelfäule und negativer, muffiger Graufäule, wie sie sehr schnell entstehen kann, wenn es in diesem Reifestadium regnet und zu hohen Temperaturen kommt.

Edelfaule Botrytistrauben bevorzugen deshalb eine trockene, eher kühle bis moderate Herbstwitterung mit sanft wärmenden Sonnenstrahlen. Erst dann können sie auf gesundem Wege schrumpfen und die gewünschte Konzentration aufbauen. Edelsüße Weine gibt es auf der ganzen Welt, aber die wirklich finessenreichen Klassiker bringen in dieser Komplexität vor allem die nördlichen Anbaugebiete Deutschland, Loire, Jurançon, Ungarn, Österreich und Kanada zustande. Die eher säurebetonten Rebsorten Riesling, Chenin Blanc, Petit Maseng, Furmint, Welschriesling und Scheurebe stehen auf der Wunschliste der Winzer ganz oben. Bei den meisten Weinen ist eine mühevolle Selektion in mehreren Lesedurchgängen per Hand notwendig. Da die Trauben niemals gleichmäßig von der Edelfäule befallen sind, müssen die geeigneten Teile gezielt »ausgelesen« oder »ausgebrochen« (Ruster Ausbruch) werden. Trotz ihrer immensen Süße können diese Trauben aufgrund ihrer feinen Säure eine geschmacklich unvergleichliche Brillanz besitzen.

Eine besondere Spielart sind die Eisweine aus Deutschland, Österreich, Luxemburg und Kanada, bei denen das Ausfrieren des Wassers bei Temperaturen unter 7 °C zur gewünschten Konzentration führt. Da aber nur gesunde Trauben die manchmal für den Wein unerträglich lange Wartezeit bis Ende November oder gar bis in den Januar des neuen Jahres hinein überstehen, zeichnen sich diese Weine durch eine besonders rebsortentypische Fruchtfülle und enorme Spannung im Süße-Säureverhältnis aus.

Süßwein-Typ 4 🍷🍷🍷🍷
kraftvoll & opulent

Mit einem Alkoholgehalt von mehr als 13 Volumenprozent ist dieser reichhaltige, meist im Barrique ausgebaute Weintyp genau das Gegenstück der facettenreichen, brillanten edelsüßen Weißweine. Für diesen dickflüssigen, fast öligen Weintyp reifen die Trauben weit überwiegend am Stock, um die optimale Reife zu erlangen. Spezialitäten sind die auf Schilf- oder Strohmatten zum Trocknen ausgebreiteten Trauben. Die Botrytis und der damit verbundene extrem hohe Zuckergehalt sorgen für eine Aromenkonzentration.

Um ihm zu mehr Format zu verhelfen, werden diese Spezialitäten gerne in kleinen Eichenholzfässern ausgebaut. Das Holz veratmet und maskiert den Alkohol und überträgt dem Wein sanfte Bitterstoffe, welche die fehlende Säure ersetzen. Sie sind für das geschmackliche Gleichgewicht dieser massiven Weine unerlässlich, geben die notwendige Struktur. Aromatisch begleitet werden sie durch betörende Aromen von getrockneter Aprikose, Orangenschalen, Quitten, Rosinen, Honig und Nüssen. In die Kategorie dieser edelsüßen Monumente fallen alle Weine, die in südlichen Gefilden wachsen und aus säurearmen Rebsorten hergestellt werden.

Verstärkte Weine 🍷🍷-🍷🍷🍷🍷

Verstärkte Weine sind faszinierende Persönlichkeiten und bieten je nach Land und Stilistik hochspannende Entdeckungen. Eigentlich muss man ihnen ein ganzes Buch widmen, weil man ihre vielfältigen Ausprägungen unmöglich in einer einzigen Kategorie zusammenfassen kann. Es gibt lediglich einen gemeinsamen Nenner: All diese Weine werden aufgespritet, d.h. ihnen wird während der Produktion hochprozentiger Alkohol (Ethanol) zugegeben. Geschieht das während der Gärung, sterben die für den Gärprozess verantwortlichen Hefen ab und die natürliche Süße der Trauben wird konserviert und bleibt zu einem Teil erhalten. Beispielhaft sind hier alle Vin doux naturel, wie Banyuls, Maury, Muscat de Rivesaltes und Muscat de Beaumes de Venise aber auch die süßlich opulenten Muscats aus Übersee, Malaga, Madeira sowie alle Portweine. Ganz entscheidend für die spätere Geschmacksrichtung ist der Zeitpunkt, wann der Alkohol zugegeben wird. Und das kann je nach Produkt, Typus, Stilrichtung und Produzent stark variieren. Werden die Weine erst zum Ende oder nach der Gärung aufgespritet, entstehen dann logischerweise die eher trockenen Weintypen, wie zum Beispiel Sherry Manzanilla, Fino und Amontillado oder Madeira Sercial.

Bedingt durch ihren hohen Alkoholgehalt finden diese Weine in der heutigen Zeit oftmals nur noch wenig Beachtung. Zudem soll Süße oft über mangelnde Finesse hinwegtäuschen und der Kunde verliert schnell sein Interesse an dieser an sich spannenden Weingattung. Madeira und Port kann man bereits unter fünf Euro erwerben. Nur werden diese einfachen zuckerhaltigen Flüssigkeiten niemals auch nur annähernd eine ähnlich köstliche Verzauberung hervorrufen, wie ein handwerklich hergestellter Port, Sherry oder Madeira.

Um die verstärkten Weine zum Essen kombinieren zu können, sollte man die wichtigsten Inhaltsstoffe kennen. Der Alkohol ist auf dem Etikett vermerkt – aber wie verhält es sich mit der sensorischen Süße und dem entsprechenden Zuckergehalt? Denn die Höhe der Süße wirkt sich zum Beispiel in der Kombination zu süßen (Dessert) oder salzhaltigen Lebensmitteln (Blauschimmelkäse) aus, während der hohe Alkoholgehalt eher auf fetthaltige (Nüsse) und bittere Lebensmittel (Schokolade mit hohem Kakaoanteil) anspricht. Zusätzlich ist Basiswissen über die weiteren geschmacklichen Aus-

wirkungen recht hilfreich. Fruchtnoten, Aromen, Holzeinfluss, oxidativer oder reduktiver Ausbau etc.

Banyuls und Maury bewegen sich in der Regel zwischen 45 und 55 Gramm Zucker, während Muscat de Rivesaltes mindestens 100 und Muscat de Beaumes de Venise mindestens 110 Gramm Zucker pro Liter haben müssen. Die Portweine pegeln sich je nach Intention des Winzers zwischen 70 und 95 Gramm ein. Madeira liegt bei den trockeneren Varianten Sercial zwischen 20 und 65 Gramm, Verdelho zwischen 50 und 80 Gramm, Bual zwischen 70 und 95 während Malmsey erst bei rund 96 Gramm pro Liter einsteigt. Völlig unterschiedlich verhält es sich bei Sherry: Die trockenen Varianten starten mit ca. 5 Gramm, während der dickflüssige Pedro Ximenez in hochkonzentrierter Form sogar mehr als 350 Gramm pro Liter aufweisen kann. Bei diesen Zahlen handelt es sich lediglich um richtungsweisende Durchschnittswerte. Diese können – bedingt durch einzelne Erzeuger – durchaus Abweichungen vorweisen.

Reife Weine

Im Gegensatz zu früheren Zeiten, als man den Weinen eine gewisse Reife gönnte, werden Weine heute eher jung getrunken. Das hat mit der Veränderung der Lebensgewohnheiten zu tun, mit der allgemein beschleunigten Umwelt und den damit verbundenen wirtschaftlichen Faktoren. Gleichzeitig erlaubt es die moderne Kellertechnologie eher zu stabilisieren und zu filtrieren, während früher der Faktor Zeit dafür unverzichtbar war. Weine werden deshalb eher für den baldigen Konsum anstatt zum Lagern gekauft. Diese Veränderung der Trinkgewohnheiten hat dazu geführt, dass die Weine heute in der Regel jung, frisch und fruchtig getrunken werden. Reifenoten oder gar Firne werden weniger geschätzt oder gar als unangenehm empfunden.

Mit tertiären Aromen wie Honig, Petrol, Laub, Trockenobst, Orangenschalen und Nüssen können viele heute leider nichts mehr anfangen. Das ist umso bedauerlicher, weil gereifte Weine in der Kombination mit vielen Speisen wesentlich besser passen und die geschmacklichen Unterschiede der einzelnen Gerichte mit ihrer Reife balancieren.

Je besser die Weinqualität ist, desto vorteilhafter sind die Voraussetzungen für eine lange Lagerung. Nach erlebnisreichen Jugendtagen fallen viele Weine in eine Art Dornröschenschlaf, um nach ein bis drei Jahren wieder strahlend aufzuwachen und nach und nach in eine langsam abbauende Phase der Reife einzutreten. Dieser Zyklus entwickelt sich qualitätsabhängig in kürzeren oder längeren Zeiträumen. Die natürliche Kohlensäure der Gärung entweicht nach und nach. Die Aromen verlieren dabei ihre frische Primärfrucht und werden gemeinsam mit den Gäraromen im »sauren« Milieu eines Weines abgebaut, während sich die Mineralität interessanterweise gar nicht verändert. Mit zunehmender Oxidation tritt Firne ein und entwickelt reife Honignoten, eine gewisse Nussigkeit, herbe Orangenschalen, Apfel- und Trockenobstaromen. Der Wein verliert sein voluminöses Mundgefühl und kommt einem insgesamt leichter vor. Dabei ist für trockene Weine ein entsprechender Extraktgehalt wichtig, weil die geschmackstragenden Komponente Süße und Alkohol beim reifen Wein sensorisch abnehmen. Bei leichten Weinen ersetzt die Süße den Alkohol und schmeckt im Alter weniger intensiv, während die Wahrnehmung der Säure sensorisch

zunimmt und die Weine nahezu trocken wirken, ohne es tatsächlich zu sein. Bei Rotweinen mit entsprechender Reife verändern sich im Alter die charakterisierende Adstringens und das Bittere der Tannine ins Positive. Insgesamt sind Süße, Säure und Alkohol bestens integriert, treten sensorisch in den Hintergrund und geben einen anregenden Schmelz frei. Junge Weine sind hingegen das genaue Gegenteil: Ihre frische Frucht ist häufig mit einer belebenden Säure verbunden, was diese Weine insgesamt zu aufgeregt und kantig für eine optimale Verbindung machen kann.

So kann ein hoher Alkoholgehalt in der Jugend unangenehm vorschmecken und eine scheinbar vordergründige Süße zunächst irritierend wirken. Gereifte Weine sind in ihrer Geschmacksausprägung einfach gefestigter und klarer. Die einzelnen Inhaltsstoffe wachsen zusammen und bieten damit geschmackliche Harmonie, die gerade facettenreichen Gerichten sehr entgegenkommt.

Welches Glas für welchen Wein?

Weintyp trifft Glastyp

Was zeichnet ein Weinglas aus? Benötigen wir wirklich für jede Rebsorte ein spezielles Weinglas, wie es uns die Glashersteller seit Jahren glaubhaft versichern. Reicht die Angabe der Rebsorte, um eine Aussage über die geschmackliche Ausprägung eines Weines, über seinen Charakter und seinen Typ treffen zu können?

Pinot Noir gibt es beispielsweise in völlig unterschiedlichen Facetten: von alltäglich, einfach, leicht, erfrischend-fruchtig bis hin zu elegant, komplex oder gar holzbetont, kraftvoll und opulent. Bei Rebsorten wie Riesling und Chenin Blanc spielt die Klaviatur zusätzlich in trockener, halbtrockener oder süßer Ausprägung. Wie kann ein und dasselbe Glas das angemessen bewältigen? Seit Ende der 1980er-Jahre die erste Rebsorten-Kollektion, mit einer geradezu fortschrittlichen, sensorisch verbesserten Glasform, auf den Markt kam, gab es, was die Funktionalität der Weingläser angeht, keine revolutionären Veränderungen mehr. Zwar kommen immer neue Glasserien in unterschiedlicher Verarbeitung in den Handel, aber auch Verrücktheiten, beispielsweise ein Weinprobierglas mit zwei unterschiedlich gewölbten Glasrändern: eine Seite wölbt sich zum Verkosten von Weißweinen nach außen, die andere Seite, passend für Rotweine, nach innen. In puncto Produkteigenschaft gibt es allerdings erwähnenswerte und innovative Erfindungen, wie das Tritan-Glas der Zwiesel Kristallglas Hütte oder die spezielle Oberflächenveredelung »Drop-Protect«, die eine Tropfenbildung am äußeren Glasrand verhindert.

Der richtige Durchblick

Spätestens jetzt kommt der Zeitpunkt, an dem Sie sich wahrscheinlich fragen, worum es denn eigentlich bei einem Weinglas geht, wenn nicht darum, etwas zum Anstoßen in der Hand zu halten? Um Sensorik natürlich. Die hängt ganz entscheidend mit Aussehen, Geschmack und Geruch zusammen. Aber auch mit Haptik, Temperatur und vor allem Funktionalität. Ein funktionales Glas sollte in erster Linie »weinfreundlich« sein.

Exkurs
Was zeichnet die Funktionalität eines Weinglases aus?

Details	Funktionalität eines Weinglases
Glasrand	Glasstärke und Radius des Glasrandes entscheiden, mit welcher Intensität und an welcher Stelle der Wein auf die Zunge und deren Geschmackszonen trifft. Wenn der Glasrand »wulstig« mit einem Rollrand ausgeprägt ist, erscheinen die Weine kurz und sauer, während sie bei einem fein geschliffener Rand eher sanft auf die Zunge fließen. (Ein nach außen gewölbter Rand eines Riesling-Glases wird unter Kennern ironisch auch als Säurespoiler bezeichnet.)
Kamin	Da Mundhöhle und Rachen mit den Geruchsnerven verbunden sind, findet Schmecken und Riechen gleichzeitig statt. Die Länge und die Breite des Glases sowie der Kamin (Weg vom Glasbauch zum Rand) nehmen Einfluss auf die Duftintensität.
Kelch	Der Kelch sollte sich »eiförmig« nach oben verjüngen, damit er die Aromen einfängt und festhält, sowie ausreichend Platz für den Wein bietet, damit er nicht beim ersten Schwenken hinaus schwappt. Die Breite des Kelches ist für die Verdunstungsoberfläche entscheidend. Je breiter ein Glas, desto mehr Sauerstoffeinfluss bekommt der Wein und desto schneller können die entwickelten Aromen-Moleküle aufsteigen.
Stiel	Verhindert unschöne Fingerabdrücke am Kelch und eine unnötige Erhöhung der Weintemperatur durch die Handfläche.
Haptik	Hier geht es um das aktive Erfühlen von Größe, Konturen, Oberflächentextur, Gewicht, Balance etc. eines Objekts. Das gilt auch für Glas und Inhalt! Dafür nutzen Sie Ihren Tastsinn durch die Integration der Hautsensoren. Die haptischen Wahrnehmungen sorgen dafür, dass das Gehirn mechanische Reize, Temperatur, Viskosität aber auch Schmerz lokalisieren und bewerten kann.

Fazit:

Der Viña Weinkelch steht hier als Beispiel für ein praktisches Alltags-Universalglas. Ein »Allrounder«, wie er in fast jeder Glasserie zu finden ist. In diesem Glas werden die variablen Komponenten eines Weines »Frucht, Säure, Tannin und Alkohol« sehr gut transportiert und können aufgrund der Funktionalität in hohem Maße objektiv wahrgenommen werden.

Grundausstattung
Welches Glas zu welchem Weintyp?

	Weintyp 1 🍷 leicht & frisch	Weintyp 2 🍷🍷 fruchtig & harmonisch	Weintyp 3 🍷🍷🍷 komplex & elegant	Weintyp 4 🍷🍷🍷🍷 kraftvoll & opulent
	Leichter, schlanker Wein, meist im Stahltank ausgebaut. Klare Aromatik, lebt von Säure und Frucht, in heißen Regionen von Jugend.	Mittelschwerer Wein mit Schmelz, frische bis würzig reife Aromen, mittlere Intensität. Moderate, milde bis saftige Säure, harmonisch.	Vielschichtig eleganter, sehr präziser Wein, ohne Holz oder mit perfekt integriertem Holzeinfluss. Lebhafte, klar definierte und eingebundene Säure. Komplexe Aromen, Struktur und Länge.	Saftig, opulent und vollmundig, kräftige Struktur, spürbarer Alkohol. Ohne Holz, aber auch mit deutlichem Holzeinfluss. Hohe Reife, ausladender Schmelz, geringe Säure, manchmal überreif und üppig.
Allrounder	Das Glas unterstützt den leichten, frischen Weintyp. Das kleine Volumen und der schlanke Kelch führen die Aromen auch bei geringer Füllmenge direkt zur Nase.	Das Glas unterstützt diesen mittelkräftigen, saftigen und harmonischen Weintyp, stellt seine Aromatik positiv in den Vordergrund.	Ein Komlexer Wein in diesem Glas zeigt bereits, was in ihm steckt, Komplexität und Vielschichtigkeit sind spürbar. Könnte sich aber in einem größeren Glas sicherlich vorteilhafter präsentieren.	Der Wein zeigt seine kraftvolle Opulenz und intensive Aromatik, bräuchte jedoch etwas mehr Volumen, um sein ausladendes Wesen vorteilhafter zum Ausdruck zu bringen.
Burgunderglas	Der zarte, eher leichte Weintyp hat wenig Chancen in diesem bauchigen Glas. Er verliert seine Struktur, die Aromen lösen sich in Luft auf.	Je nach Intensität fühlt sich der saftige und harmonische Typ in diesem bauchigen Glas durchaus wohl. Für seine etwas leichteren Artgenossen bietet das Glas allerdings eine zu breite Oberfläche, die Aromen verfliegen zu schnell.	Junge, tiefgründige aber auch komplexe, elegante Weine, beispielsweise Riesling, Burgunder und Pinot Noir, benötigen Sauerstoff, um sich entfalten zu können. Der bauchige Kelch und die entsprechend große Oberfläche des Burgunderglases sorgen dafür, dass sich die Aromenmoleküle besser ausbreiten können.	Die größere Oberfläche fördert die Entfaltung opulenter Weiß- und Rotweine (Riesling, Burgunder und Pinot Noir) mit und ohne Holzeinfluss. Gleiches gilt für gehaltvolle Süßweine mit entsprechender Säure. Achtung, bei zuviel Üppigkeit kann der Alkohol in diesem bauchigen Glas unangenehm in die Nase steigen.
Bordeauxglas	Der zarte, leichte Weintyp hat nur bedingt Chancen in diesem Glas. Ausnahmen bilden vielleicht einige ausdrucksstarke Artgenossen des leichten Rotweintyps.	Je nach Intensität fühlt sich dieser saftige, harmonische Typ in diesem großen Glas mit hohem Kamin durchaus wohl. Für seine etwas leichteren Typen dieser Kategorie kann es schwierig werden.	Komplexe Weine mit etwas moderaterer Säure, prägnanter Struktur und spürbaren Tanninen, beispielsweise Bordeaux, Syrah oder Cuvées benötigen ein großes Glas mit einem hohen Kamin, um ihre Aromatik zur Geltung bringen zu können. Der Weg, den die Moleküle bis zur Nase zurücklegen müssen, bündelt und präzisiert die Aromen.	Kraftvolle und alkoholreiche Weine mit wenig Säure und einem entsprechenden Tanningerüst bevorzugen ein großes Glas mit einem hohen Kamin. Die Opulenz wird so entsprechend »gedrosselt«. Die Aromatik kommt eleganter und fruchtbetonter in der Nase und am Gaumen an.

Experiment:

Für das Experiment benötigen Sie die fünf vorgegebenen Weingläser (siehe Tabelle rechte Seite) und eine Flasche Wein pro Weintyp für vier bis fünf Personen. Je nach Glasgröße jeweils 2-5cl eingeschenkt. Wen das Experiment interessiert, sollte erst einmal im eigenen Schrank nach den passenden Gläsern forschen. Ansonsten können Sie fast alle Gläser samt passenden Weinen direkt im Zwiesel Kristallglas Shop **www.zwieselkristallglas-shop.com** kaufen.

Einer für alle

Frucht, Säure, Tannin und Alkohol sind die variablen Komponenten eines Weines, deren Wahrnehmung über das Glas spürbar beeinflusst werden kann. Ein Glas, das alle Ansprüche perfekt vereint, gibt es nicht. Deswegen sind Kompromisse gefragt. Praktisch sind hier sogenannte Allrounder oder Alltags-Universalgläser für jede Gelegenheit, aus denen Sie fast jeden Wein bedenkenlos probieren können, weil sie das sensorische Verhältnis der Inhaltsstoffe untereinander nicht besonders verändern. Geht es aber um Genuss und die optimale Entfaltung eines komplexen Weines, reicht das alltägliche Universalglas in der Regel nicht mehr aus. Um die facettenreichen Aromen und Strukturen eines solchen Weines zu transportieren, sollten Sie ein Glas wählen, was diesem Wein-Typ entspricht.

Weniger ist mehr

Der Handel bietet eine breite Vielfalt an Glasformen, aber für eine gute Grundausstattung kommen Sie durchaus mit einer überschaubaren Auswahl an Glas-Typen aus. Keine Sorge, Ihr »Lieblingsglas« müssen Sie deswegen keinesfalls verbannen, ebenso sollten Sie sich an Ihren persönlichen Vorlieben orientieren – solange die Funktionalität gewahrt bleibt. Denn einzig und allein der Wein, nicht die Rebsorte oder gar das Design, stellen die Anforderungen an die Glasform bzw. die Formgebung des Kelches. Daher hat jeder Weintyp individuelle Anforderungen für das passende Glas seiner Kategorie.

Welcher Wein aus welchem Glas?

Das falsche Weinglas kann einen Wein negativ verändern. Gute Weingläser sind daher unverzichtbare Instrumente für hochwertigen Trinkgenuss. Das hat nicht alleine mit dem Preis der Gläser, sondern viel mehr mit ihrer Form und der Qualität der Verarbeitung zu tun. Das folgende Experiment beweist Ihnen, dass derselbe Wein aus verschiedenen Gläsern völlig unterschiedlich schmeckt. Machen Sie die Probe aufs Exempel. Danach wissen Sie, welches Glas zu welchem Weintyp passt.

Experiment
Wie schmeckt ein Weintyp aus unterschiedlichen Gläsern?

Weißwein-Typ 4 »kraftvoll & opulent« 2010 Chardonnay Barrel fermented, Jordan, Stellenbosch, Südafrika

Verkostungsglas IDEAL / INAO

Geruch: Rauchig, herb, fast würzig, Frucht im Hintergrund, Holzeinfluss im Vordergrund, wenig Charme.
Geschmack: Zunächst süßlich, vanillig, dann holzgeprägt und säurelastig. Mittelkräftig, Alkohol vordergründig, keine Eleganz, keine Vielschichtigkeit.
Nachhall: Bittere, kurz, herbe Grapefruitnoten, saure Zitrusaromen, Alkohol bleibt.
Fazit: Glas vermittelt »Probierglas-Charakter«, klein, kurzer Stiel, etwas rustikal, Finger berühren Kelch, Glasrand fein, aber relativ eng, Nase beim Trinken immer oberhalb des Glasrandes, Wirkung auf Wein in diesem Fall eher negativ.

Weinkelch BISTRO

Geruch: Wenig Frucht, Holzeinfluss spürbar, rauchig, herb, leicht würzig, insgesamt sehr verhalten und wenig Charme.
Geschmack: Süß-sauer, leicht vanillig, holzgeprägt und zitronige Noten. Mittelkräftig, Alkohol vordergründig, keine Eleganz, keine Vielschichtigkeit.
Nachhall: Herbe Grapefruit- und saure Zitrusaromen, kurz und eindimensional, Alkohol und Adstringens bleiben.
Fazit: Eindrücke insgesamt schwächer, weil Glas grober ist. Sehr dicker, für die Zunge spürbarer Rand, Nasenspitze stößt an das Glas, aufgrund des wulstigen Randes »platscht« der Wein auf die Zungenmitte.

Weinkelch VIÑA

Geruch: Angenehm feinfruchtige Aromen, Grapefruitnoten, zarter, wohl integrierter Holzeinfluss, insgesamt balanciert, leicht rauchig, anregend.
Geschmack: Sehr saftig, Birnenaromen, Pampelmuse, integrierte, lebhafte Fruchtsäure, mittlerer Körper, erfrischender Schmelz.
Nachhall: Saftig, harmonisch in Säure und Frucht, Alkohol spürbar, aber gut integriert, angenehme Länge und Tiefgründigkeit.
Fazit: Als ob man einen anderen Wein im Glas hätte. Im Vergleich fruchtigere Aromatik. Das Glas ist ansprechend, balanciert und ausgewogen. Feiner Glasrand, dünner Stiel, optimal geformter Kelch und wohl proportionierter Kamin, stellt die Fruchtaromen angenehm in den Vordergrund.

Burgunderkelch VIÑA

Geruch: Zunächst verhalten, leicht staubig, feinfruchtig, vanillig, Birne, Pampelmuse, komplex.
Geschmack: Anregend saftige Säure, reife gelbe Früchte, Birne, Ananas, tiefgründig, vielschichtig, angenehm cremig, Alkohol gut eingebunden, facettenreich und saftig, angenehmer Schmelz.
Nachhall: Fruchtgeprägt, gewisse Eleganz, süffige Säure, üppige Länge, Alkohol spürbar, tiefgründig, Schmelz und Tiefgründigkeit.
Fazit: Sehr angenehmes Glas, balanciert, trotz des großes Kelches. Größere Oberfläche sorgt für mehr Sauerstoffeinfluss, optimal angepasster Kamin, der die Aromen vorsichtig aber facettenreich in Richtung Nase transportiert.

Bordeauxkelch VIÑA

Geruch: Leicht staubig, zurückhaltend in der Frucht, herbe Grapefruitaromen, Zitrus, insgesamt eindimensional, Holz kaum spürbar.
Geschmack: Weich, vollmundig, wenig differenziert, eher üppig, breit, vanillig, kurzfristig saftig, dann alkoholisch und phenolisch herb, adstringierend pelzig. Holz wirkt sehr zedernartig und nicht integriert.
Nachhall: Alkohol entwickelt sich vordergründig und setzt sich über alle anderen Aromen hinweg, bis auf eine zitronig anmutende Säure.
Fazit: Haptisch sehr angenehmes und balanciertes Glas mit hohem, breiten Kamin. Die Aromen müssen einen langen Weg bis zur Nase zurücklegen. Das Glas bietet in der Mitte nicht genügend Oberfläche, es nivelliert die Aromen, stellt Alkohol und Säure unangenehm in den Vordergrund.

Essen mit System

Lebensmittel-Exkurs

Worauf es ankommt

Nach dem Kapitel »Trinken mit System« folgt eine Gliederung der unterschiedlichen Lebensmittel, ihrer Inhaltsstoffe und der jeweiligen Zubereitungsarten. Für diesen Exkurs sind grundlegendes Produkt- und Kochwissen sowie entsprechende Kenntnisse der Lebensmittelchemie unerlässlich. Systematisch wird hier ein praktikabler Einblick in die Kombination von Wein und Speisen erarbeitet.

Zu Beginn steht man vor einem Berg von Fragen: Welche Inhaltsstoffe des Weines vertragen sich mit welchen Inhaltsstoffen der Speisen – und welche führen zu überraschenden Synergien? Welche Reaktionen werden durch welche Reize ausgelöst? Was passiert mit den geschmacklich unterschiedlichen Inhaltsstoffen bei verschiedenen Zubereitungsarten, die das Endprodukt ja doch maßgeblich modifizieren. Warum ist es zum Beispiel viel schwerer eine tapezierende Fettschicht am Gaumen wahrnehmbar zu verändern als die Intensität von Salz, Süße, Säure und Bitterkeit zu beeinflussen.

Wer mit wem?

Auf der Suche nach der Antwort, worauf es denn nun wirklich ankommt, werden wir uns zunächst den Inhaltsstoffen der Lebensmittel widmen und anschließend Schritt für Schritt ein Grundgerüst für eine mögliche Kombinationssystematik erarbeiten. Neben kulinarischen Experimenten zum Nachmachen kommen hier wesentliche Regeln für eine erfolgreiche Kombination von Wein und Speise zur Sprache.

Behalten Sie die Übersicht

Die Zusammenfassung in Tabellenform (siehe Seite 100) soll Ihnen ohne große Erklärungen als erste Orientierung und übersichtliche Kontrollmöglichkeit dienen.

Gewusst wie

Im nächsten Schritt geht es dann um die Weiterentwicklung der Kombinationsfähigkeit, die man erst im Laufe der Zeit als köstlichen Erfahrungsschatz sammelt. Allein, weil es viel Spaß macht, werden Sie freiwillig regelmäßig üben: Essen, Trinken und vor allem Kombinieren. Ob die Chemie dann wirklich stimmt, müssen Sie selber ausprobieren und herausschmecken! Und vergessen Sie bitte nie, es gibt weder einen universalen Geschmack noch eine universelle Kombination. Gott sei Dank!

Auf diese Inhaltsstoffe kommt es an:

Wein	Speisen
Aromen	Aromen
Säure	Säure
Süße (Zucker)	Kohlenhydrate, Süße
Extrakt (Mineralstoffe)	Salze (Mineralstoffe)
Phenole (Tannine, Gerbstoffe)	Röstaromen (braten, grillen etc.)
	Eiweiß/Aminosäure
Alkohol/Ethanol	Fett

Die tabellarische Gegenüberstellung zeigt, dass sich Wein und Speisen in ihren Bestandteilen sehr ähnlich sind. Bis auf die Ausnahme Eiweiß, welches beim Wein kein direktes Pendant findet. Ein triftiger Grund, das Eiweiß und seine Auswirkungen ganz genau unter die Lupe zu nehmen. Am wichtigsten jedoch sind die Wechselwirkungen der einzelnen Inhaltstoffe untereinander.

Jeder Mensch sammelt im Laufe seines Lebens eine Art Bibliothek der Aromen, an die er sich erinnert. Je geschulter die Sensorik, desto einfacher ist es, Duft-Eindrücke wiederzuerkennen, zu benennen oder unbekannte Aromen zu analysieren.

Aromen Aromen sind selbstständige chemische Verbindungen oder Stoffgemische und charakterisieren sich durch einen spezifischen Geruch und individuelle geschmackliche Auswirkungen. Ein Teil der geschmacklichen Wahrnehmung wird durch flüchtige Aromen und Düfte erst bestimmt. Diese flüchtigen Moleküle (wasser-, fett- oder alkohollöslich) werden bei Kau- und Schluckbewegungen freigesetzt und erreichen die Riechrezeptoren in der Nase über den Umweg des hinteren Rachenraums. Sie stehen dabei in Konkurrenz zueinander und können sich ergänzen oder überlagern.

Säuren wirken je nach Konzentration unterschiedlich intensiv. Zitronensaft beispielsweise ist in der Lage, das in Fleisch oder Fisch enthaltende Eiweiß aufzuspalten. Um das begleitende Gericht weinkompatibel zu machen, sollte eine ausgleichende Pufferung mit Salz erfolgen, weil es die Säure nivelliert und die Fruchtaromen in den Vordergrund stellt (Tequila-Effekt).

Säure Sowohl bei Wein als auch bei Speisen ist das Geschmacksmerkmal Säure nicht wegzudenken. Bei Wein hängt der Säuregrad hauptsächlich von Rebsorte, Anbaugebiet, Jahrgang, Erntezeitpunkt und Kellertechnik ab und ist deshalb in unterschiedlichen Mengen enthalten. Die Gesamtsäure liegt in der Regel zwischen vier und zehn Gramm pro Liter, wobei Rotwein durchschnittlich weniger Säure als Weißwein aufweist. Bei den Lebensmitteln kann man zwischen indirekten und direkten Säurelieferanten unterscheiden. Die indirekten (Fleisch, Fisch, Geflügel, Wild, Quark, Fleischbrühe) liefern einen Überschuss an sauren Mineralien und wirken verzögert oder subtil, die direkten (Essig, Zitrone, Zitrusfrüchte, sauer schmeckendes Obst, milchsäurevergorenes Gemüse wie Sauerkraut) wirken sofort.

Süße (Kohlenhydrate) Zucker im Wein besteht zum größten Teil aus Glukose und Fruktose. Der süße Geschmackseindruck bei Speisen kommt nicht nur durch die Zugabe von Haushaltszucker zustande, sondern auch durch andere Kohlenhydrate. Dichte, viskose Flüssigkeiten oder Saucen, die Fett enthalten, kann unser Gehirn ebenfalls als süß interpretieren, obwohl kein Zucker vorhanden ist. Diese Energieträger stellen zusammen mit den Fetten und Proteinen die quantitativ größten verwertbaren (Stärke) und nicht verwertbaren Anteile (Ballaststoffe) unserer Nahrung dar. Süße benötigt allerdings immer eine Zugabe von Aromen und Säure, um sich geschmacklich in Szene setzen zu können. Eine zusätzliche Prise Salz spielt hier oft Zünglein an der Waage für eine perfekte Balance.

Mineralstoffe (Extrakt) Es handelt sich um eine Sammelbezeichnung für die vielen verschiedenen Substanzen und Stoffe, die gelöst im Wein vorkommen und im Gegensatz zu Alkohol und Aromen nicht flüchtig sind. Zieht man Zucker, Glycerin und Säure ab, so bleiben vornehmlich die Mineralstoffe. Verkochen Sie eine kleine Menge Wein, bis keine Flüssigkeit mehr vorhanden ist. Was übrig bleibt, ist Extrakt. Je mehr Mineralstoffe eine Rebe aus dem Boden aufnimmt, desto extraktreicher wird der spätere Wein. Das ist von Vorteil für eine Kombination mit säurereichen Speisen, weil die Weinextrakte aufgrund ihrer Mineralstoff-Konzentration (Salze) die Säure entsprechend puffern können.

Mineralstoffe (Salz) Salz wird in jeder Küche für die menschliche Ernährung verwendet. Es besteht hauptsächlich aus Natriumchlorid mit einem Anteil von bis zu drei Prozent anderer Salze und weiterer Stoffe. Den Geschmack von Salz kennt jeder in seiner ganzen Bandbreite. Angenehm, anregend bis unerträglich salzscharf. Schon durch die Zugabe von einer Prise Salz kann der Geschmack eines Gerichtes extrem beeinflusst werden. In Kombination mit etwas Säure, zum Beispiel Zitronensaft oder Essig, kann man Salz sogar als positiv manipulierendes Element nutzen, um eine harmonische Verbindung zum Wein herzustellen. Salz ist ein kraftvoller Geschmacksverstärker, der sich auf Wein im Allgemeinen positiv auswirkt.

Phenole (Gerbstoffe, Tannine, Farbstoffe) Im Wein finden sich hunderte verschiedener sekundärer Pflanzenstoffe, die unter dem Überbegriff »Polyphenole« zusammengefasst werden. Sie gehen bei der Weinbereitung aus der Beerenhaut, aus den Kernen, dem Fruchtfleisch und dem Stielgerüst in den Traubensaft über. Dazu zählen unter anderem Tannine, rote Anthogene (Farbstoffe) sowie zahlreiche weitere phenolische Verbindungen. Der adstringente, leicht bittere Gehalt des Weines hängt letztendlich von der Rebsorte, den Boden- und Kulturbedingungen und nicht zuletzt von den Herstellungs- und Gärtechniken ab.

Ein Holzfass kann zum Beispiel durch das Toasting (Ausbrennen der Fässer) einen entsprechend intensiven, gerösteten Geschmack an den Wein abgeben.

Röstaromen Unter starker Einwirkung von Hitze entstehen an der Oberfläche des Bratguts Verbindungen aus Eiweißen und reduzierenden Zuckern, die für die Bräunung und den typischen karamellartigen Geschmack verantwortlich sind. So wird eine aromatische Kruste (Maillard-Reaktion) gebildet, die adstringente, karamellisierte, leicht bittere Röstaromen besitzt.

Alkohol/Ethanol Alkohol entsteht durch Vergären von Zucker. Der Alkoholgehalt von Wein liegt in der Regel zwischen 9 und 14 Prozent. Doch diese Regelungen lassen Ausnahmen zu. Der Alkoholgehalt von italienischem Moscato d'Asti oder Trockenbeerenauslesen liegt häufig unter 8,5 Prozent, derjenige von verstärkten Weinen (Portwein, Sherry u.a.) weit über 15 Prozent. Alkohol kann Aromen lösen und ist dadurch ein wichtiger Geschmacksträger im Wein. Weine mit hohem Alkoholgehalt enthalten auch entsprechend höhere Mengen an Glycerin, einen höherwertigen Alkohol, der sie voller, weicher und cremiger schmecken lässt. Genau wie Fett ist Alkohol ein Geschmacksträger und verstärkt deshalb die Aromen und alle anderen sensorischen Wahrnehmungen.

Fett ist in der Lage, alle anderen Geschmacksrichtungen zu manipulieren – positiv wie negativ. Moleküle können sowohl in Fett, Alkohol aber auch in Wasser gelöst werden. Während die Grundgeschmacksarten »süß, sauer, salzig, umami« wasserlöslich sind, trifft das bei »bitter« nur bedingt zu.

Fett Fette sind im Gewebe von Fleisch und Fisch (Schmalz, Tran, Talg) oder in Milch (Butter) aber auch in pflanzlichen Teilen (Samen, Keime) enthalten. In der Regel sind sie geruchs- und geschmacklos und wirken ähnlich wie Alkohol aromaverstärkend. Viele Aromen lösen sich ausschließlich in Fett. Sensorisch macht sich Fett durch ein cremiges Mundgefühl bemerkbar. Die Geschmacksmoleküle wandern in das jeweilige Fett, Öl oder Butter, verteilen sich und können so von unserer Zunge besser wahrgenommen werden. Flüchtige ätherische Öle können zum Beispiel in den Öltröpfchen einer Emulsion (Vinaigrette, Beurre blanc, Hollandaise etc.) eingefangen werden und so geschmacklich zum Tragen kommen. Ein Lebensmittel oder ein Gericht, welches Fett enthält, schmeckt also »besser«, bzw. intensiver, weil durch das Fett wesentlich mehr geschmacksbestimmende Substanzen gelöst werden können. Da es allerdings viele verschiedene Fette gibt, können die geschmacklichen Auswirkungen je nach enthaltener Fettmenge sehr unterschiedlich ausfallen. Ungesättigte Fettsäuren (pflanzliches Fett, Olivenöl, Fisch etc.) verursachen ein angenehm cremiges und anregendes Mundgefühl, während gesättigte Fettsäuren (tierisches Fett, Fleisch, Sahne, Butter etc.) eher einen dichten, belegenden Eindruck am Gaumen hinterlassen. Dieser geschmackliche Eindruck kann durch eine wohldosierte Zugabe von Salz, Säure (Zitronensaft oder Essig) und Schärfe verändert und sogar fast neutralisiert werden. Die Empfindung »scharf« wird über die Rezeptoren der Zunge wahrgenommen und reizt dadurch direkt den Hirnnerv Trigeminus ebenso wie die Adstringens des Tannines im Wein. Diese schmerzauslösenden Moleküle der Pfeffer- und Chilischoten und des Ingwers sind ebenso wie Tannine vorwiegend alkohol- oder fettlöslich. Denken Sie an ein pikant-scharfes Chiliöl oder eine mit Pfeffer und Chili aromatisierte Schokolade.

Eiweiß (in Milchprodukten) Die vier Hauptkomponenten der Milchprodukte sind Fett, Proteine (Eiweiß), Mineralien, vor allem Calcium, und Wasser (90 Prozent). Um nicht zu tief in das Feld der Lebensmittelchemie eintauchen zu müssen, unterscheiden wir zunächst lediglich zwischen fettarmen Milchprodukten (Joghurt, Magerquark) und fettreichen Milchprodukten (Sahne, Crème fraîche, Crème double).

Eiweiß (in Soja) Ein Protein, welches aus Soja-Bohnen gewonnen wird und insbesondere für Veganer als Nahrungsbestandteile oft unumgänglich ist, da lediglich Soja-Protein über Aminosäuren verfügt, die ansonsten nur in tierischem Eiweiß enthalten sind.

Eiweiß (in Fisch und Fleisch) Eiweiß findet man sowohl im Fisch als auch im Fleisch, jeweils mit unterschiedlichem Fettgehalt. Eiweiß (Protein) ist im Muskelfleisch und im Bindegewebe enthalten. Um das Bindegewebsprotein aufzuspalten, muss man verschiedene Garmethoden (schmoren, kochen, braten, grillen etc.) anwenden. Die entsprechende Zubereitungsart spaltet die langkettigen Proteine in ihre Grundbestandteile (Peptide, Aminosäuren u.a.), deren geschmackliche Auswirkung ein entscheidendes Bindeglied für die anschließende Zuordnung zum Wein ist.

Proteine, ein Exkurs

Die unterschiedlichen Gar- und Zubereitungsmethoden für Fleisch und Fisch sind also deshalb so wichtig, weil jede für sich perfekt für ein bestimmtes Fleischstück geeignet ist. So erklärt sich auch die Zuordnung eines bestimmten Weintyps zu einem speziellen Garprozess.

Fisch und Fleisch verfügen über Muskelproteine (Actin und Myosin) und Bindegewebsproteine (Kollagen). Für den Genuss müssen viele dieser Proteine durch physikalische Einflussnahme (Zubereitungsart) aufgespalten werden. Im Gegensatz zu Fleisch besitzt Fisch wesentlich weniger Bindegewebsprotein. Hier reicht, ähnlich wie bei schierem Muskelfleisch (Filet, dünn geschnitten), bereits die Zugabe von etwas Zitronensaft (Säure) und Salz, um es in eine Delikatesse zu verwandeln. Die Proteine spalten sich in ihre einzelnen Bausteine, die Peptide und Aminosäuren. Jede Aminosäure besitzt einen unterschiedlichen Geschmackswert, zum Beispiel süß (Lysin), neutral (Asparagin) oder würzig, fleischig (Glutaminsäure). Dieser individuelle Geschmack wird allerdings erst durch die jeweilige Gar- oder Konservierungsmethode freigesetzt und damit sensorisch erfassbar. Die Aminosäuren sind jedoch auch in der Lage, sich im Laufe eines Kochprozesses neu zu binden. Sie reagieren zum Beispiel mit Zucker zu einer neuen Verbindung und können so veränderte Geschmackseindrücke erzeugen.

Die richtige Zubereitung macht es aus

Ursprünglich sind die verschiedenen Zubereitungsarten wohl entstanden, um die verschiedenen Fleischteile überhaupt angemessen verzehren zu können.

Die Anwendung der unterschiedlichen Garmethoden hängt von der Art des Fleisches sowie dem gewünschten Geschmack ab. Aus kulinarischer Sicht unterscheidet man zwischen hochwertigen Fleischteilen, die man braten, grillen und auch roh essen kann, und wesentlich bindegewebsreicheren Stücken, die dementsprechend längere Zeit gekocht oder geschmort werden müssen. Eine aromatische Bratenkruste mit Röstaromen bildet sich bei etwa 150 bis 200 °C, die Umwandlung von Kollagen und Muskeleiweiß bei etwa 70 °C. Hierbei werden Aminosäuren und reduzierende Zucker zu neuen Verbindungen umgewandelt. Ein gebratenes oder gegrilltes Fleischstück ist also spätestens dann gar, wenn sich eine braune Kruste gebildet und die Kerntemperatur von 70 °C erreicht ist. Bei zarten, kurzfaserigen Fleischstücken liegt die optimale Kerntemperatur allerdings deutlich niedriger. Deshalb sind Garverfahren wie Sautieren, Braten oder Grillen nur für Muskelfleisch mit wenig Bindegewebe (Filet, Lende, Hüfte und Oberschale) ratsam. Bei festen, langfaserigen Teilen muss die Kerntemperatur wesentlich länger aufrechterhalten werden, weshalb diese nicht gebraten werden sollten. Das harte Kollagen (Bindegewebsprotein) nimmt beim Garen Flüssigkeit auf und wird dadurch in weichere Gelatine umgewandelt. Bindegewebsreiches Fleisch (Hals, sehnenreiche Teile aus Schulter und Keule, Beinfleisch) empfiehlt sich deshalb für feuchte Garverfahren bei relativ niedrigen Temperaturen, also zum Kochen oder Schmoren.

Die Zubereitungsarten

Braten und Grillen Das Braten dürfte die älteste Garmethode sein, weil es keine Gefäße, sondern nur ein offenes Feuer erforderte. Unter Braten werden im allgemeinen Sprachgebrauch Grillen, Braten im Backofen oder Braten in der Pfanne (Sautieren) zusammengefasst. Dabei entstehen an der Oberfläche des Bratguts Verbindungen aus Eiweißen (Aminosäuren) und Zuckermolekülen, die für die Bräunung und den typischen Geschmack verantwortlich sind. Dieser Vorgang wird nach dem Chemiker Louis-Camille Maillard als sogenannte Maillard-Reaktion bezeichnet. Die Kruste entsteht nicht wie im Volksmund bekannt, weil sich die »Poren schließen«, sondern weil Wasser an der Oberfläche verdampft. So wird eine aromatische Kruste gebildet, die adstringente, leicht bittere Röstaromen besitzt. Beim Grillen sind die Röstaromen allerdings durch die direkte Strahlungshitze wesentlich stärker ausgeprägt.

Schmoren Wird nach dem Anbraten Flüssigkeit hinzugegeben, spricht man von Schmoren. Diese Garmethode eignet sich für Stücke mit festem Bindegewebe und/oder hohem Fettgehalt. Das Fleisch wird dadurch wunderbar zart und besitzt trotz der mürben Konsistenz leichte Röstaromen aber auch süßliche Noten, die beim Schmoren entstehen können.

Kochen Kochen bezeichnet einen Garprozess in siedender Flüssigkeit. Es eignet sich für muskulöse Teilstücke mit sehr hohem Bindegewebsanteil. Das Fleisch wird dadurch mürbe und zart. Beim Kochen entstehen keine Röstaromen, deshalb benötigt gekochtes Fleisch eine Brühe oder ein Sauce, um überhaupt Geschmack transportieren zu können.

Die Säure zersetzt die Fleischfasern, macht haltbar und übernimmt die Aufgabe einer natürlichen Reifung.

Pochieren Pochieren ist eine sehr schonende Garmethode in nicht kochender Flüssigkeit, d.h. unter 100 °C in einem Sud oder Wasserbad. Auch hier entstehen keine Röstaromen, was eine geschmackliche Unterstützung in Form einer Brühe, Sauce, Marinade oder Tapenade notwendig macht, wenn das Gargut selbst nicht aromatisch genug ist.

Dämpfen Dämpfen ist eine besonders schonende Garmethode im Wasserdampf, allerdings eher für Gemüse und Fisch geeignet.

Marinieren Eine Marinade (Mischung z.B. aus Wein, Zitronensaft, Essig, Öl, Salz und Gewürzen) stellt in erster Line eine schnelle Konservierung für Lebensmittel dar. Sie verleiht zudem rohem Fisch oder Fleisch einen speziellen Geschmack und verändert den ursprünglich festen Zustand in eine weichere Konsistenz. Durch die Säure wird das Bindegewebe der Muskeln zersetzt. Mit einer Marinade kann also ein großes Stück Fleisch vor der Zubereitung »mürbe« gemacht werden (Sauerbraten). Das dauert allerdings mehrere Tage, weil keine Erhitzung durch einen Garprozess stattfindet.

Einsalzen (Beizen oder Pökeln) Pökeln ist eine sehr alte Konservierungsmethode mit Salz, die ursprünglich zur Haltbarmachung von Fisch und Fleisch genutzt wurde. Das Salz entzieht dem Fleisch Feuchtigkeit und macht es dadurch haltbarer, u.a. weil Mikroorganismen durch Wasserentzug die Lebensgrundlage entzogen wird. Beim Beizen werden neben Salz meist auch noch Kräuter, Gewürze und Zitronenschale verwendet.

Die physikalische Variable

Struktur und Textur Weitere nicht zu unterschätzender Faktoren sind Temperatur und Mundgefühl. Die Textur der Lebensmittel und Getränke spielt eine wichtige Rolle. Jeder kann zum Beispiel den viskosen Unterschied zwischen Wasser oder Öl spüren oder den adstringenten, austrocknenden Eindruck von schwarzem Tee fühlen. Eine andere Art des Mundgefühls kann zum Beispiel durch die Cremigkeit schmelzend weicher, fetthaltiger Elemente entstehen. Ein fester, fast gummiartiger Eindruck entsteht hingegen aus Kollagen in Form von Gelatine (geschmacksneutrales tierisches Eiweiß). Löst man Salz in Wasser auf, wird es salzig schmecken, weil es von den entsprechenden Rezeptoren als »salzig« erkannt wird. Verbindet man allerdings Salzflocken oder Fleur de sel mit Fett, lösen sich diese nicht darin auf, sondern ergeben, statt banaler Salzigkeit, eine anregende kulinarische Kreation. Das kann ein simples Schmalzbrot sein, eine Schokolade mit Fleur du sel oder ein gebratenes Fischfilet mit crunchigen Salzflocken. Auch die Kohlensäure der Schaumweine prickelt so unnachgiebig auf der Zunge, dass sie damit einen Geschmack oder ein Aroma verstärken, manipulieren oder gar verändern kann.

Der bekannteste Texturgeber ist allerdings die sogenannte fünfte Grundgeschmacksart »Umami« (siehe Seite 34). Dieser natürliche Geschmacksverstärker wird durch Glutaminsäure, eine Aminosäure der Eiweiße gebildet und ist zum Beispiel in Tomatenmark, Getreide, gereiftem Parmesan aber vor allem in Sojaeiweiß enthalten. In Verbindung mit Salz sorgt Umami für einen würzig intensiven Geschmack und ein entsprechendes Mundgefühl. Dieser natürliche Stoff wird allerdings leider auch – in der Chemie als Geschmacksverstärker Glutamat bekannt – nachgebaut und unverhältnismäßig eingesetzt. Glutamat ist in fast allen Fertigprodukten enthalten und soll den fehlenden Geschmack der natürlichen, frischen Lebensmittel ersetzen, bzw. verstärken.

Temperatur Wie das Mundgefühl spielt auch die Temperatur eine wichtige Rolle. Die meisten Menschen nehmen sie jedoch nur bedingt, bzw. nur in extremen Ausschlägen nach unten oder oben wahr. Während ein zu kaltes Nahrungsmittel seine Aromen zurückhält (lediglich Bitterkeit oder Tannine adstringierend in den Vordergrund setzt) und die Kälte alle weiteren Wahrnehmungen überlagert, verstärkt Wärme alle geschmacklichen Empfindungen – allerdings auch die negativen, zum Beispiel die des Alkohols.

Essen mit System

Legende:
- ☺ funktioniert sehr gut (ideale Kombination)
- ◐ in Ordnung (in Ausnahmefällen problematisch)
- ☹ funktioniert gar nicht (nur in Ausnahmefällen)

Weinstile:
- Weißwein-Typ 1: frisch, fruchtig, leicht
- Weißwein-Typ 2: mittelkräftig
- Weißwein-Typ 3: komplex, elegant
- Weißwein-Typ 4: kraftvoll & opulent
- Rotwein-Typ 1: frisch, fruchtig, leicht
- Rotwein-Typ 2: mittelkräftig
- Rotwein-Typ 3: komplex, elegant
- Rotwein-Typ 4: kraftvoll & opulent
- Schaumwein-Typ 1: frisch, fruchtig, leicht
- Schaumwein-Typ 2: mittelkräftig
- Schaumwein-Typ 3: komplex, elegant
- Schaumwein-Typ 4: üppig, süßlich, breit

Speisenmerkmal	WW1	WW2	WW3	WW4	RW1	RW2	RW3	RW4	SW1	SW2	SW3	SW4
wenig Säure	☺	☺	☺	☺	☺	☺	☺	☺	☺	☺	☺	☺
säurebetont	☹	◐	◐	☺	☹	☹	☹	☹	☹	☹	☹	☹
wenig Süße	◐	◐	◐	◐	◐	◐	◐	◐	◐	◐	◐	◐
moderate Süße	☹	◐	◐	☹	☹	◐	◐	☹	◐	◐	◐	◐
hohe Süße	☹	☹	☹	☹	☹	☹	☹	☹	☹	☹	☹	◐
niedriger Salzgehalt	☺	☺	☺	☺	☺	☺	☺	☺	☺	☺	☺	☺
salzig	◐	☺	◐	◐	◐	◐	◐	◐	◐	◐	◐	◐
sehr salzig	☹	◐	◐	◐	☹	◐	◐	◐	◐	◐	◐	◐
pikant	◐	◐	◐	☺	◐	◐	◐	☺	◐	◐	◐	☺
sehr scharf	☹	☹	☹	☹	☹	☹	☹	☹	◐	◐	☹	◐
zarte Bitterkeit	◐	◐	◐	☺	◐	◐	◐	☺	◐	◐	◐	☺
sehr bitter	☹	☹	◐	◐	◐	◐	◐	◐	◐	◐	◐	◐
fettarm	☺	☺	◐	☹	◐	◐	☹	☹	☺	☺	◐	◐
fettreich	☹	◐	◐	☺	◐	◐	◐	☺	◐	◐	◐	☺
Milcheiweiß fettarm	☹	☹	☹	☹	☹	☹	☹	☹	☹	☹	☹	☹
Milcheiweiß fettreich	☹	◐	◐	◐	◐	◐	◐	◐	◐	◐	◐	◐
roh (Fisch)	◐	☺	◐	☹	◐	☹	◐	☹	◐	☺	◐	☹
roh (Fleisch)	◐	☺	◐	◐	☹	☺	◐	☹	◐	☺	◐	☹
mariniert (Salz & Säure)	☺	◐	◐	◐	◐	◐	◐	◐	☺	◐	◐	◐
gedünstet (pochiert)	☺	☺	◐	◐	◐	◐	◐	☹	☺	◐	◐	☹
gekocht	☺	☺	◐	☺	☺	☺	◐	☹	☹	☺	☺	☹
gebraten	◐	◐	◐	☺	☺	☺	☺	☺	◐	◐	◐	☺
gegrillt	☹	◐	◐	☺	☺	☺	☺	☺	◐	◐	◐	☺
geschmort	☹	◐	☺	◐	◐	◐	☺	◐	☹	◐	◐	☹

	Süßwein-Typ 1 frisch, fruchtig, leicht	Süßwein-Typ 2 mittelkräftig	Süßwein-Typ 3 komplex, elegant	Süßwein-Typ 4 kraftvoll & opulent	Verstärkte Weine Typ 2, trocken trocken, mittelkräftig	Verstärkte Weine Typ 2, süß trocken, mittelkräftig	Verstärkte Weine Typ 3, trocken komplex, elegant	Verstärkte Weine Typ 3, süß komplex, elegant	Verstärkte Weine Typ 4, trocken üppig, kraftvoll, ausladend	Verstärkte Weine Typ 4, süß üppig, kraftvoll, ausladend
wenig Säure	N	B	B	B	N	B	N	B	N	B
säurebetont	N	G	G	G	N	G	N	G	N	G
wenig Süße	G	G	G	G	G	G	G	G	G	G
moderate Süße	N	N	N	N	N	N	N	G	N	G
hohe Süße	N	N	G	G	B	G	B	G	N	G
niedriger Salzgehalt	G	G	G	G	G	G	G	G	G	G
salzig	G	G	G	G	G	G	G	G	G	G
sehr salzig	G	G	G	G	G	G	G	G	G	G
pikant	G	G	G	G	G	G	G	G	G	G
sehr scharf	N	G	G	G	N	G	N	G	G	G
zarte Bitterkeit	G	G	G	G	G	G	G	G	G	G
sehr bitter	N	N	N	N	N	N	N	G	G	G
fettarm	G	G	N	N	N	B	N	B	B	B
fettreich	N	N	G	G	N	G	G	G	G	G
Milcheiweiß fettarm	B	B	B	B	B	B	B	B	B	B
Milcheiweiß fettreich	N	G	G	G	N	G	N	G	N	G
roh (Fisch)	N	N	N	B	G	B	N	B	N	B
roh (Fleisch)	N	N	N	B	G	N	N	B	N	B
mariniert (Salz & Säure)	G	G	N	N	N	N	N	G	N	N
gedünstet (pochiert)	G	N	N	N	N	B	N	B	N	B
gekocht	N	N	N	N	G	B	N	B	N	B
gebraten	G	G	G	G	G	G	G	G	G	G
gegrillt	G	G	G	G	G	G	G	G	G	G
geschmort	N	N	N	N	N	N	N	N	N	B

Kulinarisch experimentieren

Kulinarisch experimentieren
Ein praktischer Exkurs zum Nachkochen

Jetzt können Sie Ihr theoretisches Wissen in kulinarische Praxis umsetzen. Erfahren und erschmecken Sie im Selbstversuch die wichtigsten Kombinationsregeln. Als Basis werden Grundprodukte benutzt, die sich jeweils durch unterschiedliche Verarbeitung verändern. Was bedeutet das in der Praxis? Und welche Faktoren beeinflussen eine Kombination ganz entscheidend?

Aromen
Eine wohlschmeckende Allianz kann sowohl mit ähnlichen, verwandten Aromen erreicht werden als auch mit gegensätzlichen Aromen. Da es viel einfacher ist, nach parallelen oder harmonischen Geschmackseindrücken zu forschen, eignen sich die folgenden Experimente sowohl für Einsteiger als auch als Training für Fortgeschrittene. Im zweiten Schritt geht es um Kombinationen, bei denen die Spannung durch gegensätzliche Aromen erreicht wird. Die Intensität der Aromen spielt bei fast allen Versuchen die Hauptrolle. Vielleicht vergleichbar mit einem Lautstärkeregler. Frisch oder reif, stark oder schwach, laut oder leise?

Mundgefühl
Wie reagiert der Gaumen auf Salzigkeit, Süße, Säure, Bitterkeit, Umami, Fett und Textur? Es ist ein Unterschied, ob Sie in fetthaltige aber knusprige Pommes frites beißen oder in bereits weichgewordene Exemplare. Wird Ihr Gaumen von Süße oder Fett ausgekleidet oder eher von Säure oder Bitterkeit angeregt?

Zubereitung
Welche Rolle spielt die Zubereitung? Ein Stück Fleisch zum Beispiel reagiert verschieden – je nachdem, ob es gegrillt, gebraten, geschmort, pochiert oder einfach nur roh mariniert ist. Vergleichen Sie beispielsweise den Geschmack von gekochten oder rohen Zwiebeln, gebratenem Rinderfilet oder einem Carpaccio von selbigem.

Anleitung

Die folgenden Experimente können Sie natürlich ganz alleine ausprobieren. Viel mehr Spaß macht es aber gut gelaunt in einer weinseligen Runde mit Freunden. Verteilen Sie die Aufgaben im Vorfeld: Einkaufen, Vorbereiten, Kochen. Probieren Sie zunächst die unterschiedlichen Weine, beschreiben Sie sie und machen Sie sich gegebenenfalls Notizen. Anschließend probieren Sie jedes Gericht mit allen Weinen. Finden Sie heraus, wie sich die Weine dabei verändern und welcher Wein die beste Allianz zu welcher Speise bietet.

Anmerkung:
Weine verändern ihr Geschmacksbild in Kombination mit Speisen.

Weine

Da die Zubereitungsarten und Zutaten jedes einzelnen Gerichtes variieren, ergeben sich für die begleitenden Weine unterschiedliche Anforderungen. Für das Zusammenspiel kommt es also weniger darauf an, ob »Fisch« oder »Fleisch«, sondern vielmehr auf die Zubereitungsart (gebraten, gegrillt oder pochiert). Ebenso wichtig sind Struktur und Textur der Lebensmittel-Komponenten und die Intensität der Gewürze. Alle »Versuchs-Weine« sind analog der Kategorisierung der Weintypen (siehe Seite 48) zusammengestellt und damit austausch- und individuell einsetzbar.

	Gericht 1	Gericht 2	Gericht 3	Gericht 4	Gericht 5
Wein 1					
Wein 2					
Wein 3					

Tipp:
Wenn Ihnen die Worte fehlen, können Sie mit Smileys arbeiten:

🙂 **wunderbare Kombination**
(ergänzt sich gegenseitig)

😐 **geht so**
(nicht wirklich gut)

☹️ **funktioniert gar nicht**
(schmeckt nicht)

Fazit

Warum Sie hier selber ran müssen? Weil Sie das, was Sie selber ausprobiert haben, viel nachhaltiger verinnerlichen werden als angelesene Theorie. Wir bringen Sie auf den Geschmack, mit dem Sie Ihre persönliche Aromenbibliothek füllen und aus der Sie bei Bedarf entsprechende Erinnerungen abrufen können. Mit Hilfe der kulinarischen Experimente erwerben Sie Basiswissen und hilfreiche »Faustregeln«, mit denen Sie zukünftig bei der Kombination von Wein und Speisen erfolgreich punkten können.

Alltägliche Prototypen
für kulinarische Experimente

Da wir Ihnen im Folgenden kulinarische Experimente zum Nachkochen servieren, haben wir uns der Weintypen-Einteilung bedient (siehe S. 48) und drei alltägliche Prototypen ausgesucht. Weine, die jeder kennt und bereits probiert hat. Ab jetzt wird die graue Theorie von verständlicher und nachvollziehbarer Praxis begleitet.

Weißwein-Typ 1 »frisch & fruchtig«
2010 Riesling vom Schiefer, Qualitätswein trocken,
Weingut Ansgar Clüsserath, Trittenheim, Mosel

Ein frischer Riesling, wohltuend leicht mit den typischen Aromen von Pfirsich, grünem Apfel und einem Hauch rauchiger Mineralität. Ein perfekter Einstieg in die Welt des Steillagenrieslings der Mittelmosel. Die Süffigkeit und anregende Mineralität macht einfach Lust auf den nächsten Schluck. Mit 7,2 Gramm Restzuckergehalt pro Liter befindet sich der Schiefer-Riesling im trockenen Bereich, die Säure (etwa acht Gramm pro Liter) ist bestens eingebunden, ein leichter Wein mit angenehmem Tiefgang und zarter Struktur. Erfrischende Säure und sanfter Schmelz sorgen für anregende Balance und geben dem Wein die entsprechende Länge. Der Riesling wurde klassisch in alten Fuderfässern ausgebaut. Mit seinem niedrigen Alkohol von 11,5 Volumenprozent präsentiert er sich zweifellos als frischer, unkomplizierter Alltagswein. Seine Stilistik steht vergleichbar für einen leichten, süffigen Weißwein-Typ mit niedrigem Alkoholgehalt.

Weißwein-Typ 4 »kraftvoll & opulent«
2010 Chardonnay, Jordan, Stellenbosch, Südafrika

Chardonnay – nach burgundischem Vorbild im Barrique ausgebaut – wird heute auf der ganzen Welt erzeugt. Diesen Typ gibt es in der ganzen Bandbreite von fruchtig elegant bis üppig opulent. Durch den biologischen Säureabbau (BSA) wurde knackige Apfelsäure in weichere Milchsäure umgewandelt. Der Wein schmeckt anschließend weicher, runder und insgesamt cremiger. Bedingt durch den Barrique-Ausbau findet man neben den schmeichelnden Vanillenoten eine deutlich spürbare Holznote mit leicht bitteren Röstaromen. Mit einem Restzuckergehalt von gut drei Gramm pro Liter liegt der Chardonnay im absolut trockenen Bereich. Der hohe Alkoholgehalt von ca. 14 Volumenprozent ist sehr gut integriert und erzeugt cremige Mundfülle. Fruchtige Ananasnoten, ein Hauch Quittengelee, gelbe Früchte und Grapefruitaromen sorgen in Kombination mit der belebenden Säure (etwa sechs Gramm pro Liter) für eine angenehme Länge mit saftigem Schmelz.

Rotwein-Typ 2 »harmonisch & fruchtig«
2010 Gemini II, Birgit Braunstein, Purbach, Neusiedlersee-Hügelland

Auch dieses ansprechende, fruchtgeprägte Rotwein-Cuvée steht stellvertretend für einen Rotwein-Typ, der auf der ganzen Welt zu finden ist. Die Assemblage setzt sich in diesem Fall aus Blaufränkisch, Cabernet Sauvignon und Zweigelt zusammen. Der Cabernet Sauvignon-Anteil ist an der typischen Cassisnote zu erkennen, hinzu gesellen sich Sauerkischnoten, Walbeeren und ein sanfter Zedernholzduft. Der mittelkräftige, bestens balancierte Gemini wurde etwa ein Jahr teils in neuen teils in gebrauchten Barriques ausgebaut. Mit einer Säure von knapp 5,5 Gramm pro Liter und einem Restzuckergehalt von etwa einem Gramm pro Liter schmeckt er absolut trocken. Die noch etwas jugendliche Säure sorgt für angenehme Lebhaftigkeit und umspielt die reifen Tannine charmant mit saftiger Frucht. Der Alkohol liegt mit 13 Volumenprozent im moderat leichten Bereich und ist bestens eingebettet. Die saftigen Fruchtaromen werden von zarten Röstaromen flankiert, zeigen Länge und Struktur, was auf Reifepotenzial schließen lässt.

Brot & Spiele
Allianzen für den Alltag

Hat in diesem Fall weniger mit »panem et circenses« zu tun als mit der alltäglichen Herausforderung: Welcher Wein zu welcher Stulle?

Die einfache aber wohlige Wirkung von knusprigem Brot und köstlichem Wein haben Sie bestimmt schon einmal während einer Weinprobe erlebt. Brot steht fast immer auf dem Tisch, irgendwann können Sie sich nicht mehr zurückhalten und greifen zu. Jedes für sich schmeckt gut, aber als Team ist diese Kombi unschlagbar. Man möchte mehr. Von beidem. Es gibt unzählige Brotsorten, die köstliche Wechselwirkung mit Wein entsteht eigentlich immer.

Experiment:
Drei Brote (Baguette mit unterschiedlichem Belag) treffen auf drei Alltagsweine. Wer kann mit wem? Und warum?

Exkurs:
Für ein gutes Brot braucht es nicht viel. Mehl, Wasser, Salz und vor allem Zeit zum Gehen, damit die Hefen oder der Sauerteig entsprechend wirken können. Bedingt durch die knusprige Rinde besitzt Brot Röstaromen und einen – je nach Mehlsorte – hellen oder dunklen, saftigen bis würzigen Innenteil. Es enthält zudem Kohlenhydrate und Stärke, die in Verbindung mit Speichel zu einer zeitverzögert schmeckbaren Süße führen, die auf Säure, Gerbstoffe und Alkoholgehalt eines Weines neutralisierend bis anregend wirken. Mit all seinen Inhaltsstoffen puffert der gebackene Laib allzu intensive Weinaromen ab, das im Brot vorhandene Salz dient als zusätzlicher Katalysator und wirkt angenehm geschmacksverstärkend. Fazit: Brot und Wein ergänzen sich perfekt.

Weinbegleitung:

Für die entsprechende Wein-Partnerschaft sollte Ihnen die katalysatorische Wechselwirkung zwischen Brot und Wein bekannt sein. Mit diesem Knowhow geht es an den entsprechenden Belag und die geschmackliche Auswirkung auf den Wein.

Geschmacksache:

Richtig, denn was ist denn schon ein Brot ohne Belag? Hier endet die geschmackvolle Solidarität, weil je nach dem, was drauf liegt, das Brot nach einem anderen Weintyp verlangt. Das Baguette wird mit ganz alltäglichen Lebensmitteln belegt. Für das Experiment allerdings ohne Butter, damit die beeinflussenden Parameter nicht durch einen zusätzlichen Fetteinfluss manipuliert werden können.

	Ziegenkäse ca. 22 % Fettanteil, typisch kreidige Textur und säuerlicher Geschmack, die den Gaumen belegen	**Geräucherter Lachs** ca. 19 % Fettanteil, Salz, rauchige Noten, weiche, reichhaltige gaumenbelegende Struktur, angenehm »fischig«	**Salami** ca. 35 % Fettanteil, pikant gewürzt, sehr hoher Salzanteil, der geschmacksverstärkend wirkt
Weißwein-Typ 1 Riesling »frisch, fruchtig, belebende Säure«	☺ Fruchtsüße und Säure des Rieslings begleiten den kreidigen Ziegenkäse perfekt.	☹ Fischfett und Säure kollidieren. Der Riesling entwickelt aggressive Säure und einen süß-sauren Nachgeschmack. Unharmonisch metallisches Mundgefühl.	☹ Der hohe Fettgehalt der Salami zerstört die feinfruchtigen Aromen des zarten Rieslings.
Weißwein-Typ 4 Chardonnay Barrique »kräftig, üppig, rund, moderate Säure«	☹ Der säuerliche Ziegenkäse trifft auf Alkohol und Gerbstoffe. Der Wein wird bitter und wirkt noch gehaltvoller.	☺ Der Barrique Wein trifft auf rauchige Noten und Reichhaltigkeit des Lachses. Die Säure wird verstärkt, was die Fruchtaromen hebt und einen langen Nachhall erzeugt.	☹ Obwohl der Weißwein Kraft und Alkohol besitzt, hat er gegen die Salami keine Chance. Er wird eindimensional und süßlich. Balancierende Rotwein-Tannine fehlen.
Rotwein-Typ 2 Rotwein-Cuvée »fruchtig, jugendliche Säure, Tannine«	☹ Gerbstoffe des Rotweins kollidieren mit dem Eiweiß und dem kreidigen, säuerlichen Käse.	☹ Eiweiß und gaumenbelegendes Fischfett kollidieren mit den Tanninen des Rotweins. Er bekommt einen pelzig bitteren Geschmack.	☺ Der Fett- und der entsprechende Salzgehalt fangen die Rotwein-Tannine bestens auf und lassen den fruchtigen Aromen freien Lauf.

Brot mit Ziegenkäse

Ein junger Ziegenkäse (ca. 22 Prozent Fettanteil) mit noch festem Kern ist unsere erste Wahl für den Belag. Der junge Ziegenkäse zeichnet sich durch einen dezent nussigen, kreidig säuerlichen Geschmack aus. Im Volksmund gelten Käse & Wein als erfolgreiche Kombination. Die Frage »Welcher Wein mit welchem Käse?« bleibt dabei allerdings unbeantwortet.

Weißwein-Typ 1
Der lebhafte Riesling lässt sich sofort vom Ziegenkäse vereinnahmen und zeigt seine süffige Seite. Der frische, fruchtbetonte Tropfen unterstützt den leicht säuerlichen, etwas kalkartigen Geschmack des Ziegenkäses und umgekehrt. Die Eiweißstruktur des jungen Ziegenkäses mag keine alkoholreichen, gerbstoffbetonten Weine. Die säuerlichen Aromen verbinden sich perfekt mit den fruchtigen Riesling-Aromen, sie ergänzen und fördern sich gegenseitig.

Weißwein-Typ 4
Der kräftige, im Barrique ausgebaute Weißwein bekommt in Kombination mit dem Käse unangenehme Bitternoten, verliert seine Fruchtausprägung und damit seinen Charme. Die Verbindung der adstringierend wirkenden Gerbstoffstruktur des Weines und des milchig, leicht säuerlichen Käsegeschmacks führt dazu, dass der Wein bitter schmeckt. Unter dieser Kombination leidet auch der Käse, der jetzt wesentlich fetthaltiger wirkt. Er fühlt sich fast an wie eine gehaltvolle Creme fraîche aber nicht mehr wie ein zarter, anregender Ziegenkäse.

Rotwein-Typ 2
Der Rotwein überrascht zunächst mit anregenden Fruchtaromen, entwickelt aber bei längerem Kontakt mit dem leicht säuerlichen Ziegenkäse nachhaltige Bitternoten. Bei dieser Kombination verliert der Wein seine Substanz, wirkt regelrecht dünn und ausgezehrt, weil sich die Rotwein-Tannine nicht mit dem Milch-Eiweiß vertragen. Der deutliche Beweis, dass Rotwein und frischer Ziegenkäse keine guten Partner sind.

Brot mit geräuchertem Lachs

Ein geräucherter, salzhaltiger Lachs mit ca.19 Prozent Fettanteil, in Scheiben geschnitten. Dass Lachs purer Luxus war, ist lange her. Heute bekommt man ihn in verschiedenen Qualitätsstufen von der Discountware bis hin zur edlen Delikatesse. Trotzdem gilt ein frisches, knuspriges Baguette mit hochwertigem, zart geräuchertem Lachs nach wie vor als Hochgenuss. Lachs belegt den Gaumen mit einem weichen, reichhaltigen und mundauskleidenden Gefühl, und verführt je nach Herstellung (geräuchert, gebeizt etc.) mit salzig- oder rauchig-würzigen Noten.

Weißwein-Typ 1 🍷
Der frischfruchtige Wein mit prägnanter Säure hat dem fetthaltigen Lachs nicht viel entgegenzusetzen. Die Fruchtaromen verlieren sich, der Wein entwickelt metallische Noten und es bleibt ein unangenehmer, eindimensionaler, süß-saurer Nachhall.

Weißwein-Typ 4 🍷🍷🍷🍷
Auf den Wein wirkt der geräucherte Lachs regelrecht geschmacksverstärkend. Der Alkohol und der weiche, cremige Geschmack des im Barrique ausgebauten Weines verbinden sich mit dem Lachsfett, was den Fruchtaromen eine vorteilhafte Ausprägung ermöglicht. Die Röstaromen des Weines werden durch die Räuchernoten des Lachses so gut wie nivelliert. Perfekt, weil lebhafte Frucht und Frische bleiben.

Rotwein-Typ 2 🍷🍷
Obwohl der junge Rotwein – genau wie der im Barrique ausgebaute Weißwein – über Röstaromen verfügt, lässt er sich überhaupt nicht auf den Räucherlachs ein. Seine Tannine lassen sich nicht einen Deut mit dem hohen Eiweißgehalt des reichhaltigen Fisches ein. Die Frucht verschwindet völlig, teerig bittere-Aromen dominieren, der Wein erscheint einseitig bitter, metallisch und adstringierend.

Brot mit Salami

In der allergrößten Not schmeckt die Wurst auch ohne Brot. Stimmt! Aber für unser Experiment benötigen wir die Verbindung zwischen der geschmacksdominanten, recht fett- und salzhaltigen Salami (ca. 35 Prozent Fett) und einem frischen Baguette. Probieren Sie Salami zunächst solo, um die geschmackliche Frische festzustellen, die erst ganz zum Ende, nach dem Schlucken, erscheint. Das ist der hohe Salzgehalt, der anregend und geschmacksverstärkend wirkt. Das sprichwörtliche Wasser läuft Ihnen im Mund zusammen.

Weißwein-Typ 1
Der frischfruchtige Wein reagiert prompt mit Unmut und prickelt. In Verbindung mit dem hohen Fettgehalt der Wurst verliert der leichte Wein seine Frucht, schmeckt säuerlich, der Nachhall erscheint bitter. Die Salami schiebt den feinfruchtigen Wein an die Seite und lässt ihm keine Chance.

Weißwein-Typ 4
Der kräftige, im Barrique ausgebaute Weißwein zeigt zumindest noch einen Hauch Fruchtigkeit, der allerdings unvermittelt von deutlicher Süße abgelöst wird. Der Alkohol, bzw. das Glyzerin tritt in den Vordergrund, suggeriert einen rustikalen, leicht süßlichen Geschmack und lähmt den saftigen Schmelz des Weines. Die Fruchtaromen gehen verloren.

Rotwein-Typ 2
Der Rotwein kommt hingegen mit der Salami wunderbar zurecht. Die feine Würze und die Tannine des Weines nehmen den Fettgehalt und die Salzigkeit der Salami auf und lassen so den Fruchtaromen den Vortritt. Die Rotwein-Tannine werden perfekt von dem Fettgehalt gepuffert.

Der Einfluss der Sauce
Das geschmacksprägende Element

Was wäre Pasta ohne Sauce? Ein Sonntagsbraten oder ein Entrecôte? Richtig, eine recht trockene, ziemlich fade Angelegenheit. Erst die Sauce bringt den Geschmack. Sie wird mit jedem Bissen aufgenommen und sorgt damit für die notwendige Verbindung der einzelnen Bestandteile eines Gerichts. Neben Kräutern und Gewürzen, die Kontur und Charakter geben, sind die Saucen der unbestrittene Mittelpunkt einer jeden Rezeptur und geben damit die Wahl des entsprechenden Weines vor.

Die Sauce haben wir bereits als den wichtigsten Bestandteil eines Gerichtes kennen gelernt (siehe Seite 38). Hier geht es um die wichtigsten Kombinationsregeln zwischen den einzelnen, bereits vorgestellten Grundtypen der Sauce und dem Wein – auch hier bedienen wir uns wieder der drei Weintypen aus dem vorangegangenen Kapitel. Eine Sauce ist zuallererst einmal fett. Mit dem Fett, egal ob Öl, Sahne, Butter oder Schmalz, kommt auch Aroma in die Sauce. Damit verhält sich das Fett ähnlich wie der Alkohol im Wein – auch er unterstützt die verschiedenen Aromen. Ein wesentlicher Bestandteil neben dem Fett ist die Säure, sie kommt mit dem Wein, Zitrone oder Essig in die Sauce. Ohne sie bleibt eine Sauce konturlos, breit und blass.

> Eine gute Sauce verfügt – wie ein hochwertiger Wein – über ein facettenreiches Eigenleben.

Für die richtige Weinwahl gilt es, die wichtigsten Aromen der Sauce zu benennen und sich über ihre Intensität klar zu werden. Wird die Sauce von den Fetten bestimmt, der Säure, den Röstaromen? Hinterlässt sie einen wuchtigen Eindruck oder eher einen frischen? Ist sie scharf? Welche Gewürze kann ich herausschmecken? Jedes dieser Elemente bedingt auch eine andere Weinauswahl. Wer die Elemente kennt, greift auch eher zum passenden Tropfen.

	Vinaigrette kalte Grundsauce mit Säure, Salz und Fett	Beurre blanc weiße Grundsauce mit Säure, Salz und hohem Fettanteil	Jus Grundsauce auf Fleischbasis mit Säure, Salz und bitterschmeckenden Röstaromen	Chutney pikante, leicht süßliche, etwas marmeladige, würzige Sauce	Chilisauce scharfe, fruchtige, leicht süßliche Sauce
Weißwein-Typ 1 Riesling »frisch, fruchtig, belebende Säure«	☹ Der Riesling verändert sich sofort. Er verliert seine Frische, im Mund tritt die Säure des Weines zitronenartig hervor und überdeckt die köstlichen Fruchtaromen.	☹ Durch den hohen Fettgehalt der Sauce ziehen sich die Fruchtaromen zurück. Der Riesling entwickelt eine aggressive Säure, wirkt metallisch, stumpf und bitter.	☹ Schmeckt zunächst süßlich, es folgen Zitrusnoten und ein lang anhaltender bitterer Ton. Die Röstaromen zerstören die zartfruchtigen Anklänge. Auch der Fettgehalt zwingt den Riesling in die Knie.	☺ Zeigt in Verbindung mit Salz, Würzigkeit und leichter Schärfe jede Menge Frucht und Schmelz. Vorsicht beim gekauften Chutney, das oft zu viel Zucker enthält.	😐 Schärfe verträgt sich wunderbar mit der Fruchtsüße eines Weins. Funktioniert gut, aber mit etwas mehr Süße wäre die Kombi besser. Je schärfer die Sauce desto mehr Süße muss der Wein haben.
Weißwein-Typ 4 Chardonnay Barrique »kräftig, üppig, rund, moderate Säure«	😐 Der Chardonnay zeigt herbe Grapefruitnoten und rauchige Röstaromen. Die Vinaigrette fördert fruchtige Aromen, Säure und Eleganz des Weines. Es entsteht eine moderate Balance.	☺ Der Wein fängt mit seiner cremigen Struktur die Buttrigkeit der Sauce auf. Die moderate Säure wird verstärkt, die delikaten Fruchtaromen treten in den Vordergrund und bleiben lange schmeckbar.	☹ Die leicht bittere Jus zerstört die Cremigkeit des Weins. Grapefruitnoten und Alkohol treten unangenehm in den Vordergrund. Dazu kommt eine lang anhaltende, fast pfeffrige Schärfe.	☹ Die Fruchtaromen verschwinden völlig. Der Wein wirkt weich, breit, karamellartig und langweilig. Auf die leichte Schärfe und die süßliche Frucht reagiert der Wein dünnhäutig und verbittert.	☹ Durch die Schärfe treten unangenehme Grapefruitaromen, Bitterkeit, Adstringens und Alkohol in den Vordergrund. Die Schärfe der Sauce bleibt isoliert auf der Zunge zurück.
Rotwein-Typ 2 Rotwein-Cuvée »fruchtig, jugendliche Säure, Tannine«	☹ Die Gerbstoffe besetzen die Geschmackspapillen: keine Frucht, dafür unangenehme Adstringens und extremer Bittergeschmack. Der Wein wirkt metallisch, stumpf, breit und rustikal.	☹ Der Wein fängt zwar den Fettgehalt der Sauce auf, verliert aber seine Eleganz und Frucht. Die Tannine treten in den Vordergrund. Es bleibt ein pelziges Gefühl auf der Zunge, erdig und bitter.	☺ Der Gerbstoff findet seine Parallele in den leicht bitteren Röstaromen der Jus. Die Frucht zeigt sich jung und ein wenig verschlossen, mit kompakter Säure und herrlicher Länge.	☹ Der Wein verliert Frucht und Eleganz, wirkt erdig, bitter und fast untrinkbar. Die Gerbstoffe können nicht andocken, sie kollidieren vielmehr mit Süße und Frucht des Chutneys.	☹ Die Frucht verschwindet fast ganz. Der Wein erscheint dünn, verliert seine Struktur. Die Gerbstoffe des Weines kollidieren mit der Schärfe. Es bleibt eine einsame Spur von Bitterkeit.

Gekauft oder hausgemacht? Wir haben in unserem Experiment hausgemachte Saucen verwendet. Allerdings sind die meisten Effekte auch mit den gängigen Fertigprodukten nachzuvollziehen. Deren Abstimmung ist in der Regel nicht ganz so fein, weil ihnen die frischen und damit hochwertigeren Inhaltsstoffe wie Olivenöl, Essig, Fond, frische Kräuter und Gewürze fehlen. Der hohe Zucker- und Säuregehalt der Fertigsaucen verstärkt meist auch die negativen Geschmackseindrücke.

Vinaigrette

Diese Vinaigrette ist auf den Grundbestandteilen unter Einsatz hochwertiger Lebensmittel aufgebaut. Senf, Balsamico-Essig, Honig und Kalbsbrühe mixen. Öle langsam einrühren und mit Salz und Pfeffer abschmecken.

Weißwein-Typ 1

Der Riesling verändert sich bereits im Geruch, er verliert fast ein wenig seine Frische, im Mund tritt die Säure des Weines deutlich hervor, der Riesling bekommt eine zitronenartige Säure. Fazit: Der Riesling reagiert völlig »sauer« und verliert seine Fruchtaromatik.

Weißwein-Typ 4

Der Chardonnay fängt die Säure der Vinaigrette auf, die Frucht tritt in den Vordergrund, die Röstaromen schmeicheln und rücken in den Hintergrund. Es bleiben Grapefruitaromen und eine dezente Bitternote. Dann folgt eine erfrischende Säure, die durch die Vinaigrette noch zusätzlich gefördert wird und dem Wein eine dienliche Eleganz verleiht. Die Kombination aus delikater Säure, frischen Fruchtaromen und dem sensorisch hervorragend eingebundenen Alkohol verleiht dem Chardonnay eine vorteilhafte Länge. Bei dem Fertigprodukt tritt die Bitternote des Grapefruitaromas etwas mehr hervor, die Säure erscheint spitzer, was auf die aggressive Säure des einfachen Essigs zurückzuführen ist.

Rotwein-Typ 2

Die Gerbstoffe des Rotweins treten sofort recht ruppig in den Vordergrund und blockieren die Geschmackspapillen. Die Frucht zieht sich zurück, unangenehme Adstringens und extremer Bittergeschmack breiten sich aus. Der Wein wirkt metallisch und erscheint regelrecht stumpf, breit und rustikal. Man hat einen ähnlichen Eindruck im Mund, als esse man Artischocke mit einer säurebetonten Vinaigrette.

1,5 El Senf, mittelscharf
100 ml Balsamico-Essig, weiß
1,5 El Honig
200 ml Kalbsfond
300 ml Rapsöl
100 ml Olivenöl (Jordan)
Salz, Pfeffer

Beurre blanc

Die Schalotten putzen, schälen, in Ringe schneiden und in Öl farblos anschwitzen. Mit Noilly Prat und Riesling ablöschen und anschließend mit Fischfond auffüllen. Die Gewürze und Kräuter hinzugeben und den Saucenansatz auf die Hälfte reduzieren lassen. Die flüssige Sahne hinzugeben, wiederum reduzieren lassen.

Die Sauce durch ein Sieb passieren und mit Speisestärke leicht binden. Anschließend mit einem Pürierstab die kalten Butterwürfel einmontieren. Mit Zitronensaft, Salz und Pfeffer abschmecken.

Weißwein-Typ 1
In Kombination mit der sahnig-cremigen Beurre blanc entwickelt der Riesling aggressive Säure und wirkt geradezu metallisch. Durch den hohen Fettgehalt der Sauce zieht sich die Frucht zurück, der Riesling entwickelt sich stumpf, bitter und sauer.

Weißwein-Typ 4
Der Chardonnay zeigt seine Muskeln mit einer die Zunge umschmeichelnden Sahnigkeit und einer delikaten Fruchtexplosion. Er fängt mit seiner cremigen Struktur die Buttrigkeit der Sauce völlig auf. Der Wein wirkt voluminös-vielschichtig und wird von zarten, anregenden Grapefruitaromen begleitet. Die moderate Säure des Weines wird erfrischend verstärkt, die delikaten Fruchtaromen treten in den Vordergrund und bleiben lange schmeckbar.

Rotwein-Typ 2
Die Tannine treten in den Vordergrund und verbreiten ein unangenehm pelziges Gefühl auf der Zunge. Die Frucht zieht sich zurück. Der Wein fängt zwar zunächst den Fettgehalt der Sauce auf, verliert dabei aber völlig seine Eleganz und seine anregenden Fruchtaromen. Es bleibt fast etwas Erdiges, Bitteres. Diese Kombination bereitet keine große Freude.

---

500 g Schalotten
2 El Pflanzenöl
8 cl Noilly Prat (Vermuth Martini dry ist auch möglich)
1 l trockener Weißwein (am besten Riesling)
2 l Fischfond
15 geschrotete Pfefferkörner
1 Lorbeerblatt
2 Zweige Thymian
600 ml Sahne
10 g Speisestärke
400 g Butter
1 Zitrone
Salz, Pfeffer

Jus

Die Knochen in einem Bräter im Ofen bei 230 °C bei kombinierter Ober- und Unterhitze rösten. Wurzelgemüse in Würfel schneiden und zusammen mit den Knochen in Öl rösten, so dass es Farbe annimmt. Lauch erst später hinzugeben, sonst verbrennt er und erzeugt Bittertöne. Tomatenmark hinzugeben. Kräftig rösten lassen, zwischendurch wenden und mit Rotwein ablöschen. Das Ganze weiterrösten, einkochen lassen und erneut ablöschen. So können Sie die Intensität und Farbe der Sauce beeinflussen. Je länger man röstet, desto dunkler wird die spätere Sauce. Zum Schluss mit Kalbsfond auffüllen, Gewürze und Kräuter dazugeben und 1 Stunde einkochen lassen. Die Sauce durch ein grobes Tuch passieren, erneut einkochen lassen und dabei mit einem großen Löffel das Fett von der Sauce entfernen. Wenn die Sauce ein Drittel der ursprünglichen Menge erreicht hat, sollte sie die gewünschte Konsistenz erlangt haben.

Weißwein-Typ 1
Der Riesling schmeckt zunächst etwas süßlich, dann folgen zitronige Aromen und eine anhaltende Bitternote. Eleganz, Frische und Esprit verschwinden völlig. Die Röstaromen der Jus zerstören das zartfruchtige Wesen des leichten Weines. Hinzu kommt der Fettgehalt, der den schlanken Riesling in die Knie zwingt.

Weißwein-Typ 4
Beim Chardonnay treten die Grapefruitnoten unangenehm bitter in den Vordergrund. Hinzu gesellt sich eine lang anhaltende Schärfe, die fast an Pfeffer erinnert. Der Wein fällt auseinander und schmeckt völlig leer nach Graphit. Zusätzlich tritt der Alkohol in den Vordergrund. Die konzentrierte Jus zerstört Frucht und Cremigkeit des im Barrique ausgebauten Chardonnays.

Rotwein-Typ 2
Die Sauce wirkt wie ein Katalysator und verstärkt die Aromen des Weines. Die Fruchtnoten zeigen sich jung und verschlossen, mit einer kompakten Säure, delikater Saftigkeit, herrlicher Länge und deutlichem Potenzial. Der Gerbstoff des Rotweins findet seine Parallele in der Jus, in der ebenfalls bitter anmutenden Röstaromen enthalten sind.

---

3 kg Kalbsknochen (vom Metzger klein hacken lassen)

500 g Wurzelgemüse (Sellerie, Zwiebeln, Möhre, Petersilienwurzel und Lauch)

2 El Pflanzenöl

2 El Tomatenmark

700 ml kräftiger Rotwein

2 l Kalbsfond

1 Zweig Rosmarin

1 Zweig Majoran

2 Lorbeerblätter

2 Nelken

2 Knoblauchzehen

Salz, Pfeffer

Chutney

Obst und Gemüse sorgfältig putzen, vom Kerngehäuse befreien, die Paprika schälen. Beides in ca. 0,5 cm große Würfel schneiden und zusammen mit den übrigen Zutaten 10 Minuten unter ständigem Rühren köcheln lassen. Temperatur reduzieren und zu einer dicken Masse einkochen lassen. Nach zwei Stunden die Gewürze entfernen und das Chutney in kleine Einmachgläser füllen. Wenn es über 80 °C heiß in die Einmachgläser kommt und luftdicht verschlossen wird, ist es bis zu drei Monaten haltbar.

Weißwein-Typ 1 🍷

Der Geschmack der gelben Paprika vereint sich wunderbar mit der frischen Birne. Das Chutney besitzt einen relativ hohen Salzanteil, und im Abgang bleibt eine dezente Schärfe. Der Riesling nimmt es locker damit auf; er präsentiert seine Fruchtaromen und seinen sanften Schmelz. Die Kombination macht Lust auf mehr. Vorsicht beim gekauften Chutney, das oft zu viel Süße enthält und den Riesling in seiner Ausprägung behindern kann.

Weißwein-Typ 4 🍷🍷🍷🍷

Mit dem Chutney hat der cremige Chardonnay große Schwierigkeiten. Er wirkt weich, breit, karamellartig und langweilig. Die Fruchtaromen verschwinden völlig, der Wein wird dünn und fast bitter, etwas holzig und ungelenk. Bei dieser Kombination muss der Chardonnay mit der leichten Schärfe und süßlichen Fruchtausprägung kämpfen. Es fehlt ein sahniger Fettanteil oder zumindest eine puffernde Beilage. Der Wein reagiert allein gelassen und geradezu verbittert.

Rotwein-Typ 2 🍷🍷

Die Lebhaftigkeit zeigt sich nur kurz, der Wein verliert seine Eleganz und seine anregenden Fruchtaromen, wirkt erdig, bitter und fast ungenießbar. Die Rotwein-Gerbstoffe können mit den pikanten Noten keine Balance eingehen, sie kollidieren vielmehr mit den süßlichen Fruchtaromen und der leichten Schärfe.

---

900 g reife Birnen
900 g gelbe Paprika
100 g Zucker
1 Zimtstange
1 Nelke
1 Lorbeerblatt
1/2 Sternanis
90 ml Balsamico-Essig, weiß
200 g Gelierzucker (3:1)
30 g Salz

Chilisauce

Schalotten und Chilischoten putzen, die Knoblauchzehen schälen, in kleine Würfel schneiden und alles zusammen mit dem Rapsöl leicht anbraten. Mit Orangensaft und Kalbsbrühe ablöschen.

Den weißen Balsamico und den Honig zugeben. Mit Salz, Pfeffer und Zucker abschmecken. Auch diese Sauce ist gekühlt bis zu vier Wochen haltbar, wenn sie nach der Zubereitung in Einmachgläser gefüllt wird.

Weißwein-Typ 1
Der Riesling sonnt sich und spielt seine Frucht-Trümpfe aus, seine Restsüße reicht leider nicht ganz aus. Nicht auszudenken, wie sich ein Riesling mit höherem Zuckergehalt in dieser Sauce »aalen« würde. Schärfe verträgt sich wunderbar mit Süße und Frucht. Die erfrischende Fruchtsüße setzt das i-Tüpfelchen und macht die Balance aus.

Weißwein-Typ 4
Der Chardonnay reagiert »verbittert«. Das durch den Barrique-Ausbau bedingte Tanningerüst, die fruchtige Cremigkeit und der Alkohol kollidieren mit der Schärfe der Sauce. Der Alkohol und eine unangenehme Bitternote in Form von herben Grapefruitaromen treten überdeutlich in den Vordergrund. Neben diesen belegenden Noten bleibt die Schärfe der Sauce isoliert auf der Zunge zurück. Diese Sauce zerstört den Geschmack des Weines.

Rotwein-Typ 2
Bis auf ein paar luftige Himbeernoten verschwindet die Frucht völlig. Der Wein erscheint fast wässrig. Auch hier wird schnell klar, dass die Gerbstoffe des Weines mit der Schärfe kollidieren. Die Schärfe der Sauce vernichtet die übrigen Attribute – Fruchtaromen, Tiefe, Potenzial – und hinterlässt eine einsame Spur von bitterem Geschmack.

1 El Schalotten fein gewürfelt
1 El frische Chilischoten fein gewürfelt
2 Knoblauchzehen fein gewürfelt
1 El Rapsöl
200 ml Orangensaft
300 ml Kalbsfond
30 ml Balsamico-Essig, weiß
100 g Honig
Salz, Pfeffer, Zucker

Harmonie und Gegensatz

Gleich und gleich gesellt sich gerne – Gegensätze ziehen sich an

In diesem Kapitel werden zwei Versuche in einem Experiment zusammengefasst. Der erste Teil beschreibt eine Kombination, deren Harmonie mit Hilfe von »übereinstimmenden Aromen« erreicht wird, im zweiten Teil kommt die Spannung durch »gegensätzliche Aromen« zustande.

Idee dieses kulinarischen Experimentes ist der Einsatz des gleichen Produktes in unterschiedlicher Verarbeitung – sowohl bei den Lebensmitteln als auch beim Wein. Fisch oder Fleisch werden dafür jeweils individuell zubereitet und von Rebsorten-Weinen unterschiedlicher Ausprägung begleitet. So wird beispielsweise Zander mit Weißburgunder-Typen kombiniert, während sich das Schwein analog mit unterschiedlichen Pinot-Noir-Charakteren einlassen muss. Wie wirkt sich das auf die jeweilige Kombination aus? Was passiert wann und warum?

Anleitung:
Für dieses Experiment sollten Sie sich Zeit nehmen, es ist aufwändig, weil Sie alle drei Gerichte entsprechend vorbereiten und kochen müssen. Bevor Sie die unterschiedlichen Speisen probieren, sollten Sie zunächst die Weine degustieren. Anschließend probieren Sie jedes Gericht mit allen drei Weinen. Finden Sie heraus, welcher Wein die beste Allianz mit welchem Gericht eingeht.

Harmonie durch übereinstimmende Aromen:
Zander und Weißburgunder

Harmonie durch gegensätzliche Aromen:
Schwein und Pinot Noir

Resultat:
Die Abgrenzungen sind relativ eindeutig. Da die Zubereitungsarten und Zutaten jedes einzelnen Gerichtes variieren, ergeben sich für die begleitenden Weine unterschiedliche Aspekte.

Ausgeglichene Allianzen: »Harmonie«

Wenn man beginnt Wein und Speisen zu kombinieren, sucht man ganz natürlich als erstes nach Partnern, die geschmacklich zueinander passen und miteinander harmonieren. Da es viel einfacher ist, nach ähnlichen Geschmackseindrücken zu forschen, eignen sich die drei Zanderrezepte als gute Übung für Einsteiger.

Experiment:
Drei unterschiedlich schmeckende Zubereitungsarten eines Zanderfilets treffen auf drei unterschiedlich ausgeprägte Typen der Rebsorte Weißburgunder.

	Harmonie durch übereinstimmende Aromen	
	Zander & Weißburgunder	
Experiment	**Zander** »gemüsig, frisch, leicht«	**Weißwein-Typ 1** Weißburgunder »leicht & frisch«
	Zander »gehaltvoll, cremig, aromatisch«	**Weißwein-Typ 3** Weißburgunder »komplex & elegant«
	Zander »reichhaltig, rahmig, geröstet«	**Weißwein-Typ 4** Weißburgunder »üppig & opulent«

Exkurs:
Ausgangsbasis ist bei diesem Experiment gleichbleibend Zander. Verändert werden die Beilagen und die jeweiligen Zubereitungsarten. Aufgrund dieser Parameter verändert sich der geschmackliche Gesamteindruck des Gerichtes. Für die unterschiedlichen Weißburgundertypen ergeben sich damit drei unterschiedliche Anforderungsprofile. Für das harmonische Zusammenspiel ist also weniger entscheidend, ob Fisch oder Fleisch, vielmehr stehen die Zubereitungsarten (gegrillt, gebraten oder pochiert), die Intensität der Gewürze und natürlich die verbindende Sauce im Mittelpunkt.

Weinbegleitung:
Als passende Weinbegleitung haben wir uns für Weine der Rebsorte Weißburgunder entschieden. Genau wie das Zandergericht, gibt es die Weine dieser Rebsorte natürlich in unterschiedlichen Ausprägungen. In diesem Fall stammen sie aus drei verschiedenen Anbaugebieten mit individuellen Böden und zeigen

die persönliche Handschrift ihrer Winzer. Einmal in Form eines leichten, frischen Tropfens, einmal als Großes Gewächs mit elegantem Schmelz und einmal in Form einer eher opulenten Trouvaille mit Bariqueeinsatz. Geläufige Weintypen in unterschiedlichen Ausprägungen und Qualitätsstufen, wie sie überall auf der Welt zu finden sind. Dieses Experiment könnten Sie ebenso mit Grauburgunder oder Chardonnay durchführen, wenn die festgelegten Geschmackskorridore denen unserer Weintypen-Beipiele entsprechen.

Geschmackssache:

Zander gebraten oder pochiert, mit Röstaromen oder ohne, mit wenig oder viel Fett, begleitet von eher neutralem Gemüse oder stärkehaltiger Pasta oder Linsen, mehr oder weniger gewürzt. Was ergibt sich aus der Kombination mit den drei unterschiedlichen Weißburgundern? Welcher Wein ist für welches Gericht der richtige Typ?

	Pochierter Zander mit Gemüse	Gebratener Zander mit Hummerrahm	Gebratener Zander mit Speck umwickelt
Weißwein-Typ 1 2011 Weißburgunder Stephan Steinmetz, Mosel	🙂 Der Fisch verhält sich neutral. Das Gemüse puffert die Säure und lässt die Frucht und den zarten Schmelz des Weißburgunders in den Vordergrund treten.	☹ Der Weißburgunder ist zu leicht für den gebratenen Fisch mit der fetthaltigen Sauce. Er reagiert mit unangenehmer Säure und verhaltener Frucht.	☹ Die Röstaromen des Specks machen dem Wein ebenso zu schaffen, wie die reichhaltige Sauce. Er reagiert mit verhaltener Frucht und fast aggressiver Säure.
Weißwein-Typ 3 2009 Mandelberg Weißburgunder Großes Gewächs, Dr. Wehrheim, Pfalz	☹ Das Gericht ist zu leicht für den komplexen Wein, der keine Verbindung im neutralen Gemüse findet und deshalb geradezu säuerlich und fast bitter reagiert.	🙂 Die Pasta puffert kraftvolle Eleganz, Säure und Extrakte. Die zarten Röstaromen der gehaltvollen Hummersauce schmiegen sich sanft an den süffigen Schmelz dieses komplexen Weines.	☹ Zuviel des Guten. Eindeutig zu extreme Röstaromen für den eher eleganten, fruchtbetonten Schmelz. Der vielschichtige Weißburgunder reagiert fruchtverhalten, zeigt Säure und herbe Noten.
Weißwein-Typ 4 2011 Weißburgunder »C« Schneider, Endingen, Baden	☹ Das Gericht ist zu leicht für den opulenten Typ. Die fehlende Reichhaltigkeit stellt sowohl den Alkohol als auch die Holznoten unangenehm in den Vordergrund.	☹ Röstaromen und rahmige Saucen sind auf jeden Fall ein besserer Partner als Gemüse und Vinaigrette. Aber noch haben die üppigen Fruchtaromen, die vom Holz begleitet werden, kein Äquivalent.	🙂 Die rahmigen Linsen mit Wurzelgemüse und gebratenem Speck fordern heraus. Der kraftvolle Weintyp schmiegt sich an, zeigt köstliche Frucht und den Schmelz, der in ihm steckt.

Pochierter Zander mit Frühlingsgemüse
gemüsig, frisch, leicht

1 Schalotte
100 g Knollensellerie
100 g Lauch
2 Zweige Petersilie
50 ml Weißwein (Weißburgunder)
2 Tl Salz
4 Zanderfilets (à 160 g)
100 g Keniabohnen
100 g breite Bohnen
100 g Möhren
500 g grüner Spargel
1 Stange Lauch
20 g Butter
Salz, Pfeffer
frisch gemahlene Muskatnuss
1/2 Bund Blattpetersilie (gehackt)

Für den Fond Schalotte, Knollensellerie, Lauch und Petersilie klein schneiden. Mit dem Wein sowie 500 ml Wasser und Salz aufkochen und ca. 15 Minuten köcheln lassen. Die Zanderfilets in den nur noch siedenden Fond geben, sodass sie vollständig bedeckt sind. Mit der Hautseite nach oben ca. 5 Minuten bei 90 °C gar ziehen lassen.

Keniabohnen, breite Bohnen und Möhren in 2 cm große Stücke schneiden. Das untere Drittel des grünen Spargels schälen, trockene Enden abschneiden, danach in 2 cm lange Rauten schneiden. Das Gemüse nacheinander in kochendem Salzwasser ca. 2 Minuten blanchieren, abschrecken und abtropfen lassen.

Kurz vor dem Anrichten den restlichen Lauch in dünne Ringe schneiden. Butter in einer Pfanne zerlassen, den Lauch hinzugeben und 1 Minute dünsten. Dann das blanchierte Gemüse hinzugeben und alles mit Salz, Pfeffer und einer Prise Muskat abschmecken. Kurz vor dem Servieren die gehackte Blattpetersilie zugeben.

Weißwein-Typ 1
leicht & frisch

Was passiert?

Ein leichtes, frisches Frühlingsgericht, das von den feinen Geschmacksnuancen des pochierten Zanders, der frischen Kräuter und des knackigen Gemüses lebt. Zander ist ein Raubfisch, der in Flüssen lebt und sich schnell und viel bewegt. Sein Fleisch ist recht muskulös und bleibt selbst nach dem Pochieren bissfest. Bohnen und Spargel verhalten sich in der Regel neutral und wirken eher unterstützend auf junge, trockene, fruchtig frische Weine. Sie heben die Aromen des Weines und stützen die Säure. Damit gehören sie zweifellos zu den Brückenbauern für eine erfolgreiche Kombination von Wein und Speisen. Wurzelgemüse wiederum ist vor allem bei säurebetonten Weinen wichtig, weil es aufgrund des höheren Stärkegehaltes hervorragend puffert. Die Butter verbindet die einzelnen Bestandteile, die Säure sorgt für Frische und Balance und das Meersalz hebt den Geschmack.

Resultat:

In dieser Partnerschaft fühlt sich der leichte Weißburgunder wohl und entfaltete anregende Fruchtaromen, rauchige Mineralität und sanften Schmelz. Mit einer rahmigen, fettreichen Sauce wäre dieser leichte Tropfen sehr wahrscheinlich überfordert. Er müsste gegen den Fettgehalt ankämpfen und würde sprichwörtlich sauer reagieren.

2011 Weißburgunder Stephan Steinmetz, Mosel

Der spritzige Weißburgunder duftet verführerisch nach Birne und Zitrone, ist aber auch eine Idee rauchig und mineralisch, vom Kalkboden geprägt. Trotz der frischen anregenden Leichtigkeit lockt der Wein bereits im Duft mit Substanz und zarter Tiefgründigkeit, erste Anzeichen für Qualität. Seine Jugend hat der ökologisch angebaute Tropfen im Stahltank verbracht, er besticht durch eine puristisch klare Art, kernige Saftigkeit und köstlich zarten Schmelz. Die anregende, sehr gut eingebundene Säure gibt dem Wein das notwendige Rückgrat und garantiert einen langen Nachhall. Mit einem Alkoholgehalt von 11,5 Volumenprozent handelt es sich um ein echtes Leichtgewicht, allerdings mit geschmacklichem Tiefgang.

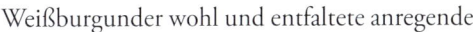

Gebratener Zander mit Hummerschaum und Petersiliennudeln
gehaltvoll, cremig, aromatisch

4 Zanderfilets (à 160 g)
Salz, weißer Pfeffer
Mehl zum Bestäuben
2 El Olivenöl
1 Zweig Thymian
2 El Butter
400 g Bandnudeln
1 Bund Blattpetersilie
250 ml Hummerfond
50 ml Sahne
1 TL Speisestärke
Salz, Pfeffer
Weißwein (Weißburgunder)
1 Spritzer Noilly Prat
etwas Zitronensaft
80 g kalte Butter

Die Zanderfilets mit Salz und Pfeffer würzen und die Hautseite leicht mit Mehl bestäuben. Olivenöl in einer Pfanne erhitzen, den Thymianzweig in das heiße Öl geben. Die Fischfilets zuerst mit der Hautseite goldgelb anbraten, dann wenden. Die Butter hinzugeben, aufschäumen lassen und anschließend alles für ca. 3 Minuten bei 160 °C im Ofen garen.

Die Bandnudeln bissfest garen und mit fein gehackter Blattpetersilie vermischen. Für den Hummerschaum den Hummerfond mit Sahne aufkochen und reduzieren. Die Speisestärke in 1 EL kaltem Wasser glatt rühren und die Sauce binden. Mit Salz, Pfeffer, Weißwein, Noilly Prat und ein paar Spritzern Zitronensaft abschmecken. Die Sauce vom Herd nehmen und die eiskalte Butter nach und nach mit dem Schneebesen einrühren.

Weißwein-Typ 3
komplex & elegant

Was passiert?

Bei diesem Gericht spielt eindeutig die Sauce die Hauptrolle. Dafür wurden die Hummerkarkassen mit Wurzelgemüse angeröstet, abgelöscht und reduziert. Das zugegebene Tomatenmark verstärkt die leicht bitteren Röstaromen. Um ausreichend Geschmack und Farbstoffe aus den Karkassen zu ziehen, wurden sie anschließend mit Weinbrand flambiert. Die fertige Sauce schmeckt kräftig intensiv nach Hummer. Pasta enthält Stärke in Form von Kohlenhydraten, was alle Säuren wunderbar abpuffert. Deshalb sind sowohl Salz als auch Säure wichtig, um die notwendige Spannung zwischen den einzelnen Komponenten zu erzeugen. Bei Pasta erreicht man diese Wirkung am besten mit einer frischen, lebhaften, kräftig gewürzten Sauce.

2009 Mandelberg Weißburgunder GG Dr. Wehrheim, Pfalz

Dieser komplexe Weißburgunder offeriert zunächst nur rauchig mineralische Noten. Gelbe Früchte, reife Birnen, herbe Apfelschalen. Die gradlinige Muschelkalk-Mineralität definiert das Potential, welches dann am Gaumen bestätigt wird. Die saftige, hervorragend eingebundene

Resultat:

Die rauchigen Noten der Krustentiersauce verbinden sich perfekt mit den Aromen des komplexen Weißburgunders, während die Pasta die noch etwas jung wirkende Säure spielend puffert. Das Große Gewächs besitzt Substanz und es ist schon jetzt zu erahnen, welch wundervollen Schmelz der Wein mit etwas Reife an den Tag legen wird. Den Fettgehalt der Sauce und die Röstaromen des angebratenen Zanders steckt der tiefgründige und vielschichtige Wein locker weg und zeigt sich von seiner eleganten Seite.

Säure trägt die vielschichtigen Fruchtaromen und leitet zu einer belebenden, zarten Bitterkeit über, die dem Wein Rückgrat und Charakter verleiht. Der extraktreiche Weißburgunder hat nie ein Holzfass von innen gesehen, besitzt dennoch Potenzial und anregenden Schmelz.

Gebratener Zander mit Speck, Linsengemüse und Weißburgundersauce
reichhaltig, rahmig, geröstet

4 Zanderfilets (à 160 g)
8 dünne Scheiben Speck
1 Zweig Thymian
Öl zum Braten
2 Schalotten (gewürfelt)
2 El Olivenöl
150 g Puy-Linsen
50 g gelbe Linsen
4 El Champagner-Essig
250 ml Gemüsebrühe
1 Lorbeerblatt
1 Zweig Thymian
1 Zweig Rosmarin
1 Möhre
1/2 Stange Lauch
Salz und Pfeffer
10 g Zucker
20 g Butter
100 ml Kalbsjus
3 Stängel glatte Petersilie
2 Schalotten
100 g Butter, davon 50 g eiskalt zum Montieren
200 ml Weißburgunder
100 ml Fischfond
100 ml Sahne

Die Fischfilets mit jeweils 2 dünnen Speckscheiben umwickeln. Die Thymian-Blättchen auf den Filets verteilen und leicht andrücken. In Olivenöl zuerst auf der Hautseite anbraten, sodass der Speck knusprig wird aber intakt bleibt. Anschließend ca. 3 Minuten bei 160 °C im vorgeheizten Ofen garen.

Die Schalottenwürfel in Olivenöl anschwitzen. Die eingeweichten Linsen unter Rühren hinzugeben. Alles mit Essig ablöschen und mit Brühe auffüllen. Die Linsen zusammen mit den Kräutern gar kochen. Möhren und Lauch klein schneiden. Das Gemüse 1 Minute vor Ende der Garzeit zu den Linsen geben. Mit Salz, Pfeffer und etwas Zucker abschmecken. Zum Schluss Butter und Kalbsjus zugeben. Die gehackte Petersilie kurz vor dem Servieren unterheben.

Für die Sauce Schalottenwürfel in 50 g Butter anschwitzen. Mit Weißburgunder ablöschen, Fischfond hinzugeben, alles aufkochen und zu gut einem Drittel einkochen lassen. Mit Sahne auffüllen und mit der restlichen kalten Butter aufmontieren. Mit etwas Salz abschmecken.

Weißwein-Typ 4 🍷🍷🍷🍷
kraftvoll & opulent

Was passiert?

Die ausgeprägten Gerbstoffe und Röstaromen des Weines sind auf den Holzfassausbau zurückzuführen und können ein reichhaltiges Gegengewicht gut vertragen. Die leicht erdig und süßlich schmeckenden Linsen mit Wurzelgemüse, Thymian- und Rosmarinaromen puffern die jugendlich herben Noten des kraftvollen Weines. Zusätzlich bietet der kross gebratene Speck eine weitere geschmackliche Verbindung für den kompakten, mit Gerbstoffen ausgestatteten Wein. Aber den letzten Kick erhält die Kombination durch die gehaltvolle Weißburgundersauce, die mit reichlich Sahne und Butter ausgestattet wurde und sich nun dem Weinpendant so richtig anschmiegt.

**2011 Weißburgunder »C«
Schneider,
Baden**

Zunächst zeigt sich dieser kraftvolle Weißburgunder etwas zurückhaltend. Mit etwas Zeit und Luft werden Kraft und Struktur des Weines erst richtig erkennbar. Zarte Vanillenoten, gelbe Früchte, Birne, Mirabelle, etwas

Resultat:

Dieses Gericht ist der perfekter Partner für einen cremigen im Barrique ausgebauten Weißwein: Die herben Gerbstoffe werden perfekt abgepuffert und lassen den fruchtigen Noten den Vortritt. Der Alkohol ist bestens eingebunden. Die Gerbstoffe werden durch den cremigen Schmelz wunderbar gepuffert und sorgen für einen fruchtintensiven Nachhall. So bietet diese Kombination Vorteile für beide Seiten. Denn auch das relativ mächtige Essen gewinnt, weil es in dem Wein einen lebhaft ergänzenden Partner gefunden hat.

Grapefruit und ein Hauch Holz. Die Säure sorgt für nötige Balance. Sie unterstützt sowohl die reifen Fruchtaromen als auch die zitrusgeprägten Grapefruitnoten. Diese herb-fruchtigen, phenolischen Anklänge sind im wahrsten Sinne des Wortes bitter notwendig. Sie wirken unterstützend, bilden das eigentliche Rückgrat und geben dem üppigen Weißburgunder die notwendige Eleganz.

Konfliktreiche Allianzen: »Gegensatz«

Dieses Experiment ist eine Steigerung, sozusagen die »Kür« für alle, die sich bereits das »Standardwissen« der Kombinationstechnik erkocht haben. Denn jetzt wird nicht nach ähnlichen und harmonischen Aromen gesucht, sondern Spannung zwischen gegensätzlichen Aromen erzeugt.

Experiment:
Drei unterschiedlich zubereitet Schweinerücken treffen auf drei unterschiedlich ausgeprägte Typen der Rebsorte Pinot Noir.

	Harmonie durch gegensätzliche Aromen	
	Schwein & Pinot Noir	
Experiment	**Schwein** »erfrischend, fruchtig, fleischig«	**Rotwein-Typ 2** 🍷 Pinot Noir »jugendlich-saftig & harmonisch«
	Schwein »pikant, zitrusfruchtig, aromatisch«	**Rotwein-Typ 3** 🍷🍷🍷 Pinot Noir »komplex & elegant«
	Schwein »reichhaltig, fett-süß, säurehaltig«	**Rotwein-Typ 3** 🍷🍷🍷 Pinot Noir »elegant & gereift«

Exkurs:
Schärfe oder pikante Gewürze wie Pfeffer können die Fruchtigkeit eines Rotweines angreifen oder gar mit den Tanninen kollidieren. Ein zu hoher Fettgehalt kann ohne Gegengewicht möglicherweise Schwierigkeiten mit einer ausdrucksvollen Weinsäure haben. Und Säure kann sich unter Umständen sogar potenzieren: Ein expressives Säurespiel im Wein verträgt sich nicht unbedingt mit der Säure einer Speise. Stimmt alles. Aber es geht auch anders!

Weinbegleitung:
Auch hier spielt die Hauptrolle eine Rebsorte: Pinot Noir. Mal als leichter Village-Typ, dann als komplexes, tiefgründiges Gewächs und abschließend als elegant gereifter Burgunder. Dieses Experiment baut auf eine durchdachte Kombination der jeweiligen Inhaltsstoffe auf. Dazu gehört Produktwissen, geschmackliches Erinnerungsvermögen sowie ein umfangreicher Erfahrungsschatz darüber, wie bestimmte Inhaltsstoffe miteinander reagieren. Aromatische und säurebetonte Weine können den Gaumen animieren und köstliche Le-

bendigkeit in ein Gericht bringen. Das sorgt für geschmackliche Spannung und macht Lust auf den nächsten Bissen.

Geschmackssache:

Fruchtaromen, Säure und Süße treffen auf Rotwein-Tannine. Was bedeutet das in der Praxis? Schweinerücken mit oder ohne Knochen, gebraten, gewürzt aromatisiert, gepfeffert, mit oder ohne Süße, pufferndem Gemüse oder Spätzle, aber immer mit einem Hauch Säure versehen. Welche Resultate ergeben sich aus den Kombinationen mit den unterschiedlichen Pinot Noir-Typen? Wer ist beispielsweise wichtig für schlanke, elegante oder gar gereifte Typen? Finden Sie für jedes Gericht den richtigen Typ.

	Schweinekotelett mit glasierten Mispeln, grünem Spargel, Pfifferlingen und Selleriepüree	Schweinerücken mit Honig, Pfeffer und Zitronenzesten glasiert, Blumenkohl-Risotto und Lauch	Schweinekotelett mit Schmelzzwiebelkruste, Spätzle und Petersiliensalat
Rotwein-Typ 1 🍷 2006 Pinot Noir Village, Jürgen von der Mark, Baden	🙂 Mispeln und Spargel bringen Frische und nehmen die Fruchtaromen des Weines auf, während die Säure von der gerösteten Fettschwarte gepuffert wird. Der schlanke Pinot Noir zeigt sich von seiner freundlichen Seite.	☹ Der Wein ist zu leicht für die Partnerschaft mit der karamellisierten Pfefferkruste. Auf die enthaltene Süße reagiert er mit provokanter Säure.	☹ Die Kruste mit den Schmelzzwiebeln wirkt reichhaltig, fast süßlich, der Petersiliensalat vegetabil. Der schlanke Wein reagiert sauer und verliert seine Struktur.
Rotwein-Typ 3 🍷🍷🍷 2009 Pinot Noir, Eichholz, Irene Grünenfelder, Graubünden	☹ Das Gericht ist zu frisch und fruchtbetont, für den komplexen Wein. Die Säure wird verstärkt, die Tannine treten in den Vordergrund und erzeugen adstringierende Noten.	🙂 Die karamellisierte Pfefferkruste und die Zitronenzesten vereinen Salz, Süße und Säure zu einer bitteren aber anregender Angelegenheit. Die Fruchtaromen und der saftige Schmelz des Pinot Noir treten in den Vordergrund.	☹ Die reichhaltige Schmelzzwiebelkruste fordert mehr Kontrast. Der Petersiliensalat sorgt für grüne Noten, die die Weinsäure und die jugendlichen Tannine des noch verhaltenen Pinot Noirs unangenehm betonen.
Rotwein-Typ 3 🍷🍷🍷 1994 Chambolle Musigny »Les Amoureuses«, 1er Cru, Comte de Vogüe, Burgund	☹ Die Säure der Mispeln betont die reifen Aromen des Weines unangenehm. Sie scheinen kräutig, der Wein verliert seine Vielschichtigkeit und Länge.	☹ Die reifen Aromen des 1er Crus haben Schwierigkeiten mit der karamellisierten, süßen Pfefferkruste. Sie ist zu intensiv für den gereiften, eher zarten und eleganten Wein, der säuerlich reagiert.	🙂 Der Petersiliensalat sorgt bei dieser Kombination für frische Akzente, während die reichhaltige Kruste die Reife des Weines perfekt balanciert.

Schweinekotelett mit Mispeln, grünem Spargel, Pfifferlingen und Selleriepüree
erfrischend, fruchtig, fleischig

500 g Sellerie (gewürfelt)
Salz
50 ml Sahne
2 El Crème fraîche
80 g Butter
Pfeffer
4 Schweinekoteletts
   (Duke of Berkshire)
grober schwarzer Pfeffer
etwas Öl
100 ml Sherry
500 ml Kalbsfond
500 g grüner Spargel
Zucker
4 Mispeln
300 g Pfifferlinge

Die Selleriewürfel in Salzwasser weich kochen. Anschließend Wasser abgießen, Sahne und Crème fraîche hinzufügen und alles durchmixen. 30 g Butter aufschäumen lassen bis sie leicht braun ist und hinzugeben. Erneut durchmixen, bis das Püree sämig ist. Mit Salz und Pfeffer abschmecken.

Das Fett des Koteletts einschneiden, mit Salz und grobem schwarzen Pfeffer würzen. Langsam auf der Fettseite anbraten. Danach rundherum anbraten und im vorgeheizten Ofen ca. 12 Minuten bei 160 °C garen.

Sherry in einer Kasserolle erhitzen und mit Kalbsfond aufgießen. Zur gewünschten Konsistenz reduzieren, mit 30 g eiskalter Butter binden. Den geputzten Spargel in etwas Butter mit Salz und Zucker glasieren. Die geputzten Mispeln in Spalten schneiden. Die gesäuberten Pfifferlinge in etwas Öl anbraten, würzen und die restliche Butter hinzufügen. Die Mispeln dazugeben und kurz mitbraten.

Rotwein-Typ 2 🍷🍷
fruchtig & harmonisch

Was passiert?

Die dicke Fettschwarte des Kotelettkamms dient als Geschmacksträger des ansonsten zart schmeckenden Fleisches. Die Schwarte wurde vor dem Braten eingeschnitten, damit das Fett knusprig wird und die gewünschten Röstaromen (Maillard-Reaktion / siehe Seite 97) entwickeln kann. Der Spätburgunder reagiert kontrastreich auf die köstliche Fettschwarte (vergleichbar mit einem Gänsebraten, bei dem die knusprige Haut das eigentliche Vergnügen bereitet). Die Jus scheint leicht, ist aber gehaltvoll, fett und süß. Perfekt ausgewogen und unglaublich facettenreich. Nun kommen die Beilagen ins Spiel: Das rahmige, leicht erdig schmeckende Selleriepüree und die sautierten Pfifferlinge wirken harmonisierend auf die Tannine des Pinot Noirs, während der grüne Spargel und vor allem die Mispeln neben erfrischender Farbe spürbare Fruchtsüße und lebhafte Säure ins Spiel bringen und damit eine Balance zu der reichhaltigen Sauce schaffen.

Resultat:

Bei dieser Zubereitung wird die Spannung durch Gegensätzlichkeit erzeugt und genau das ergibt den geschmacklichen Kick. Die Säure wird pointiert eingesetzt, was dem Gericht die notwendige Balance und eine angenehme Frische verleiht. Die Fruchtsäure der Mispeln dient als »Zünglein an der Waage« und wirkt in Verbindung mit Salz geschmacksverstärkend auf den Pinot Noir.

**2006 Pinot Noir Villages
Jürgen von der Mark,
Baden**

Ein hellfarbiger, rubinroter Spätburgunder mit ausdrucksvollen, saftigen Kirschnoten und einfühligem Holzeinsatz. Die Aromen wirken fruchtig und ausgewogen und machen Lust auf den ersten Schluck. Eine lebhafte Säure unterstützt die anregenden Fruchtnoten, verleiht dem Wein angenehme Lebendigkeit und entsprechende Struktur. Insgesamt ein geschmacksintensiver, harmonischer Spätburgunder mit Balance und ansprechendem Nachhall.

Glasierter Rücken vom Schwein mit Honig, Pfeffer, Zitronen, Blumenkohlrisotto und Lauch
pikant, zitrusfruchtig, aromatisch

600 g Schweinerücken ohne Knochen (Duke of Berkshire)
150 ml Madeira
500 ml Kalbsfond
20 g kalte Butter
1 Stange Lauch
Salz
Zucker
250 g Blumenkohl
1 Schalotte (fein gewürfelt)
Olivenöl
100 g Risottoreis (Carnaroli)
50 ml Weißwein
300 ml warme Brühe
50 g Parmesan
2 El geschlagene Sahne
2 El Honig
2 El grober schwarzer Pfeffer
1 El kandierte Zitronenzesten (Zitronenstreifen 3 mal in Läuterzucker blanchiert und eingelegt)
grobes Meersalz

Schweinerücken längs halbieren, parieren, und zuerst in Frischhalte-, dann in Alufolie einwickeln. Im Wasserbad bei 80 °C ca. 20 Minuten pochieren. Madeira in einer Kasserolle zur Hälfte reduzieren und mit Kalbsfond auffüllen. Zur gewünschten Konsistenz einkochen und mit etwas kalter Butter binden.

Das Grüne vom Lauch in grobe Streifen schneiden. In einer Pfanne mit Salz, Zucker und etwas Wasser glasieren. Den Blumenkohl in sehr feine Röschen schneiden. Die Schalottenwürfel in Olivenöl anschwitzen. Den Reis hinzufügen, mit wenig Salz würzen und mit Weißwein ablöschen. Unter Rühren immer wieder mit kochender Brühe angießen, bis das Korn noch etwas Biss hat. Blumenkohl hinzufügen, mitköcheln, bis das Risotto und der Blumenkohl gar ist. Frisch geriebenen Parmesan und geschlagene Sahne unterheben.

Schweinerücken aus der Folie packen, auf der Fettseite und anschließend rundherum in etwas Öl kurz anbraten. Honig karamellisieren lassen, groben Pfeffer hinzufügen und das Fleisch darin glasieren. Zuletzt die Zitronenzesten und Meersalz hinzugeben.

Rotwein-Typ 3 🍷🍷🍷
komplex & elegant

Was passiert?

In einer Pfanne werden Honig und Butter erhitzt, langsam karamellisiert, reichlich grober Pfeffer hinzugegeben und zum Schluss mit grobem Meersalz gewürzt. Die Spannung wird bei diesem Gericht durch die Zitronenzesten erzeugt, die mehrmals in flüssigem Zucker blanchiert wurden, damit sie ihre ätherischen, bitteren Noten verlieren. Nunmehr schmecken die Zesten herbfruchtig, leicht bitter und stellen diese Noten ungemein anregend in den Vordergrund. Gemeinsam mit dem Salz nivellieren sie die Süße des karamellisierten Honigs. So sorgt die fruchtig-pikante Pfefferkruste für reizvolle Spannung, weil sie alle Komponenten miteinander verbindet. Während der Lauch auf die Tannine neutralisierend wirkt, schiebt sich das Blumenkohl-Risotto, welches solo nicht unbedingt als klassischer Rotweinpartner gilt, unauffällig aber köstlich in den Vordergrund.

Resultat:

Die eigentliche Entscheidung fällt jedoch zwischen der feinen Frucht und saftigen Säure des Pinot Noir und der karamellisierten Pfefferkruste mit Meersalz und den herben Zitronenzesten. Diese Verbindung konterkariert und kitzelt die Aromen des Pinot Noir, sie nimmt die Eleganz und die Komplexität ins Visier. Anstatt kuschelige Gemeinschaftlichkeit zu erzeugen, lässt sie köstliche Spannung entstehen. Vielleicht ein Rezept, dem so mancher aufgrund der Ingredienzien, verständlicherweise einen eher üppigen, barriqueausgebauten Weißwein zugeordnet hätte!

2009 Pinot Noir Eichholz
Irene Grünenfelder,
Graubünden

Ausdrucksvolle Sauerkirscharomen, die von würzigen, zart pfeffrigen Noten und einem Hauch Zedernholz begleitet werden. Sehr fokussiert, fast puristisch trifft lebhafte Säure auf saftige Fülle und wird von zarter Mineralität und perfekt eingebundenem Alkohol begleitet. Das Finale zeigt sich aufgrund der Jugend noch eine Spur verhalten, etwas kantig und schließt mit erfrischender Säure, köstlicher Frucht und seidigem Schmelz. Ein komplexer, facettenreicher und eleganter Pinot Noir mit Struktur, Potenzial und Lagerfähigkeit.

Schweinekotelett mit Schmelzzwiebelkruste, Spätzle und Petersiliensalat
reichhaltig, fett, süß, säurehaltig

5 Schalotten
60 g Butter
4 Schweinekoteletts
   (Duke of Berkshire)
Salz, grober schwarzer Pfeffer
100 g Schwarzbrotbrösel
100 ml Madeira
600 ml Kalbsfond
20 g kalte Butter
1 kleiner Bund Petersilie
1 Schalotte
30 g eingelegte Kapern
30 ml Olivenöl
Saft von einer ½ Zitrone
500 g Spätzle

Die Schalotten schälen und fein würfeln. 60 g Butter aufschäumen lassen, Schalottenwürfel hinzufügen und leicht braun werden lassen. Die Koteletts mit Salz und grobem Pfeffer würzen und auf der Fettseite anbraten. Danach rundherum braten und für ca. 12 Minuten im vorgeheizten Ofen auf einem Rost bei 160 °C garen.

Die gebratenen Schalottenwürfel auf dem Kotelett verteilen, mit Schwarzbrotbröseln bestreuen und kurz unter dem Grill gratinieren. Für die Sauce Madeira zur Hälfte reduzieren, mit Kalbsfond aufgießen und zur gewünschten Konsistenz einkochen. Mit der kalten Butter binden.

Petersilie grob zupfen, die Schalotte in feine Ringe schneiden und mit den Kapern, Olivenöl, etwas Zitronensaft, Salz und Pfeffer abschmecken.

Die gegarten Spätzle in etwas Butter anschwitzen und auf den Teller geben, das gratinierte Kotelett mit Sauce und dem Petersiliensalat anrichten.

Rotwein-Typ 3 🍷🍷🍷
elegant & gereift

Was passiert?

Sie haben Sorge, dass dieser gereifte Pinot Noir einem Petersiliensalat mit seiner Säure und den vegetabilen Aromen standhalten wird? Verständlich. Typischerweise wäre hier wohl eher ein Bœuf Bourguignon auf der Tagesordnung. Zudem sind im Petersiliensalat Kapern und Zitronensaft enthalten. Sie transportieren eine intensive Säure, die dem Wein durchaus schaden könnte. Bei einem fast 20 Jahre alten Burgunder, der zudem noch aus einem kühleren Jahr stammt, werden Sie zu Recht skeptisch sein. Das Fleisch verhält sich in dieser Kombination eher neutral und puffert mit seiner Kruste, ebenso wie die Spätzle, die Säure des Petersiliensalates. Knackpunkt ist und bleibt der Petersiliensalat, der mit seinen Zutaten geradezu angriffslustig vegetabil orientiert ist.

Resultat:

Petersilie und Kapern sorgen für lebhafte Frische, gemeinsam mit Salz und Zitronensaft wirken sie jedoch anregend auf den reifen Wein.
Sie sollten lediglich vorsichtig mit dem Zitronensaft sein, sonst wird die Säure eine Idee zu aggressiv für den reifen Pinot Noir. Hier können Sie eine Traum-Kombination probieren, bei der sowohl der Wein als auch die Speise perfekt zur Geltung kommen. Trotz der scheinbar konträren Parameter ergibt sich eine aromenreiche und lustvolle Verbindung.

1994 Chambolle Musigny »Les Amoureuses« 1er Cru, Comte de Vogüe, Burgund

Dieser gereifte, rubinrote Burgunder duftet verführerisch nach Zigarrenkiste, reifen roten Beeren, getrockneten Sauerkirschen, pfeffrigen, würzigen Noten, ein wenig Waldboden mit Moos und Laub. Ein köstliches Samtpfötchen, das immer noch Sauerstoff für seine völlige Entfaltung vertragen kann. Der Gaumen wird mit angenehmer Reife, köstlich lebhafter Säure und unerwarteter Komplexität belohnt. Aufgrund der facettenreichen Tiefgründigkeit sind Holz und Alkohol kaum zu spüren, sondern Bestandteil eines bestens gereiften Weines, der neben einer strukturierten Länge noch Potenzial für weitere Jahre besitzt.

Pas-de-deux

Junge Trüffel und reife Bordelaiser

Im folgenden Experiment wird schwarzer Périgord-Trüffel (Tuber melanosporum) mit unterschiedlichen Lebensmitteln kombiniert. Das betörend erdige Aroma zeigt sich je nach Begleitung und Zubereitungsart in unterschiedlicher Intensität. Finden Sie heraus, warum sich klassische Bordeauxweine von »erfrischend jung« bis »angenehm betagt« als virtuose Trüffel-Partner erweisen.

Es ist das unwiderstehliche Aroma des Trüffels, das ihn zu einer gesuchten Köstlichkeit macht. Aber wenn Sie eine der raren Knollen ergattert haben, heißt das noch lange nicht, dass sie auch geschmacklich glänzen wird. Neben horrenden Preisen machen unterschiedliche Qualitäten und geschmacklose Plagiate das Genießer-Leben schwer. Zudem haben Trüffel die Eigenschaft, 30 bis 50 Zentimeter unter der Erde zu wachsen. Für menschliche Augen oder gar Nasen unmöglich wahrnehmbar. Deshalb werden für die Schatzsuche tierische Helfer eingesetzt, deren Geruchssinn um ein Vielfaches feiner ist.

> Die unbezahlbare Arbeit eines Trüffelschweins wird heute allerdings meist von eifrig schnüffelnden Hunden erledigt.

Entgegen der Mär werden sie nicht von angeblich in Trüffeln enthaltenem Sexuallockstoff auf die Spur gesetzt, sondern durch profane Schwefelverbindungen wie dem stechend riechenden Botenstoff Dimethylsulfid. Ein Molekül, das lediglich eine gewisse Ähnlichkeit mit dem Sexualhormon der männlichen Schweine aufweist. Ansonsten ist der Geruch nicht eindeutig definierbar. Trüffel (selbst der Tuber melanosporum) haben kein klares »Schlüsselaroma«, vielmehr wird ihr betörender Duft von einer Vielzahl von Aromastoffen erzeugt. Erst in Allianz lösen sie die erdig bestechende, ungemein anziehende Duftsensation aus. Dazu gehören weitere Schwefelverbindungen, Alkohole und vieles mehr. Je nach Herkunft und Lebenssymbiose ist das Duftgemisch anders zusammengesetzt. Selbst leichte Verschiebungen in den Konzentrationen können starke Abweichungen im Duft liefern.

Experiment:

Schwarzer Trüffel in Kombination mit knusprigem Brot, zartem Fisch oder einem saftigen Huhn. Immer mit einer gehörigen Portion Fett, Salz und unterschiedlich verarbeitet: Roh, gekocht und gebraten. Welche Auswirkungen haben die begleitenden Lebensmittel auf den Trüffel und die entsprechende Weinauswahl? Und welche Rolle spielt die Zubereitung und die Serviertemperatur? Probieren Sie zunächst die Weine, und anschließend jedes Gerichte mit jedem Wein. Finden Sie heraus, welche Auswirkungen Trüffel auf unterschiedliche Bordelaiser Weintypen hat.

	Welchen Einfluss hat Trüffel auf reife Rotweine? Welche Rolle spielen Begleitung und Aggregatzustand?	
Experiment	**Trüffelknifte (Butterbrot)**	**Rotwein-Typ 1** 🍷 Bordeaux »leicht & frisch« - leichte Reife
	Fisch mit Trüffel	**Rotwein-Typ 2** 🍷🍷 Bordeaux »fruchtig & harmonisch« - leichte Reife
	Getrüffeltes Huhn	**Rotwein-Typ 2** 🍷🍷 Bordeaux »fruchtig & harmonisch« - starke Reife

Exkurs:

Was den Einsatz von Trüffeln angeht, gibt es unzählige Philosophien. Auf jeden Fall benötigen Trüffel, um ihr einzigartiges Aroma optimal freizusetzen, einen Geschmacksträger in Form von Fett oder Eigelb. Zusätzlich sorgt im Trüffel enthaltendes Umami für geschmackliche Verstärkung. Damit das unwiderstehliche Aroma des Périgord-Trüffels nicht so schnell verfliegt bzw. an Intensität verliert, sollte man Trüffel jedoch keinem allzu langen Kochprozess aussetzen und sie je nach Einsatz in feine Scheiben schneiden, stiften (höhere und längere Erhitzung) oder einfach hauchdünn hobeln (weniger Hitze). Weil das köstliche Aroma mit leichter Temperatur am besten zur Geltung kommt, wird der schwarze Trüffel in der Regel dünn auf das warme Gericht gehobelt.

Weinbegleitung:

Welcher Wein passt am besten zu der kostbaren Knolle, die im Aussehen eher einer verschrumpelten Kartoffel als einem schwarzen Küchen-Diamanten gleicht? Die Einschränkung auf Bordeauxweine habe ich zum schwarzen Périgord-Trüffel ganz bewusst getroffen. Wahrscheinlich ließe sich das Experiment auch ohne weiteres mit Pimonteser Weintypen oder Cuvées mit ähnlicher Prägung (lebhafte Säure, reife Tannine) nachvollziehen. Aber Gerichte mit Périgord-Trüffel sind für reife Bordelaiser geradezu prädestiniert, weil sich die typisch ledrigen Unterholz-Noten dieser Tropfen perfekt mit den erdigen Trüffelaromen verbinden.

Geschmackssache:

Für dieses Experiment benötigen Sie Geduld sowie ein extra hohes Budget. Nehmen Sie sich Zeit und kochen Sie die einzelnen Gerichte mit hochwertigen Zutaten. Trüffel mögen adäquate Begleitung. Probieren Sie die Weine zu allen drei Speisen und finden Sie heraus, welcher Wein am besten zu welchem Gericht passt.

	Trüffelknifte (Butterbrot)	Fisch mit Trüffel	Huhn mit Trüffel
Rotwein-Typ 1 2006 Château Le Bourdieu, Cru Bourgeois 12,5 % Vol.	🙂 Der leichte Rotwein gewinnt durch das erdige Trüffelaroma, zeigt lebhafte Frucht und köstliche Länge.	☹ Zu leicht für den gebratenen Fisch und Fenchel mit Rotwein-Trüffelbutter. Der Wein wirkt eindimensional, sauer und metallisch.	☹ Zu leicht für die Trüffelintensität und die süßlich anmutenden Röstaromen mit der gehaltvollen Jus.
Rotwein-Typ 2 2008 Château Cissac, Cru Bourgeois 12,5 % Vol.	😐 Die Gerbstoffe treten trotz des Trüffelaromas in den Vordergrund, weil nicht genug Fett als Gegenpart für den recht komplexen Wein vorhanden ist.	🙂 Der gebratene Fenchel und die fetthaltige Trüffel-Rotweinbutter balancieren die Tannine des Rotweines, so dass er sich sogar auf das Fisch-Eiweiß einlässt.	😐 Der Wein besitzt noch nicht genügend Reife, zeigt seine Säure, wirkt etwas kantig. Für eine perfekte Kombination fehlen Reifearomen wie Leder, Herbstlaub und Unterholz.
Rotwein-Typ 2 1999 Château Jonqueyres, Bordeaux Supérieur, Doppelmagnum 12,5 Vol. %	☹ Der in Scheiben geschnittene, rohe Trüffel benötigt einen frischeren und Primärfruchtbetonten Partner. Es fehlen Schmor- und Röstnoten, um den reifen Wein zu balancieren.	☹ Die hohe Reife kollidiert mit dem Fisch-Eiweiß und fördert unangenehm metallische Noten. Die getrüffelte Rotweinbutter besitzt nicht genügen Röstaromen für den schlanken, reifen Wein.	🙂 Perfekt, weil die Schmor- und Röstnoten eine köstliche Brücke zu den leicht spröden Reifenoten bauen und die Frucht des Weines charmant in den Vordergrund treten lassen.

Anmerkung: Der umtriebige Trüffelfachmann Ralf Bos beschäftigt sich seit über zwanzig Jahren intensiv mit Trüffeln aus aller Welt und verkauft fast alle auf dem Markt bekannten Sorten über seinem Feinkosthandel (www.bosfood.de). Für ihn zählen die Wintertrüffel aus dem Périgord und der nördlichen Provence, sowie die australischen Manjimup-Trüffel (www.all-australian.com) zu den Hochwertigsten der Welt. Sein persönlicher Tipp für die Experimente: Je besser die Grundzutaten, desto größer das Geschmackserlebnis!

Butterbrot mit Trüffeln
knusprig, köstlich, erdig trüffelig

1 Graubrot (Roggenbrot aus 70% Natursauerteig)
200 g schöne Wintertrüffel (ca. 4 x 50g)
Beurre Baratte au Sel de Mer de Guérande (Bretonische Butter)
Fleur de sel
Olivenöl (beste Qualität)

Eigentlich klärt sich die Zubereitung von selbst: Vom Brot vier daumendicke Scheiben abschneiden und üppig mit Butter bestreichen. Je rustikaler das Brot, desto dicker muss der Trüffel geschnitten werden. Schneiden sie mit einem scharfen Messer die Knollen in feine, ca. 2 Millimeter dicke Scheiben und belegen Sie das Brot damit üppig. Mit fruchtig, leicht herbem Olivenöl beträufeln und nach Geschmack mit Fleur de sel bestreuen. Auf keinen Fall Kühlschrankkalt servieren. Geben Sie dem getrüffelten Butterbrot etwas Zeit, damit sich die Zutaten erwärmen und damit zu einem köstlichen Geschmackserlebnis werden können.

Frei nach Alain Ducasse, dass neben der Qualität der Trüffel oftmals die Quantität ein Problem sei, bemerkt Ralf Bos augenzwinkernd: »Der größte Fehler, den man machen kann, ist, zu wenig Trüffel zu nehmen …« und hält mir lachend eine ganze Kiste mit den intensiv duftenden, dunklen Knollen unter die Nase.

Rotwein-Typ 1 🍷
leicht & fruchtig

Was passiert?

Der Trüffel wird in etwas dickere Scheiben geschnitten, weil wir ein geschmacksintensives Bauernbrot benutzen. Die dick mit gesalzener Butter bestriche Brotscheibe wird üppig mit den Trüffelscheiben belegt. So trifft der Trüffel auf seine geschmacksverstärkender Partner »Fett« und »Salz«. Sie ermöglichen ihm überhaupt erst, sein intensives Aroma freizusetzen. Das grasig frische, leicht herbe Olivenöl sorgt zusätzlich für zartwürzige Erfrischung und ansteckende Lust auf den nächsten Bissen. Da kommt der fruchtige, recht schlanke Bordeaux mit sanft gereifter Frucht und erfrischender Säure gerade recht. Die etwas sperrigen Tannine werden durch den Fettgehalt der Butter nivelliert. Der leichte Rotwein gewinnt durch das erdige Trüffelaroma, zeigt lebhafte Fruchtaromen und köstliche Länge.

Resultat:

Hier schlägt die Stunde der unkomplizierten Bordeauxweine, die mit 12,5 Volumenprozent eher den leichtgewichtigen Rotweintypen zuzuordnen sind. Sie schmiegen sich jauchzend an das getrüffelte Butterbrot und entwickeln köstliche Fruchtnoten. Trüffel benötigen Fett und Salz für ihre Aromen-Entfaltung. Diese geschmacksverstärkende Verbindung ebnet die manchmal etwas spröden Tannine der »einfachen« Weine, gibt ihnen mehr Struktur und stellt die fruchtigen Aromen dank der Weinsäure erfrischend in den Vordergrund. Eine harmonische Verbindung, in der sich beide Partner perfekt ergänzen und die Sie mit kräftigeren Rotweinen mit weniger Säure niemals erreichen werden.

**2006
Château Le Bourdieu,
Cru Bourgeois, Médoc**

Diese Bourgeoise Trouvaille brilliert mit vergnüglichem Duft, anregenden Brombeeraromen, etwas Kirsche, Leder, sanft röstigem Holz und einem erfrischend modernen Touch. Recht intensive, lebhafte Art, präsente Säure und Frucht, dunkle Beerenaromen und intensives Tanningerüst.

Mit angenehmen 12,5 Volumenprozent und mittlerer Struktur ein ernst zu nehmender Rotwein, dessen Alkohol perfekt eingebunden ist und in eine süffige, noch etwas jugendlich verhaltene, sperrige Länge überleitet. Also ein balancierter Alltags-Bordeaux mit gutem Preis-Leistungsverhältnis, unkompliziert, lecker und schmackhaft.

Seeteufel mit Trüffeln, Fenchel und Beurre rouge
Würzig gemüsig, erdig trüffelig und rahmig

- 4 Tranchen frischer Seeteufel à 120 g
- 150 g Beurre Baratte au Sel de Mer de Guérande (Bretonische Butter)
- 2 Stück Schalotten
- 2 Knollen Fenchel
- 50 cl Rotwein (vom gleichen, der zum Seeteufel serviert wird)
- Öl zum Braten
- Salz und Pfeffer
- 2 EL Schalotten in feine Würfel geschnitten
- 200 ml Rotwein (vom gleichen, der zum Seeteufel serviert wird)
- 200 ml Balsamico-Essig (dunkel)
- 200 ml Wasser
- 1/2 TL Koriandersaat
- 1/2 TL Fenchelsaat
- 1/2 TL Pfefferkörner
- 1 Nelke
- 3 Wachholderbeeren
- 2 Lorbeerblätter
- 250 g Beurre Baratte au Sel de Mer de Guérande (sehr kalt)
- 50 ml Schwarzer Trüffelsaft
- 50 g Schwarzer Trüffel in feine Streifen geschnitten

Den Fisch gut mit Salz und Pfeffer würzen und in einer heißen Pfanne mit wenig Fett von beiden Seiten ca. 3 Minuten braten. Anschließend den Herd abschalten und den Fisch ziehen lassen. Einen Stich Butter zugeben und mit der geschmolzenen Butter die Seeteufel-Tranchen überziehen.

Die Schalotten in Streifen schneiden und ebenfalls in einer heißen Pfanne in der Butter anbraten, bis sie etwas Farbe und Röstaromen bekommen. Den Fenchel zugeben und solange mitbraten bis er ebenfalls Farbe und Röstaromen bekommt. Anschließend 50 cl Rotwein angießen und den Fenchel gar schmoren. Mit einer Prise Salz abschmecken.

Für die Rotweinbutter Schalotten würfeln und farblos anschwitzen, mit Rotwein, Essig und Wasser ablöschen, Gewürze zugeben. Auf ein Viertel reduzieren. Abseihen, mit 200 g kalten Butterflöckchen langsam und vorsichtig aufmontieren. Mit Salz und Trüffelsaft abschmecken. Zum Schluss die Trüffelstreifen einrühren und warm stellen.

Rotwein-Typ 2
fruchtig & harmonisch

Was passiert?

Bei dieser Kombination übernimmt der gebratene, mit Röstaromen versehene Fenchel einen gewichtigen Teil der Gerbstoffpufferung. Gemeinsam mit den gerösteten Schalotten, der butter- und sahnehaltigen Rotweinsauce und dem Trüffel nivelliert er die noch etwas herben Tannine des Cru Bourgeois und rückt die fruchtigen Aromen charmant in den Vordergrund. Die Verbindung von Beurre rouge, Trüffel und Fenchel baut in diesem Fall die Brücke zu den noch ungestümen Tanninen eines jungen Rotweins. Der Trüffel für die Sauce wird in dünne Streifen geschnitten, damit sie möglichst viel Geschmack an die Sauce abgeben und nicht zusammenkleben. Der gehobelte Trüffel kommt erst kurz vor dem Verzehr zum Einsatz. So bekommt er die notwendige Temperatur, um sein betörendes Aroma entwickeln zu können.

2008
Château Cissac,
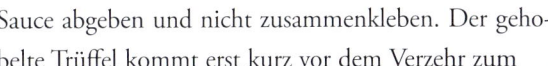
Cru Bourgeois, Haut-Médoc

Ausdrucksvoller, tiefgründiger Duft, zartwürzig, dunkelbeerig und facettenreich. Typische Aromen von schwarzen Johannisbeeren, einem Hauch Paprika und Waldbeeren. Noch etwas verhalten, mit lebhafter Säure, feinen Zedernholznoten und saftigen Tanninen ausgestattet, die sich jugendlich adstringierend präsentieren. Mit 12,5 Volumenprozent zeigt sich der Alkohol sehr moderat und bestens eingebettet. Ein mittelkräftiger Wein mit anmutiger Seidigkeit und balancierter Struktur, der sowohl in neuen aber auch in gebrauchten Barriques ausgebaut wurde. Seine Vielschichtigkeit und sein Potential wird er aber erst nach entsprechender Reifezeit offenbaren.

Resultat:

Der Trüffel bekommt durch die Symbiose mit der buttrig-salzhaltigen Sauce eine brückenbauende Wirkung, die zunächst die kantigen Tannine des jugendlichen Bordelaisers puffert aber noch eine weitere, sehr wichtige Aufgabe übernimmt. In Verbindung mit dem gebratenen Fenchel ist diese Liaison in der Lage, das Fisch-Eiweiß zumindest sensorisch außer Gefecht zu setzen. Treffen Tannine und Eiweiß aufeinander, führt das normalerweise unweigerlich zur Kollision. Denken Sie an jungen Ziegenkäse und Rotweintannine. Die feinfühlige Allianz von gesalzener Butter, Trüffel und Fenchel macht aus dem Seeteufel einen begnadeten Rotweinpartner für mittelkräftige, nicht allzu reife Bordelaiser Typen.

Gebratenes Huhn mit Trüffeln und Selleriepürée
röstig, geschmeidig, erdig, trüffelig

1,5 – 2 kg Huhn (ganz, Mieral-Geflügel, Poulet de Bresse o.a.)
120 g schwarzer Wintertrüffel (in 2 mm dicke Scheiben geschnitten)
100 ml Olivenöl
Fleur de sel
1/2 l Geflügeljus
1 Knolle Sellerie
1 kleine Zwiebel
100 g Kartoffeln
150 g Butter
Salz, weißer Pfeffer
Muskat
1/2 l Geflügelbrühe

Das Huhn dem Rückgrat entlang einschneiden, sodass man die Haut lösen und die Trüffelscheiben auf die Keulen (zwischen Haut und Fleisch) legen kann. Lösen Sie anschließend an der der Vorderseite das Brustbein heraus. Fahren Sie vorsichtig mit dem Zeigefinger an der Brust entlang, lösen auch hier die Haut und schieben Trüffelscheiben zwischen Haut und Fleisch. Alles wieder in Form bringen. Mit Olivenöl einreiben und üppig mit Fleur de sel würzen. Bei 160 °C im Backofen ca. 75 Minuten garen und ab und zu mit dem eigenen Saft übergießen.

Für die Sauce wird ein weiterer Teil des Trüffels in dünne Streifen geschnitten. Dünne Trüffelscheiben würden in der heißen Sauce ihre Konsistenz verlieren.

Sellerie, Zwiebel und Kartoffel schälen, würfeln und in der Geflügelbrühe weich kochen. Abgießen, abtropfen lassen, Butter hinzugeben und mit einem Mixer pürieren. Mit Salz, Pfeffer und Muskatnuss abschmecken. Durch die Stärke der Kartoffeln bekommt das Püree eine bessere Bindung.

Rotwein-Typ 2
harmonisch & gereift

Was passiert?
Der Duft dieser Kombination ist enorm. Eine unbeschreibliche Aromen-Konzentration, die wohlriechend unsere Nasen betört. Würzig, röstig, warm, erdverbunden, nach Laub, Unterholz und gebratenem Huhn duftend. Das fast neutrale Hühnerfleisch bekommt seinen Geschmack erst durch die knusprige Haut, was in Verbindung mit dem Trüffel natürlich noch intensiviert wird. Parallel verführen das reichhaltige, cremig erdige Selleriepüree und die mit Röstaromen versehene, leicht süßlich anmutende Trüffeljus. Röstaromen, Trüffelnoten, Fett und Salz verbinden sich zu einer unwiderstehlichen Allianz, die in die Jahre gekommene Bordelaiser in eine höhere Sphäre befördert.

Resultat:
Klassische Bordelaiser Tropfen mit typisch ledrigen Noten und niedrigem Alkoholgehalt benötigen einen Speise-Partner, um sich entsprechend präsentieren zu können. Das sind keine Sonntagnachmittags-Weine. Erst in der richtigen Kombination mit reichhaltigen Bestandteilen, beispielsweise erdigem Trüffelaroma zeigt sich die typisch feinfruchtige Eleganz dieser teilweise recht kantigen Tropfen. Je mehr Fett, geschmacksverstärkende Trüffel- und Röstaromen, desto reifer darf der Wein sein. Spröde, reife Weine können sogar aus einer Art Dornröschenschlaf erwachen, als wenn sie ausschließlich für Trüffel gemacht wären. Ein ideales Gericht, um diesem reifen Bordeaux glänzen zu lassen. Ein zartes Samtpfötchen mit feiner Reife in klassischer Bordeaux-Stilistik, der jetzt aus einer Doppelmagnum (3 Liter) genau im richtigen Zustand für ein solches Experiment ist. Anmerkung: Man kann bei manchen Ingredienzien überziehen, nur bei Trüffel nicht. Zuwenig Trüffel schmeckt nach nichts. Das wäre kontraproduktive Sparsamkeit.

1999
Château Jonqueyres,
Bordeaux Supérieur

Sanfter Duft, ledrige, staubige Aromen, die auf Reife hinweisen, Laub, Liebstöckel, Unterholz, Waldboden und ein Hauch Lakritz. Die einst lebhaften primären Fruchtnoten haben sich deutlich in Richtung Reife (tertiäre Aromen) entwickelt. Erfrischende Säure, leichte Holznoten, samtige Reife und dunkle Beeren. Gleitet sanft am Gaumen entlang, nicht besonders vielschichtig aber angenehm elegant, harmonisch und mittelkräftig in der Länge. Mit 12,5 Volumenprozent ist der Alkohol äußerst moderat und bestens eingebunden.

Scharfe Versuchung

Schärfe trifft Süße

Vier unterschiedlich scharfe Currysaucen werden jeweils zum selben Grundgericht serviert. Das Curry in unterschiedlicher Schärfergradation – von mild bis zu sehr scharf – trifft auf vier unterschiedlich süße Riesling-Typen von Kabinett über Spät- und Auslese bis zu einer Beerenauslese.

Während es sich bei »süß« um eine Geschmacksrichtung handelt, werden Empfindungen wie »scharf«, »heiß«, »kühlend, »adstringierend« oder »prickelnd« nicht direkt von den Geschmacksrezeptoren wahrgenommen, sondern über Nervenreizungen an den Hirnnerv Trigeminus weitergegeben.

Schärfe ist also kein Geschmack, sondern eine Reizung.

So wie Minze für einen »kühlen« Eindruck sorgt, erzeugt Chili ein »heißes« Gefühl. Ein scharfer Reiz oder englisch »hot«: Schmerz als Geschmacks-Empfindung. Sie pusten, obwohl das Gericht nicht heiß, sondern scharf ist. Der Volksmund rät zu Joghurt. Stimmt. Es kühlt und lindert.

Aber nach welchen Kriterien suchen Sie nun die passende Weinbegleitung aus? Um es gleich vorwegzunehmen: Trotz seiner kühlen Bezeichnung kann Eiswein bei Schärfe nicht unbedingt punkten. Von Vorteil ist seine hohe Zuckerkonzentration, aber je nach Schärfegrad könnte es schwirig mit seiner extrem hohen Säure werden. grundsätzlich stimmt die »süße« Richtung, wir konzentrieren uns bei der Kombination mit Schärfe auf fruchtsüße Rieslinge in unterschiedlicher Zuckergradationen, um darzustellen, dass mit ansteigender Süße entsprechend mehr Schärfe gepuffert werden kann.

Experiment:

Vier unterschiedlich scharfe Currysaucen werden jeweils mit den gleichen Zutaten (Tigerprawns und Gemüse) kombiniert. Die vier verschiedenen Schärfegradationen treffen auf vier unterschiedlich süße Riesling-Typen. So verändert sich der Schärfegrad bei jedem Gericht von mild, pikant, scharf bis hin zu sehr scharf. Für jeden der unterschiedlich süßen Riesling-Typen, Kabinett, Spätlese, Auslese und Beerenauslese, ergeben sich damit vier unterschiedliche Anforderungsprofile. Der jeweiligen Schärfe stehen die ansteigenden Zuckergradationen der Süßwein-Typen gegenüber. Probieren Sie jedes Gericht mit jedem Wein. Finden Sie heraus, welcher Riesling in welcher Süße-Abstufung die beste Allianz zu welcher Schärfe bietet.

	Wie reagiert Schärfe auf Süße? Curry »mild bis scharf« & Riesling »fruchtsüß bis edelsüß«	
Experiment	**Curry mild** »Jaipur Curry«	**Süßwein-Typ 1** »leicht & frisch« Riesling Kabinett (55 g Restzucker/l)
	Curry pikant »Thaicurry grün«	**Süßwein-Typ 2** »fruchtig & harmonisch« Riesling Spätlese (91g Restzucker/l)
	Curry scharf »Thaicurry rot«	**Süßwein-Typ 3** »komplex & elegant« Riesling Auslese (108g Restzucker/l)
	Curry sehr scharf »Goa Curry«	**Süßwein-Typ 4** »üppig & opulent« Riesling Beerenauslese (219 g Restzucker/l)

Exkurs:

Beim Einsatz von scharfen Gewürzen (Curry, Chili etc.) ist weniger die Zubereitungsart oder Wahl des Fleisches wichtig, sondern der jeweilige Schärfegrad. Generell eignen sich Weine mit feinem Frucht-Säurespiel, niedrigem

Alkoholgehalt und entsprechender Restsüße hervorragend für pikante Gerichte. Je nachhaltiger die Schärfe, desto intensiver muss die Süße sein. Weine mit Süße und Frucht mögen Schärfe. Jedoch nur bis zu einem gewissen Grad. Irgendwann kippt dieses zarte Gebilde jedoch, spätestens, wenn die Süße pappig und zu hoch dosiert ist.

Weinbegleitung:

Die passende Weinbegleitung stammt in diesem Fall aus einer Lage der selben Rebsorte und von ein und demselben Winzer. Riesling mit Prädikat in ansteigender Reihenfolge mit folgendem Restzuckergehalt: Kabinett 55 g/l, Spätlese 91 g/l, Auslese 108 g/l und Beerenauslese 219 g/l. Bedingt durch den individuellen Restzuckergehalt besitzt jeder dieser Süßweintypen eine geschmacklich unterschiedlich spürbare Ausprägung der Süße. Tipp: Süßweintypen in dieser Abstufung (entsprechende Restzuckerwerte, niedriger Alkoholgehalt, anregende Säure und lebhafte Frucht) finden Sie am ehesten bei einem Winzer an der Mosel, Ruwer, Saar, Nahe und im Rheingau.

Geschmackssache:

Für dieses Experiment sollten Sie sich etwas Zeit nehmen, es ist aufwendig. Die Zutaten für alle vier Currysaucen sollten vorbereitet sein, damit Sie »à la minute« kochen können. Bevor Sie sich jedoch an das Zubereiten der unterschiedlichen Saucen begeben, ist es ratsam, zunächst die Weine zu degustieren, weil sie sich in Verbindung mit den Speisen – je nach Schärfegrad – im Geschmack extrem verändern werden. Die Abgrenzungen sind relativ eindeutig. Im Gegensatz zu »süßem« Geschmack können Sie Schärfe lediglich als „schmerzhaften" Reiz erfahren. Wie geht die im Wein enthaltende Süße mit dieser Reizung um? Was passiert mit den lebhaften Fruchtaromen?

	Curry mild »Jaipur-Curry«	**Curry pikant** »Thaicurry grün«	**Curry scharf** »Thaicurry rot«	**Curry sehr scharf** »Goa Curry«
Süßwein-Typ 1 ♟ 2009 Wehlener Sonnenuhr Riesling Kabinett Geheimrat J. Wegeler, Mosel 55 g/l RZ | 7,8 S | 9 % Vol.	😊 Der Kabinett wirkt durch die Schärfe wesentlich trockener, sehr süffig. Zuckergehalt und milde Schärfe nivellieren sich gegenseitig.	😐 Lebhafte Schärfe durch die ätherischen Noten des grünen Currys. Leider besitzt der Kabinett nicht genug Süße für die Schärfe, er wird kurz und trocken.	☹ Der zarte Kabinett hat keine Chance gegen das rote Thaicurry. Er verliert seine Frucht, wirkt kurz und trocken.	☹ Die feinfruchtigen Noten des Weines werden von der Schärfe mit adstringierenden und metallischen Noten vertrieben.
Süßwein-Typ 2 ♟♟ 2009 Wehlener Sonnenuhr Riesling Spätlese Geheimrat J. Wegeler, Mosel 91 g/l RZ | 7,4 S | 8 % Vol.	😐 Die milde Schärfe erlaubt der Spätlese, ihre Aromen in den Vordergrund zu stellen. In Kombination mit der sanften Schärfe wirkt sie jedoch etwas zu süß.	😊 Mehr Pfiff! Die erfrischend pikante Schärfe des grünen Currys verleiht der Spätlese fruchtig elegante Anklänge und anregende Lebhaftigkeit.	☹ Das im roten Thaicurry enthaltene Chilli ist für die pikante Schärfe verantwortlich, was die harmonische Spätlese überfordert und ihr die Fruchtaromen raubt, weil sie zu wenig Süße hat.	☹ Diese extreme Currymischung ist viel zu scharf für die fruchtige Spätlese. Die Fruchtsüße geht verloren, die Säure stellt sich metallisch in den Vordergrund.
Süßwein-Typ 3 ♟♟♟ 2009 Wehlener Sonnenuhr Riesling Auslese Geheimrat J. Wegeler, Mosel 108 g/l RZ | 8,4 S | 8 % Vol.	☹ Der milde Jaipur Curry ist zu sanft für die fruchtexplosive Auslese. Es fehlt Schärfe, um die intensive Süße zu balancieren. Hier wirkt die Süße wie eine unüberwindliche Barriere.	😐 Erfrischend pikante Schärfe, die durch ätherische Noten des grünen Currys sogar eine Annäherung an die süße Auslese bekommt. Curry müsste jedoch eine Idee schärfer sein.	😊 Die komplexe Auslese ist für den Schärfegrad dieses Currys wie geschaffen. Sie zeigt ihre lebhaften Fruchtaromen und geschliffene Eleganz. Über die Schärfe setzt sich die Auslese mit ihrem hohen Zuckergehalt einfach hinweg.	☹ Der ausgesprochen scharfe Goa Curry hat es in sich und nimmt selbst dieser komplexen Auslese die Fruchtaromen und vor allem die Eleganz. Der Wein fällt auseinander und wirkt metallisch stumpf.
Süßwein-Typ 4 ♟♟♟♟ 2009 Wehlener Sonnenuhr Riesling Auslese Geheimrat J. Wegeler, Mosel 219 g/l RZ | 9,4 S | 8 % Vol.	☹ Man hat das Gefühl, dass die üppige Beerenauslese den zarten Curry gar nicht wahrnimmt. Die Beerenauslese hat zuviel Süße für die sanfte Schärfe.	☹ Die erfrischende Schärfe bekommt einen kurzen Zugang, besitzt aber insgesamt zu wenig Power für die intensive Frucht-Süße-Konzentration der Beerenauslese.	☹ Obwohl die rote Thaicurry-Paste recht scharf ist, bleibt die Beerenauslese einfach süß und zeigt zu wenig Eleganz und Frucht.	😊 Endlich! Durch die pikante Schärfe werden die 219 Gramm Zucker balanciert. Die Süße maskiert die Schärfe perfekt. Frucht, lebhafte Eleganz sind der köstliche Lohn.

Anmerkung: Gewürzexperte Ingo Holland hat dieses Experiment nicht nur mit seinen wunderbaren Currymischungen, sondern auch persönlich liebevoll kochend begleitet. Ingo Holland gehört zu den wenigen Köchen, die wissen, wovon sie sprechen, wenn sie mit Wein kochen. Sein umfangreiches Gewürzprogramm und entsprechende Seminare finden Sie unter **www.ingo-holland.de**.

Das Basisgericht für Curry

In einer großen Pfanne in heißem Olivenöl die Auberginenrauten rundherum anbraten. Auf ein Sieb schütten und das Fett herausdrücken. Pfanne wieder erhitzen, abgetropftes Öl zugeben und zuerst Karotten, Lauch und dann die Kaiserschoten kurz anbraten, sodass sie keine Farbe nehmen und knackig bleiben. Auberginen wieder hinzugeben, ebenso den Bambus und die Sojasprossen. Alles schnell durchschwenken, mit etwas Salz abschmecken.

Tigerprawns salzen und mit Espelette-Chili bestreuen. Olivenöl erhitzen und Prawns von einer Seite appetitlich anbraten, wenden und Butter zugeben. Einige Male mit dem schäumenden Fett übergießen. Das Ganze dauert auf jeder Seite etwa 2 Minuten. Das Gemüse auf tiefe Teller verteilen, jeweils einen Prawn darauf arrangieren. Es gibt lediglich Probierportionen, denn Sie müssen das ganze Gericht vier Mal mit unterschiedlichen Saucen verkösten!

Später dann die jeweilige Sauce (siehe Saucenrezepte) aufkochen, mit dem Mixstab emulgieren und aufschäumen. Das Gericht damit großzügig nappieren und mit den zuvor 2 Sekunden in heißem Fett frittierten Chilifäden garnieren. Heiß servieren.

Sautierte Tigerprawns auf thailändischem Gemüse

2 kleine Auberginen (Rauten)
100 ml Olivenöl
2 Karotten (Scheiben)
1 Stange Lauch (nur das Grüne)
100 g Kaiserschoten (Rauten)
100 g Bambussprossen (Streifen)
2 Hände frische Sojasprossen
4 Zehen Knoblauch (gehackt)
Steinsalz
16 geschälte und entdarmte Tigerprawns (wenn möglich Wildfang, ohne Kopf, Kalibrierung 8/12)
2 Tl Espelette-Chili (Piment d'Espelette)
2 El Olivenöl
2 Stück Butter (nussgroß)
einige Chilifäden
200 ml Frittierfett

Jaipur-Curry, mild
mild, erfrischend pikant, sanfte Schärfe

1 El Erdnussöl
1 geh. El Schalotten
  oder Zwiebeln (feingehackt)
1 geh. Tl Tomatenmark
1 Tl Curry Jaipur
200 ml Kokosmilch
200 ml flüssige Sahne
etwas Rohrzucker
Zitronensaft
asiatische Fischsauce
Steinsalz nach Belieben

Jaipur-Curry

Bockshornkleesaat, Korianderkörner, Kurkuma, Kreuzkümmel, Chili, Zitronengras, Ingwer, Fenchelsaat, braune Senfsaat, schwarzer Pfeffer, Kardamomsaat, Knoblauch, Macis (Muskatblüte), Galgant, Zimtblüten u.a. Gewürze.

In einer Kasserolle das Erdnussöl erhitzen, Schalotten hinzugeben, glasig anschwitzen, Tomatenmark unter ständigem Rühren hinzugeben, damit es keine Farbe nehmen kann. Currypulver Jaipur hinzugeben und bei kleiner Hitze mitschwitzen lassen. Achtung: Currypulver nie direkt in heißes Fett geben, da es sonst verbrennt und bitter wird.

Durch das Anschwitzen entfaltet sich der volle Geschmack erst richtig. Mit der gut geschüttelten Kokosmilch und der Sahne ablöschen und einkochen Es sollte nach dem Reduzieren etwa ¼ Liter Sauce übrigbleiben. Von der Hitze nehmen und mit Zucker, Fischsauce (nicht zu sparsam), Limette und Salz abschmecken. Mit einem Stabmixer emulgieren.

Nochmal erhitzen und zu den Prawns mit dem Gemüse servieren. Im Gegensatz zur Thaicurrysauce ist diese Currysauce aufgrund des Tomatenmarks und der Schalotten etwas stärker gebunden.

Süßwein-Typ 1 🍷
leicht & frisch

Was passiert?

Die Currysauce besitzt durch die angeschwitzten Zwiebeln und das im Olivenöl angerösteten Tomatenmark eine zarte Süße sowie Umami durch die fermentierten Sardellen der Fischsauce und des konzentrierten Tomatenmarks. Die Kokosmilch gibt sanfte Cremigkeit und zarte Süße. Die Fischsauce sorgt für Salzigkeit und der Zitronensaft für ausgleichende Säure. Salz und Säure in Kombination wirken hervorragend als natürlicher Geschmacksverstärker. Auf diesen ausgleichenden Komponenten kann sich der sanfte Jaipur-Curry wunderbar entfalten. Ingwer und Knoblauch aus der Currymischung ergeben einen köstlichen Einklang und werden erfrischend Koriander, Fenchel und Zitronengras unterstützt. Die Garnelen und das Gemüse puffern die zarte Schärfe des enthaltenen Chilis.

Resultat

Es entsteht eine harmonische, sehr sanfte Schärfe, die anregend wirkt, die Garnelen und das Gemüse geschmacklich unterstützt. Der Restzuckergehalt von 55 Gramm pro Liter puffert nicht nur die Weinsäure, sondern auch die schmeichelnde Schärfe. Der Kabinett wirkt trockener, ungemein süffig. Der Riesling und die sanfte Schärfe des Jaipur-Currys ergänzen sich hier bestens. Der im Vergleich zu trockenen Weinen höhere Restzuckergehalt maskiert die Schärfe bzw. nivelliert sie einfach. Zugleich übt die Servier-Temperatur des Rieslings von 8 °C eine kühlende Wirkung am Gaumen aus.

2009 Wehlener Sonnenuhr Riesling Kabinett, Geheimrat J. Wegeler, Mosel
(55 g/l RZ | 7,8 S | 9 % Vol.)

Zarter, anregender Duft. Apfel, Pfirsich, eine Spur Honigmelone, leicht kräutig und etwas staubig. Knackige, lebhafte Säure, die die Fruchtsüße auf der Zunge tanzen lässt. Dieser Kabinett befindet sich noch am Anfang seiner Entwicklung. Die Aromatik zeigt

sich im Moment noch etwas süß-sauer und wird mit entsprechender Lagerzeit eine köstliche Harmonie und feinfruchtige Saftigkeit entwickeln. Ein zartgewobener, leichter, sehr erfrischender Riesling Kabinett, der noch viele Jahre vor sich hat und dem man eigentlich gar nicht zutraut, ein pikantes Essen begleiten zu können.

Thaicurry grün, pikant
erfrischend angenehm lebhafte Schärfe

1 El Erdnussöl
40 g Thaicurry-Paste grün »Altes Gewürzamt«
400 ml Kokosmilch
1 Tl Rohrzucker
Saft einer halben Limette
asiatische Fischsauce
Steinsalz nach Belieben

Grüne Thaicurry-Paste
Grüne Chili, Galgant, Zitronengras, Knoblauch, Schalotten, Koriander, Korianderwurzeln, Limettenschale, Limettenabrieb, Limettenblätter, Muskatnuss, Kreuzkümmel u.a. Gewürze

In einer Kasserolle das Erdnussöl erhitzen, die Currypaste hinzugeben, leicht anrösten und dabei mit einem Kochlöffel ständig umrühren. Keine Farbe nehmen lassen. Mit etwa ½ Tasse gut geschüttelter Kokosmilch ablöschen und einkochen, mit dem Rest der Kokosmilch auffüllen und nochmals einkochen lassen.

Es sollte nach dem kurzen Reduzieren etwa ¼ Liter Sauce übrigbleiben. Von der Hitze nehmen und mit Zucker, Limettensaft, Fischsauce nicht zu sparsam und wenn nötig mit Salz abschmecken. Mit einem Stabmixer emulgieren. Nochmal erhitzen und zu den Prawns mit dem Gemüse servieren. Thaicurrysaucen werden nie stark gebunden sondern eher dünnflüssig serviert.

Süßwein-Typ 2 🍷🍷
fruchtig & harmonisch

Was passiert?

Auch hier wird das Curry sanft angeröstet, weil sich durch die Wärme und den Röstvorgang die Aromen erst richtig entfalten. Es darf jedoch nicht zu heiß werden, weil sonst das Curry verbrennt. Die süßliche Zwiebelwürze (Schalotten) ist bereits in der grünen Thaicurry-Paste enthalten. Hinzu kommen frische, ätherische Zitrusaromen wie Zitronengras, Koriander, Limettenschale, Limettenabrieb und Limettenblätter, sowie würzende, warme Noten wie Kreuzkümmel und sanfte Schärfe durch Knoblauch und grünen Chili. Die Currysauce lebt von einer zitronig-ätherischen, sehr angenehmen Schärfe, die von dem ausgepressten Limettensaft, der Fischsauce (Umami) und dem Steinsalz geschmacksanregend unterstützt wird. Auch hier puffern die Garnelen und das Gemüse die zarte Schärfe des enthaltenen grünen Chilis. Die Schärfe können Sie je nach Geschmack durch die samtige Kokosmilch nivellieren, sie verbindet all diese Komponenten sehr einfühlsam mit einem sanften Fettgehalt von gerademal 18 Prozent, der damit wesentlich geringer als der von Sahne (rund 30 Prozent) oder Creme fraîche (rund 40 Prozent) ist.

Resultat

Die grüne Currysauce bietet mit ihren ätherischen, zitronig frischen Aromen eine perfekte Verbindung zu der lebhaften, über die Zunge tanzenden Spätlese, die aufgrund ihrer Säure kein bisschen süßlich wirkt, obwohl sie über einen stattlichen Restzuckergehalt von 91g/l verfügt. Die zitronigen Aromenkomponenten kommen diesem zarten, eleganten Süßwein-Typ wesentlich mehr entgegen als ein rotes Curry. Diese anregende Riesling-Aromatik begleitet das Gericht mit pikanter Schärfe extrem feingliedrig, wobei die Süße die Schärfe maskiert und damit die Entfaltung der lebhaft anregenden Fruchtaromen ermöglicht.

2009 Wehlener Sonnenuhr Riesling Spätlese, Geheimrat J. Wegeler, Mosel
(91 g/l RZ | 7,4 S | 8 % Vol.)

Zarter, anregender Duft, reifer Pfirsich, Melone, eine Spur Honig, leicht kräutrig, etwas rauchig und staubig. Anregende, ziselierte Säure, die die Fruchtaromen samt der anregenden Süße köstlich unterstützt und vibrierend auf die Zunge bringt. Die Spätlese wird mit etwas Reife gewinnen, weil die einzelnen Komponenten harmonisch zusammenfinden und sich feinfruchtig, saftig und süffig entwickeln. Eine typische Mosel-Spätlese mit mittlerer Intensität, köstlich und tänzelnder Leichtigkeit. Ein herrlich erfrischender Tropfen, von dem man bedenkenlos ein Glas nach dem anderen trinken könnte, weil sich Frucht, Säure und Süße auf extrem lebhaft köstliche Art und Weise miteinander verbinden.

Thaicurry rot, scharf
pikant, anregend warm

1 El Erdnussöl
50 g Thaicurry-Paste rot »Altes Gewürzamt«
400 ml Kokosmilch
1 Tl Rohrzucker
Saft etwa einer halben Limette
asiatische Fischsauce
Steinsalz nach Belieben

Rote Thaicurry-Paste
Rote getrocknete Thai Chili, Galgant, Zitronengras, Knoblauch, Schalotten, Koriander, Korianderwurzel, Limettenschale, Limettenabrieb, Limettenblätter, Muskatnuss, Kreuzkümmel u.a. Gewürze

In einer Kasserolle das Erdnussöl erhitzen, die Currypaste hinzugeben, leicht anrösten und dabei mit einem Kochlöffel ständig umrühren. Keine Farbe nehmen lassen. Mit etwa ½ Tasse gut geschüttelter Kokosmilch ablöschen und einkochen, mit dem Rest der Kokosmilch auffüllen und nochmals einkochen lassen.

Es sollte nach dem kurzen Reduzieren etwa ¼ Liter Sauce übrigbleiben. Von der Hitze nehmen und mit Zucker, Limette, Fischsauce nicht zu sparsam und wenn nötig mit wenig Salz abschmecken. Mit einem Stabmixer emulgieren. Nochmal erhitzen und zu den Prawns mit dem Gemüse servieren. Thaicurrysaucen werden nie stark gebunden sondern eher dünnflüssig serviert.

Rote Thaicurrysauce sollte etwas schärfer als grüne sein. Um etwas mehr Schärfe der Sauce zu erreichen, einfach die Menge der Paste etwas erhöhen. Als Einlage können Anisbasilikum, Koriander und Curryblätter verwendet werden.

Süßwein-Typ 3 🍷🍷🍷
elegant & komplex

Was passiert?

Die Paste aus rotem Thaicurry wird sanft angeröstet und entfaltet dabei ihr Aroma. Obwohl roter Thaicurry und Chili die Basis bilden, sorgen Zitronengras, Koriander, Limettenschale, Limettenabrieb und Limettenblätter für eine ätherisch zitronige Aromatik. Würzige, warme Noten von Kreuzkümmel und Muskatnuss runden den Geschmack ab und geben am Schluss einen anregend pikanten Reiz frei, der trotz der deutlich spürbaren Schärfe appetitanregend wirkt und angenehm nachhallt. Auch diese Currysauce gewinnt durch die zitronig-ätherischen Aromen, die von dem Limettensaft, der Fischsauce (Umami) und dem Steinsalz geschmacksanregend unterstützt werden. Die Schärfe können Sie durch die mild-süße Kokosmilch nivellieren, sie verbindet all diese Komponenten sehr einfühlsam mit ihrem Fettgehalt. Falls Sie mehr Schärfe benötigen, geben Sie einfach etwas mehr Currypaste in die Sauce.

2009 Wehlener Sonnenuhr Riesling Auslese, Geheimrat J. Wegeler, Mosel
(108 g/l RZ | 8,4 S | 8 % Vol.)

Recht intensiver Duft, Aprikosen- und Honigaromen, sehr konzentriert, dicht und ungeheuer komplex. Angenehm gereift, vielschichtig, rauchig und aromaintensiv. Die Süße wird perfekt von lebhafter Säure balanciert, was der facettenreichen

Resultat

Der Schärfereiz dieses Currys wirkt angenehm im Nachhall, belegt kurzfristig den Gaumen und macht sich dann warm und appetitanregend breit. Unsere Auslese ist fast eine Idee zu zart und könnte durchaus ein paar Gramm Zucker mehr haben, aber die Tigerprawns und das Gemüse lassen mit Eiweiß und Stärke eine Pufferzone für die Säure entstehen. So bleiben im Nachhall saftig reife Aprikosennoten, dichter Schmelz und vibrierende Frucht, was sich aufgrund der Gewürze und der Schärfe zu einem echten Geschmackserlebnis vereint! Die Schärfe der Sauce balanciert die Süße. Oder umgekehrt: Die Süße balanciert die Schärfe. Es handelt sich um eine Kombination, die nicht durch eine harmonische Verbindung, sondern durch die Gegensätzlichkeit lebt. Die Süße hebt die Schärfe auf, beides gleicht sich gegenseitig aus und ergibt geschmacklich ein balanciertes Ganzes.

Auslese eine anregende, süffig saftige Intensität verleiht. Langer Nachhall, der von reifen Aprikosen, Orangenzesten und Kumquatkonfitüre eingeleitet wird und immens lange auf der Zunge bleibt. Eine jugendliche, kraftvoll elegante Auslese mit vibrierender Aromatik und entsprechender Brillanz, die Potenzial für eine lange Lagerung besitzt und Lust auf ein weiteres Glas macht.

Curry Goa, sehr scharf
extrem, fast brennend, hot

1 El Erdnussöl
1 geh. El Schalotten oder Zwiebeln
100 g Pizzatomaten
1 geh. Tl Curry Goa
300 ml Kokosmilch
100 ml flüssige Sahne
Rohrzucker
Zitronensaft
asiatische Fischsauce
Steinsalz nach Belieben

Curry Goa

Schwarzer Pfeffer, Bockshornklee, Chili, Kurkuma, Koriander, Kreuzkümmel, rosenscharfe und edelsüße Paprika, Sternanis, Fenchelsaat, Kardamom, Senfsaat, Ingwer, Galgant, Schwarzkümmel, Macis, Langpfeffer, Zitronengras, Gewürznelken, Zimtblüten

In einer Kasserole das Öl erhitzen, gewürfelte Schalotten hinzugeben, glasig anschwitzen, Tomaten hinzugeben und dabei mit einem Kochlöffel bewegen damit sie keine Farbe annehmen. Currypulver Goa hinzugeben und bei kleiner Hitze reduzieren, bis sich die Flüssigkeit vom Fett trennt. Achtung: Currypulver nie direkt in heißes Fett geben, da es sonst verbrennt und bitter schmeckt.

Durch das Anschwitzen entfaltet sich der volle Geschmack erst richtig. Mit der gut geschüttelten Kokosmilch und der flüssigen Sahne ablöschen und einkochen. Es sollte nach dem Reduzieren etwa ¼ Liter Sauce übrigbleiben. Von der Hitze nehmen und mit Zucker, Limette, Fischsauce nicht zu sparsam und falls nötig mit wenig Salz abschmecken. Mit einem Stabmixer emulgieren. Nochmal erhitzen und zu den Prawns mit dem Gemüse servieren.

Süßwein-Typ 4 🍷🍷🍷🍷
kraftvoll & opulent

Was passiert?

Als Basis dienen Schalotten. Sie werden angeschwitzt und mit den süßlich saftigen Tomaten abgelöscht. Nun kommt der scharfe Goa Curry ins Spiel: alles wird reduziert, bis sich die Flüssigkeit vom Fett trennt. Erst dann kommen der besänftigende Einfluss von Kokosmilch und die geschmacksverstärkende Wirkung von Limettensaft, Salz und Fischsauce (Umami) hinzu. Die Komponenten verstärken sich gegenseitig und geben den Weg für die würzig scharfen Inhaltstoffe frei: schwarzer Pfeffer, Chili, rosenscharfer Paprika und Senfsaat. Hinzu kommen erfrischende, ätherische Komponenten wie Ingwer, Zitronengras, Gewürznelken und Zimtblüten, was dem Curry neben seiner intensiven Schärfe ein würziges Aroma verleiht. Das Spiel zwischen Frucht, Salz, betörender Süße und belebender Säure bringt die Frische, setzt die Schärfe ins rechte Licht und gibt damit der Kombination den notwendigen Pepp.

Resultat

Dieser üppige Süßwein-Typ kommt mit der intensiven Schärfe bestens zurecht. Interessanterweise nimmt sich die Süße des Weines total zurück, nivelliert dabei die Schärfe und stellt stattdessen die saftigen Fruchtaromen in den Vordergrund. Je schärfer die Sauce oder das Gericht, desto höher sollte der Zuckergehalt des Weines sein. Weine mit hoher Süße, wenig Alkohol und Frucht vertragen sich gut mit extremer Schärfe. In Kombination mit dem Curry wirkt diese Beerenauslese geradezu jugendlich, verführerisch tiefgründig und zugleich lebhaft verspielt. Trotz der hohen Süße tanzt sie über die Zunge!

2009 Wehlener Sonnenuhr Riesling Beerenauslese 103°, Geheimrat J. Wegeler, Mosel
(219 g/l RZ | 9,4 S | 8 %Vol.)

Intensiver Duft von getrockneten Aprikosen, Orangenkonfitüre und Honig. Hinter der Aromenkonzentration brilliert die Beerenauslese mit Zitrus, Ananas, Mango und sehr lebhafter Säure. Muss sie auch, denn der hohe Restzuckergehalt wäre geradezu unangenehm süß, wenn er nicht durch eine entsprechende Säure balanciert würde. Stellen Sie sich vor, Sie müssten 219 Gramm Zucker gelöst in einem Liter Wasser probieren. Das entspräche einem Zuckeranteil von mehr als 20 Prozent und würde einfach nur noch pappig süß schmecken, wenn keine ausgleichende Säure im Spiel wäre. Die lebhafte Balance zwischen Frucht, Süße und Säure ist das Besondere und verleiht diesem extrem üppigen Süßwein-Typ eine einzigartige Anmutigkeit.

Ungeschriebene Gesetze

Freund und Feind
Praktische Faustregeln für mögliche Partnerschaften

Weine und Speisen – die reinste Beziehungskiste. Wer kann mit wem? Bei welchen Partnern stimmt die Chemie, bei welchen nicht? Eine vinophile Beziehungsberatung für unerbittliche Gegner und treue Partner.

Teilen wir die Lebensmittel in zwei Gruppen. Die eine umfasst solche Lebensmittel, die sich absolut nicht mit Wein verstehen, es sei denn, man integriert sie mit „puffernden" Nahrungsmitteln zu einer harmonischen Gesamtrezeptur. Auf diese Beziehungsmuffel müssen Sie beim Kombinieren besonders achten und sie vorsichtig einsetzen. Die zweite Gruppe besteht aus den geselligen Lebensmitteln, die sich auf den richtigen Weinpartner »freuen« und das geschmacklich auch zum Ausdruck bringen. Das sind klassische, meist kulturell gewachsene Kombinationen. Es lohnt sich, sie zu kennen, denn in der Regel liegt man damit immer richtig.

In diesem Kapitel geht es also um die Frage: Freund oder Feind? Neben den Verbindungen, bei denen »Hopfen und Malz« verloren ist, widmen wir uns intensiv den wirklich delikaten Beziehungen. Es wird ausführlich erklärt, warum eine Kombination funktioniert und warum nicht. Während Matjes jeden Wein an die Wand spielt und ein kühles Blondes bevorzugt, schmiegt sich saftiger Spargel herrlich köstlich an frischen Silvaner an. Dass Weißwein viel besser als Rotwein zum Käse passt, ist auch nicht jedem bekannt. Derweil liebt es Schokolade je nach Gusto weiß und auch rot. Und wissen Sie eigentlich, warum Pinot Noir so gut zum fetten Gänsebraten passt?

Was muss man wissen, um erfolgreich kombinieren zu können?

Wenn Sie jetzt weiterlesen, ist allerdings Vorsicht geboten. Sie werden sowohl Geduld als auch eine gesunde Portion Neugier und vor allem viel Zeit zum Probieren benötigen, um entsprechende Kombinationsfertigkeit zu erlangen. Zudem kann dieser Zeitvertreib zu einer echten Leidenschaft werden – ganz abgesehen von der unvermeidlichen Kalorienzufuhr.

Feinde

Grundsätzlich: Es gibt Lebensmittel, die sich so gut wie gar nicht mit Wein vertragen. Zumindest in roher und singulärer Form. In Verbindung mit Wein kommt es zu einem Zusammentreffen unverträglicher Komponenten, die sich katalysatorisch eher verstärken und damit geschmackliches Unheil anrichten. Diese Lebensmittel sind – wenn überhaupt – nur in Kombination mit puffernden Elementen, die extreme Inhaltsstoffe ausgleichen und harmonisieren – weinkompatibel.

Freunde

Bei freundschaftlichen Verbindungen zwischen Wein und Speisen handelt es sich in der Regel um überlieferte, über Jahrhunderte historisch und kulturell gewachsene, in der Regel regionale Paarungen. Frankreich hat in dieser Hinsicht den anderen Ländern einiges an Ess- und Trinkkultur voraus, denken Sie nur an Meeresfrüchte mit einem spritzigen Muscadet oder an Bœuf Bourguignon mit elegantem Pinot Noir. Aber es gibt eigentlich überall auf der Welt spannende Beispiele. Sie werden kaum grobe Fehler begehen, weil diese Regeln gesetzt und seit Generationen erprobt sind.

Feinde	Freunde
Artischocke	Meeresfrüchte & Muscadet
Spinat	Spargel & Silvaner
Tomaten	Maultaschen & Trollinger
Obst	Ziegenkäse & Sancerre
Rettich, Radieschen	Coq au Vin & Beaujolais
Wasabi	Munster & Gewürztraminer
Senf	Käsefondue & Fendant
Matjes	Stilton & Port
Sauerkraut	Choucroute & Elsässer Riesling
Joghurt	Entrecôte & Bordeaux
Milcheis	Bœuf Bourguignon & Pinot Noir
Kaffee	Stopfleber & edelsüße Weine

Fazit: Diese Auflistung soll Ihnen lediglich eine Richtlinie bieten, erhebt aber keinen Anspruch auf Vollständigkeit. So kann beispielsweise Sauerkraut (eigentlich ein Beziehungsmuffel) in Kombination mit anderen Lebensmitteln sehr wohl zu einem Wein passen (siehe Choucroute & Elsässer Riesling). Trotz aller erprobter Theorie, es bleibt dabei: Sie müssen sich durchprobieren und lernen, was Ihnen sprichwörtlich die Sinne raubt oder jeglichen Appetit vergehen lässt. So wird Geschmack sowohl vom Zusammenspiel lebensmittelchemischer Parameter geprägt, als auch von den Regeln und Erfahrungswerten unserer Kultur, die wir und unsere Vorfahren in unserem Leben gesammelt haben.

Feinde

Artischocke (gekocht)

Der hohe Gehalt an Bitterstoffen macht dem begleitenden Wein schwer zu schaffen. Vor purer Artischocke muss jeder Wein kapitulieren. Er entwickelt herbe, geradezu metallische Noten, verliert alle Fruchtaromen, schmeckt einfach, dünn und säuerlich. Vorhandene Restsüße wird erbarmungslos in den Vordergrund geschoben, die Tannine eines Rotweins verstärken sich ins Bittere und Adstringierende.

Die Bitterstoffe der Artischocke (Cynarin) verhindern im hinteren Mundraum die Aufnahme der Fruchtaromen, weil sie die zuständigen Sensoren (Rezeptoren) belegen. Sie übertönen dadurch völlig dominant die sensiblen Fruchtaromen. Artischocken werden wegen ihrer Bitterstoffe üblicherweise mit Salzwasser und Zitrone gekocht. Warum? Die Zitrone macht das Wasser sauer und hilft, im kochenden Wasser das bittere Cynarin zu zersetzen.

Die Kompatibilität von Artischocken und Wein hängt also ganz entscheidend vom Kochprozess ab – und davon, welche Sauce man zu den Artischocken serviert.

Spinat (roh)

Spinat enthält neben relativ hoher Säure auch Oxalatkristalle. Diese kleinen Kristalle legen sich auf die Zunge, Zähne und auf den gesamten Gaumen. Sie sind für den unangenehmen pelzigen Eindruck verantwortlich, der den Gaumen – ähnlich wie die Tannine eines jungen Rotweines – belegt. Wenn man Spinat solo und vor allem roh zu einem Wein serviert, treffen Säure und Oxalatkristalle in Form von fühlbarer Pelzigkeit ungebremst auf die Gerbstoffe des Weines und sorgen für eine regelrechte Gerbstoffexplosion. Bei saftigen, frischen Weinen werden die zarten Fruchtaromen geradezu zerstört, während im Barrique ausgebaute Weine mit rohem Spinat durch die enthaltenen Gerbstoffe grundsätzlich kooperieren.

Rotwein mit jungen, ausdrucksvollen Tanninen kommt mit der Wirkung der Oxalatkristalle besonders gut zurecht. Ihm macht lediglich die im Spinat enthaltene Säure zu schaffen. Im Nachhall wird er stumpf, rustikal und zeigt holzige Noten.

Wenn Spinat gekocht ist, haben es die verschiedenen Weintypen insgesamt leichter und zeigen deutlich mehr Frucht. Die Oxalatkristalle lösen sich beim Kochprozess vom Spinat und verbleiben im Kochwasser. In der Kombination mit gekochtem Spinat können die Fruchtaromen des Weins also wieder in den Vordergrund rücken.

Tomaten (roh)

Die Säure und der grüne, vegetabile, pflanzlich-bittere Eindruck von rohen Tomaten bringt Wein sofort ins Schleudern. Verantwortlich ist neben der Säure das Alkaloid Solanin, auch Tomatin genannt. Die Bitterkeit der Tomaten verstärkt die saure Komponente im Wein und bildet eine undurchdringliche Barriere. Leichte Weine verlieren jegliche Frucht, zerfallen und schmecken nur noch sauer. Aber auch die etwas kräftigeren Weine reagieren säuerlich auf den Bittergehalt der roten Früchte. Enthaltene Gerbstoffe werden ruppig, wirken adstringierend, und der Alkohol tritt unangenehm und süßlich in den Vordergrund.

In getrockneter Form oder als Tomatencoulis wirken Tomaten allerdings wie ein natürlicher Geschmacksverstärker, weil sie in dieser konzentrierten Form mit natürlichem Umami als Zutat in einem Gericht angenehm würzend wirken. Denkt man an tomatenhaltige Ketchup- oder Grillsaucen (die alle Tomate in konzentrierter Form enthalten), verändert sich die Aussage. Diese industriell hergestellten Produkte enthalten neben Geschmacksverstärkern natürlichen (Umami) und künstlichen (Glutamat) Ursprungs eine gehörige Portion Zucker. Grundsätzlich gestaltet sich deshalb die Kombination von Grillsaucen mit Wein schwierig, oftmals passt aufgrund der Süße ein frisch gezapftes Bier besser. Sie können sich dieses Wissen allerdings zunutze machen und mit Ketchup oder Tomaten einfache, weiche Rotweine aufpeppen.

Obst (roh und säurehaltig)

Die meisten Obstsorten enthalten neben Fruchtzucker (Fructose) eine nicht unwesentliche Portion Säure. Diese Inhaltsstoffe bilden einen Beziehungskonflikt, weil sie deckungsgleich auch im Wein enthalten sind. Gleich und Gleich gesellt sich eben nicht immer gern. Je nach Obstsorte, Reifezustand, enthaltenem Zucker und Säure können rohes Obst und Wein sich also gegenseitig demontieren, weil im Mund eine Konkurrenzsituation entsteht. So dominiert rohes, säurehaltiges Obst jeden Wein, während es sich in gegarter Form (Kompott etc.) wesentlich einfacher kombinieren lässt. Warum das so ist? Die aggressiven Säuren wandeln sich unter Hitzeeinwirkung um oder verflüchtigen sich.

Dijon-Senf

Senf verhält sich aufgrund seiner Schärfe in der Wirkung zu Wein ähnlich wie Wasabi und Meerrettich. Dominant agiert hier die Verbindung von Süße (zugesetztem Zucker), Säure und Schärfe. Senf ist deshalb genau wie Wasabi und Meerrettich nur in abgemilderter Form als Gewürz in Saucen, Marinaden etc. mit Wein verträglich. Der enthaltene Zucker ruft bei Weinen eine unangenehme Süße hervor. Auch in dieser Verbindung ist ein kühles Blondes der bessere Partner. Bier nimmt dem Senf viel von seiner Schärfe und bleibt trotzdem in seinem ursprünglichen Geschmack bestehen.

Rettich, Radieschen (roh)

Alle Arten von Meerrettich, Rettich, Radieschen, weiße Rüben, deren Sprossen und Wasabi sind aufgrund von Säure, Bitterstoffen, Schärfe und ätherischen Ölen für Wein sehr problematisch. Die eigentliche Schärfe kommt durch den Inhaltsstoff »Allylsenföl« zustande. Wasabi unterscheidet sich, weil es über eine Extra-Portion Schärfe verfügt, die solo mit Wein völlig inkompatibel ist, jegliche Frucht und Aromatik eines Weines zerstört und stattdessen den Gaumen mit einer unangenehmen Bitterkeit belegt. Allylsenföl ist wesentlich aggressiver als die sensiblen Fruchtaromen, es legt sich sofort auf die entsprechenden Rezeptoren. Die zarten Fruchtaromen haben dann keine Chance mehr, wahrgenommen zu werden. Der Alkohol verhält sich neutral und tritt überhaupt nicht in Erscheinung. Es handelt sich um eine Konkurrenzsituation: Die Schärfe verhindert, dass der Alkohol in den Vordergrund gelangt.

Anmerkung: Zu diesen scharfen Zeitgenossen passt ein frisches Bier hervorragend. Die im Bier enthaltene Zuckerart Maltose mildert die Schärfe deutlich ab, verliert aber trotzdem seinen Geschmack nicht. Sicherlichein Grund, warum die bayerische Brotzeit mit »Radi« (Rettich), Radieschen oder Meerrettich am besten von einem frisch gezapften Bier begleitet wird. Im asiatischen Raum, wo mit einer für Europäer besonders schwer verträglichen Schärfe gekocht wird, serviert man neben Bier auch gerne Riesling mit deutlicher Süße zum Essen. Eine Art Universallösung für Weinfreunde: Weine mit Frucht und Süße (Fruktose) mögen nämlich

Schärfe – jedoch nur bis zu einem gewissen Grad. Dabei gilt, je mehr Schärfe, desto mehr Süße. Aber Vorsicht, irgendwann kippt dieses zarte Gebilde, spätestens, wenn die Süße pappig und hoch dosiert ist. Also auch hier gilt: Probieren geht über Studieren.

Sardellen

Sardellen (italienisch: sardella; lateinisch: sarda; spanisch: anchoa; französisch: anchois) sind etwas kleiner als Sardinen, gehören aber auch zur Familie der Heringe. Sie sind nicht mit den milderen Sprotten zu verwechseln. In der süd- und mitteleuropäischen Küche werden sie vielseitig als würzende Zutat verwendet. Sardellen werden filetiert, eingesalzen und reifen teilweise über Jahre, bis sie eine mürbe Konsistenz bekommen. Während dieser Lagerung entsteht durch Fermentation der natürliche Geschmacksverstärker Umami. Wegen des intensiven Aromas sind sie nur in Verbindung mit anderen »puffernden« Lebensmitteln mit Wein kompatibel. Meist werden sie – als Paste oder in kleinen Filetstückchen – als würzende, salzhaltige Zutat mit intensivem Fischgeschmack verwendet.

Sauerkraut

Der saure Geschmack des fermentierten Weißkohls und die enthaltene Milchsäure sind im Rohzustand nicht verträglich für Wein. Leichte, frische Weine entwickeln eine aggressive Säure und verlieren ihre Frucht. Kräftige, im Barrique ausgebaute Weißweine präsentieren sich alkoholisch, breit und süßlich, während Rotwein völlig auseinanderfällt, unangenehm weich und eindimensional wird. Erst wenn das Kraut gekocht ist, ein herzhafter Schweinebraten ins Spiel kommt, Nürnberger Rostbratwürste oder zum Beispiel zum Choucroute Speck, Würste, Salzkartoffeln oder rahmiges Kartoffelpüree, wird die Säure geschmacklich »abgepuffert«. Ein kraftvoller Riesling aus dem Elsass fühlt sich in dieser Gemengelage ausgesprochen wohl. Praktisch: Sie können sich bei der Weinauswahl den Umkehrschluss zunutze machen und einen üppigen, eher säurearmen Wein mit Hilfe des Krautes zu entsprechender Lebhaftigkeit verhelfen.

Matjes

Das Fleisch eines guten Matjes ist besonders zart und fettreich. Matjes wird traditionell in Fässern gelagert und durch eine salzige Pökellake konserviert. Man erkennt ihn am hellen, marzipanfarbenen Fleisch. Frischer Matjes besticht mit seinem leicht butterartigen, an Meer und Algen erinnernden Geruch und dem viskosen, salzigen, jodartigen, den Mund füllenden Geschmack. Diese Komponenten verursachen zusammen mit dem Fettgehalt einen undurchdringlichen Geschmacksbelag im Mund. Wer jemals versucht hat, Matjes und Wein zu kombinieren, wird irgendwann genervt auf ein kühles Bier ausgewichen sein. Die Fruchtaromen des Weins werden regelrecht demontiert und in unangenehme, süßliche und auch bittere Noten umgewandelt. Während so jeder Wein scheitert, eignet sich die leichte Bitterkeit eines kühlen Blonden perfekt, um den intensiven Matjesgeschmack erfrischend zu begleiten und den Mund auf den nächsten Bissen vorzubereiten. Das Bier absorbiert den Fettgehalt wesentlich besser als der Wein. Ähnlich verhält es sich übrigens mit Bränden. Denken Sie an einen guten Bockbierbrand oder einen Aquavit.

Joghurt

Wein schafft es in der Regel nicht, den cremigen Joghurtgeschmack zu überwinden. Der Mund wird von der kühlen, säuerlichen, fetthaltigen Empfindung völlig ausgekleistert. Für einen guten Schluck Wein ist hier leider kein Platz. Im wahrsten Sinne des Wortes: Joghurt verdrängt die Weinaromatik und verstärkt alle Aromen auf unangenehme Weise. Ein ähnliches Phänomen ist der für Deutschland typische Magerquark, auf den ein Wein ähnlich wie auf Joghurt reagiert. Die Situation verändert sich allerdings völlig, sobald Quark über einen höheren Fett- und Salzanteil verfügt. Denken Sie zum Beispiel an fettreichen Frischkäse aus Kuh- oder Ziegenmilch, sie lassen sich hervorragend mit fruchtigen, zarten Süßweinen kombinieren. Angemachter Kräuterquark mit Pellkartoffeln bevorzugt dagegen ein frisch gezapftes Pils, der würzige Hopfengeschmack und die süßliche Maltose ergänzen sich perfekt mit dem salz- und sahnehaltigen Kräuterquark.

Milcheis

Diese Delikatesse lässt jeden Wein eiskalt abblitzen. Das hat nicht nur mit dem hohen Zucker- und Fettgehalt (Sahne) zu tun, sondern vor allem mit der Temperatur. Die Kälte hemmt sämtliche Geruchs- und Geschmacksempfindungen. Fatal ist daher die lange Zeit gepflegte Unsitte des eingeschobenen Sorbets zwischen Vorspeise und Hauptgericht für die Weinbegleitung. Für die Zunge eine regelrechte Tortur, wirkt sich das Sorbet katastrophal auf den nachfolgenden Wein und seine Aromatik aus. Erschwerend sind Gerbstoffe, denn diese sind gerade bei kälteren Temperaturen wesentlich intensiver wahrnehmbar. In Kombination mit Rotwein wird die Eis- zur Tanninbombe!

Kaffee

Kaffee zerstört für mindestens 30 Minuten die sensorische Aufnahmefähigkeit für Wein – stimmt nicht! Im Gegenteil: Zunächst wirkt Kaffee wie ein Katalysator, intensiviert die Rezeption der Inhaltsstoffe und verstärkt sowohl die Fruchtaromen als auch das Säureempfinden.

Trotzdem lässt der Kaffee sich nicht verdrängen, behält in dieser Kombination das letzte Wort und bildet unumstößlich das herbe Finale. Ein junger, fruchtiger Rotwein mit mittlerem Tanningehalt zeigt in Kombination mit Kaffee wiederum all seine Attribute gestochen scharf. Und nicht nur das, Kaffee und Wein ergänzen sich in diesem Fall perfekt. Frische, dunkle Beerenfrucht, eine lebhafte Säure sowie schokoladenartige Röstaromen entwickeln sich parallel und glänzen gemeinsam. Dieses Experiment wurde mit einem Kaffee aus der Espressomaschine gemacht. Ein Filterkaffee, der wesentlich länger Kontakt mit dem Kaffeepulver hatte, wird sicherlich Bitternoten in verstärkter Form an den Tag legen, erst recht, wenn er lange warm gehalten wurde.

Freunde

Meeresfrüchte und Muscadet

Ein Muscadet ist ein einfacher und unkomplizierter Wein, der durch seine knackige Säure, leichte Art und zarte Hefenoten besticht. Er schmeckt frisch, fruchtig, mit Aromen von Apfel und Zitrus. Dieser klare, lebhafte Geschmack bietet eine perfekte Verbindung zu Meeresfrüchten und Krustentieren, die in der Regel roh gegessen oder vor dem Verzehr kurz in Salzwasser gegart werden. So kann sich der süffige Wein entwickeln und seine Aromen in den Vordergrund spielen. Die Weinsäure wirkt belebend und erfrischend.

Spargel und Silvaner

Spargel mag keine Säure, dagegen wehrt er sich mit unangenehm bittern, metallischen Noten. Und da er selten alleine verspeist wird, spielen die klassischen Begleiter wie Sauce Hollandaise, zerlassene Butter (Fett) und Kartoffeln (Stärke) auch noch eine Rolle. Man benötigt also einen Wein, der neben zarter Frucht ausreichend Substanz und Schmelz besitzt, um sowohl mit den vegetabilen Aromen als auch mit Fett und Stärke klarzukommen. Diese Attribute machen den Silvaner zu einem perfekten Partner, der durch die Kombination mit Spargel oft noch zusätzlich aufgewertet wird.

Maultaschen und Trollinger

Maultaschen sind eine Spezialität der schwäbischen Küche und bestehen aus Nudelteig mit einer Grundfüllung aus Brät, Spinat, Zwiebeln und eingeweichten Brötchen. Sie werden entweder in kochendem Wasser oder in einer Fleischbrühe gegart, in der sie dann als Suppeneinlage auch gleich serviert werden können. Außerdem kann man sie »geschmälzt« genießen, dann werden die gegarten Maultaschen mit gebräunter Butter und gebratenen Zwiebeln übergossen. Zu diesem bodenständigen, recht reichhaltigen Gericht passt am besten ein fruchtiger, unkomplizierter Trollinger, der mit seinem geringen Gerbstoffgehalt und seiner angenehmen Säure unterstützend anregt und Lust auf den nächsten Bissen macht.

Ziegenkäse und Sancerre

Der Weißwein aus Sancerre (Rebsorte Sauvignon Blanc) und der Ziegenkäse Crottin de Chavignol tragen die Herkunftsbezeichnung Appellation d'Origine Contrôlée (AOC) und dürfen nur in der Gegend um Sancerre produziert werden. Je nach Jahreszeit und Reifegrad kann der Käse mild, säuerlich, leicht nussig oder fast schon cremig-kalkartig schmecken. Ein fruchtbetonter Sauvignon Blanc mit grasigen Aromen und einer anregenden Säure passt bestens zu dessen intensiven Aromen. Wein und Käse bleiben beide in ihrer ursprünglichen Ausprägung erhalten und ergänzen sich perfekt.

Coq au Vin und Beaujolais

Coq au Vin (französisch: »Hahn in Wein«) gilt als eines der französischen Nationalgerichte. Es gibt sicherlich unzählige Zubereitungsvariationen von Coq au Vin, aber die klassische Variante kommt ursprünglich aus dem Burgund. Die in Rotwein marinierten Hühnerteile werden mit Speck und Zwiebeln knusprig angebraten. Anschließend schmort man sie am besten sanft in einem gusseisernen Topf mit Kräutern, Gewürzen und einem fruchtig leichten Rotwein. Das kann sowohl ein frischer Burgunder als auch ein herrlich saftiger, fruchtbetonter Beaujolais sein. Hühnerfleisch nimmt Wein- und Gewürzaromen besonders gut auf.

Munster und Gewürztraminer

Der Munster ist ein Kuhmilch-Weichkäse mit gewaschener Rinde und einem würzig-rustikalen und leicht säuerlichen Geschmack. Charakteristisch sind der Geruch, der glatte, weiche Teig und die schmierig-rötliche Rinde. Sachkundig gereifter Munster schmeckt mild, aber intensiv. Gewürztraminer mit einem Hauch Restsüße eignet sich als Begleiter besonders gut, weil seine milde Säure, der oftmals hohe Alkoholgehalt und die ausdrucksstarken Aromen (Mirabellen, reife Aprikose, Rosenduft, Marzipan) die würzige Cremigkeit und Salzigkeit des Munsters optimal unterstützen.

Käsefondue und Fendant

Geschmolzener Bergkäse (Vacherin, Greyerzer, Appenzeller), Walliser Fendant, ein Schuss Kirschwasser und ein herzhaftes Bauernbrot mit knuspriger Kruste, um die gehaltvolle Masse aufzunehmen: Lecker! Bei Fendant de Wallis handelt es sich um einen säurearmen, trockenen Wein aus der Rebsorte Chasselas (Gutedel), der eine deutliche Mineralität aufweisen sollte, um das Käsefondue perfekt zu begleiten. Rotwein hätte kaum eine Chance, denn seine Tannine würden mit dem Käsefondue bitter aufstoßen.

Stilton und Port

Der Käse besitzt ein ausgeprägt nussiges Aroma und schmeckt im Gegensatz zu Roquefort fast mild, angenehm fruchtig und würzig. Er ist ein typischer Saisonkäse. Der beste Stilton wird im Sommer produziert und gelangt im Spätherbst und in den Wintermonaten in den Verkauf. In England wird Stilton traditionell mit Portwein gereicht oder sogar übergossen. Dazu wird in eine kleine Vertiefung im Käselaib etwas Portwein gegossen. Dann wird mit einem Löffel eine cremige Stilton-Portwein-Paste herausgearbeitet. Die Kombination lebt von der extremen Verbindung von würzig-salzigen Käsearomen und der intensiven Süße und köstlichen Fruchtaromatik des Portweins.

Stopfleber und edelsüße Weine

Zu der gehaltvollen Stopfleber passen hervorragend Weine mit intensiver Süße und konzentrierten Fruchtaromen. Die Balance bzw. das Zünglein an der Waage bildet dabei die unterstützende Säure des Weines. Nicht umsonst serviert man zu vielen Stopflebergerichten Obst in Form von sautierten Äpfeln, karamellisierten Birnenspalten, fruchtigen Gelees, Chutneys und Kompott. Zusätzlich unterstützend wirken einige Körnchen Fleur de Sel und Früchtebrot. Diese Allianz birgt Suchtpotential, sie gleicht einer delikaten Geschmacksexplosion.

Entrecôte und Bordeaux

In einem Wein aus Bordeaux vereinen sich meist mehrere Rebsorten: je nach Gebiet zu einem hohen Anteil Cabernet Sauvignon, Merlot, Cabernet Franc und/oder kleine Mengen Petit Verdot und/oder Malbec. Speziell in jungen Jahren weisen diese Weine eine gehörige Portion Gerbstoff, kernige Paprika-, Johannisbeer- und kräftige Holznoten auf. Die intensiven Röstaromen des scharf angebratenen Fleisches lassen die adstringierenden, herb wirkenden Gerbstoffe des Weines geradezu dahinschmelzen und geben den Weg für die noch jugendlichen Fruchtaromen frei. Selbst ein verschlossener Bordeaux entwickelt sich in dieser Kombination faszinierend köstlich und macht geradezu Lust auf das nächste Glas.

Choucroute und Elsässer Riesling

Dieses üppige Gericht besteht aus mild gekochtem Sauerkraut, Zwiebeln, Fleisch, Speck und Würsten mit hohem Fettgehalt. Der Wein, der dieser gehaltvollen Kombination standhalten soll, benötigt Mineralität, Frucht, Substanz und ein gewisses Maß an Säure, um das Fett zu absorbieren. Dieses Gericht ist sozusagen maßgeschneidert für tiefgründige, opulente Elsässer Rieslinge.

Bœuf Bourguignon und Pinot Noir

Es handelt sich um ein herrliches Schmorgericht, das speziell für Pinot Noir gemacht zu sein scheint. Durch das Anbraten des Fleisches entstehen Röstaromen, die im Schmorprozess jedoch wieder aufgeweicht werden. Das beigegebene Wurzelgemüse, Sellerie, Zwiebeln und Möhren, sorgt für eine sämige, leicht süßliche Schmorsauce, die den Pinot angenehm fruchtig erscheinen lässt, die Säure hervorragend integriert und alles zusammen in den Geschmackshimmel hebt.

Tipp: Probieren Sie mal einen Partnertausch. Sie werden sehen: Ein Bordeaux verliert durch die weichen Röst- und die leicht süßlichen Schmoraromen des Bœuf Bourguignon seine Frucht, wird unangenehm staubig und tanninlastig. Dem eleganten, eher säurehaltigen Pinot Noir machen die intensiven, leicht bitteren Röstaromen des Entrecôte zu schaffen. Die Frucht verändert sich unvorteilhaft in reife, erdbeerige Aromen, der Pinot Noir wird langweilig und weich.

Fleisch & Wein Auch wenn jeder schon einmal diese angebliche Faustregel präsentiert bekommen hat: Nicht die Farbe des Fleisches, sondern die jeweilige Zubereitungsart liefert den Hinweis für den passenden Wein und seine Farbe. Gekochtes oder pochiertes Fleisch harmoniert oft sehr gut mit Weißwein, während gegrilltes, gebratenes oder geschmortes Fleisch fast ausschließlich Rotwein bevorzugt. Aufgrund der Zubereitungsart entsteht eine Kruste mit Röstaromen – Maillard-Reaktion (siehe Seite 97) – die in den Tanninen und Gerbstoffen der Rotweine eine harmonische Verwandtschaft findet.

Fisch & Wein Ausnahmen bestätigen die Regel. Nach diesem Grundsatz kann man die oben gemachte Aussage über die Bedeutung der Zubereitungsart beim Fleisch leider nicht hundertprozentig auf Fisch übertragen. Fisch-Eiweiß und kräftige Rotwein-Gerbstoffe vertragen sich nicht so gut. Sobald ein Fisch gegrillt oder gebraten ist, könnte aufgrund der Maillard-Reaktion ein leichter Rotwein ins Spiel kommen. Leichte, fruchtige Rotweine besitzen in der Regel wenige Tannine und wirken geschmacklich ähnlich wie Weißwein. Da sich das Fischfleisch selbst eher neutral verhält, hängt die Wahl des Weines besonders von der Sauce und den Beilagen ab.

Gänsebraten & Pinot Noir Zu einem fetten Gänsebraten mit knuspriger Kruste passt am besten ein jugendlich frischfruchtiger Pinot Noir. Man benötigt für diese Kombination einen Wein mit Gerbstoffen, Fruchtaromen und einer entsprechenden Lebhaftigkeit – also Säure. Der Wein muss die Gans mit all ihren Beilagen unterstützend begleiten und Lust auf den nächsten Bissen machen. Stellen Sie sich einen kräftigen, alkoholschweren australischen Shiraz vor. Die Gans würde Ihnen förmlich im Hals stecken bleiben. Anmerkung: Denken Sie an die »Weintypen«! Weine ähnlichen Charakters reagieren gleich. Sangiovese und Nebbiolo sind in der Regel kräftiger als Pinot Noir, verhalten sich aber aufgrund ihrer Säurestruktur sehr ähnlich.

Fetthaltige, sahnige Saucen & Chardonnay Barrique In Kombination mit cremigen, butterhaltigen Saucen kann ein im Barrique ausgebauter Chardonnay richtig punkten. Gleiches gilt für Pasta mit sahnigen, fetthaltigen Saucen. Mit seiner cremigen Struktur fängt der Wein den Fettanteil der Sauce völlig auf, der Alkohol wird vom Fett gepuffert.

Pilze & Wein Mit Pilzen kann man herrlich »Brücken« für bestimmte Weintypen bauen. Befinden sich die Pilze in einer rahmigen Sauce, freut sich fast jeder im Barrique ausgebaute Weißwein. Haben wir es mit Pilzen als Zutat zu einem Fleischgericht und einer kräftigen Sauce zu tun, kann man reife Rotweine mit erdigen Noten von Unterholz und Laub einbinden.

Gemüse & Wein Die meisten Gemüse verhalten sich in der Regel positiv unterstützend als Katalysator. Fast alle Gemüse können sowohl extreme Inhaltsstoffe eines Weines puffern (Süße, Säure, Bitterkeit) als auch Brücken zwischen den jeweiligen Bestandteilen bauen. Gurke ist zum Beispiel ein hervorragender Katalysator für Sauvignon Blanc, Spargel verleiht säurearmen Weinen Charakter und geschmortes Gemüse puffert Säure.

Kartoffeln & Wein Beilagen in Form von Kartoffeln (aber auch Hülsenfrüchten, Reis und Pasta) agieren als regelrechte Säurepuffer. Die enthaltene Stärke fängt die Säure junger Weine perfekt auf und macht sie geschmeidig.

Säure & Wein Junge, frische, fruchtige Weine – mit und ohne Gerbstoffe – können durchaus Probleme mit der Säure haben. Richtig kombiniert ist Säure allerdings in der Lage, die fruchtigen Aromen eines Weines hervorzuheben. Denken Sie an Austern mit Zitrone in der Kombination mit Muscadet. Andererseits kann eine Apfeltarte mit der enthaltenen Säure und den karamelligen Teiganteilen einen überreifen Riesling zu einem knackig fruchtigen Jüngling werden lassen. Konterkarierende Experimente wie dieses sollten allerdings im Vorfeld auf Herz und Nieren geprüft werden. Theoretisches Wissen reicht hier nicht aus.

Schärfe & Wein Beim Einsatz von scharfen Gewürzen ist niemals die Zubereitungsart oder Wahl des Fleisches wichtig, sondern der jeweilige Schärfegrad. Generell gilt, dass Weine mit feinem Frucht-Säurespiel, niedrigem Alkoholgehalt und entsprechender Restsüße hervorragend passen. Je nachhaltiger die Schärfe, desto intensiver muss die Süße sein. Achtung: Umgekehrt potenziert ein trockener, alkoholkräftiger Wein die Schärfe.

Asiatisch & Wein Die individuellen Küchen der asiatischen Länder setzen auf den dominanten Geschmack von Gewürzen und verwenden salzige, süße oder gar scharfe Marinaden. Die Spannung liegt oftmals in den aromatischen Gegensätzen von Salzigkeit, Schärfe und Süße. Deshalb passen Weine mit einer erfrischend lebhaften Balance zwischen Frucht, Süße und Säure – beispielsweise Riesling – ganz hervorragend. Je nach Süßegrad haben diese Weine die Fähigkeit, exotische Aromen (Ingwer, Zitronengras, Mango, Koriander etc.) in Szene zu setzen. Die Weine verändern sich dabei kaum. Die Süße wird von der Schärfe aufgenommen und nivelliert, während sich die Säure mit der Salzigkeit verbindet und damit eine köstliche Geschmacksexplosion auslöst. Das hat wiederum zur Folge, dass die süßen Weine je nach Säure, Salz- und Schärfeeinsatz fast fruchtig trocken schmecken können.

Brot & Wein Die köstliche Kombination von Brot und Wein kennt jeder, der gerne Wein trinkt! Brot und Wein verstärken sich gegenseitig. Jedes für sich schmeckt gut, aber als Team ist diese Kombi unschlagbar. Brot enthält Mehl, Hefe und/oder Sauerteig, Wasser und Salz. Bedingt durch die knusprige Rinde besitzt Brot Röstaromen und einen – je nach Mehlsorte – hell saftigen bis würzig dunklen Innenteil. Es enthält zudem Kohlenhydrate und Stärke, was in Verbindung mit Speichel zu einer schwach schmeckbaren Süße führt, die sich auf Säure, Gerbstoffe, Alkohol etc. neutralisierend bis anregend auswirkt.

Käse & Wein Käse gehört zu den wichtigsten aus Milch hergestellten Lebensmitteln. Er enthält fast alle Inhaltsstoffe der Milch in konzentrierter Form. Die klassische Regel ordnet dem Käse immer Rotwein zu. Das stimmt nicht, denn es gibt nur wenige Käse, die wirklich zu Rotwein passen. Das liegt hauptsächlich an dem problematischen Verhältnis von den im Käse enthaltenen Derivaten des Milcheiweißes zu den Tanninen der Rotweine. Hinzu kommt der hohe Salzgehalt, der je nach Käsesorte ganz klar Weißweine – am besten mit etwas Süße und filigraner Säure – bevorzugt. Anmerkung: Gereifter, salzhaltiger Parmesan oder ein alter Sbrinz enthalten Umami. Das würzig intensive Mundgefühl bildet die Brücke zu den Gerbstoffen einiger Rotweine.

Dessert & Wein Trockene Weine, besonders trockene Schaumweine mit Kohlensäure sind nicht mit Süßspeisen kombinierbar. Grundsätzlich muss die Süße des Weines intensiver als die des Desserts sein. Eine Süßspeise besteht meist aus sehr vielen »weinfeindlichen« Komponenten (Obst, Kakao, Zucker, Eis). Deshalb sind fruchtige, gehaltvolle Süßweine besser geeignet als zarte Riesling-Spätlesen. Es bleibt aber immer eine Gratwanderung: Wenn die Süße zu extrem raus schmeckt und keinen oder nicht genug Ausgleich durch Säure findet, dann wird sie zu einer mächtigen, fast unüberwindbaren Mauer.

A-Z Schnellfinder – Wer mit wem?

Gericht / Lebensmittel	Weinbeschreibung	Wein	Weintyp
Antipasti (gebratene Gemüse)	Unkomplizierte, fruchtig harmonische Weißweine und leichte Roséweine	Vernaccia di San Gimignano Rosé	Weißwein-Typ 2 / Rotwein-Typ 1
Apfelkuchen	Weißwein süss, reif, nicht zu viel Säure	Riesling reif	Süßwein-Typ 2, 3
Austern	Weißwein mineralisch, frisch, fruchtig	Muscadet, Chablis	Weißwein-Typ 1, 2, 3
Brathuhn	Weißwein fruchtig, saftig, elegant, Schmelz oder Rotwein fruchtig, mittelkräftig, wenig Tannine	Riesling Großes Gewächs Pinot Noir	Weißwein-Typ 3 / Rotwein-Typ 2
Brot	Schmeckt in der Regel mit allen Weinen		
Camembert	Rotwein mittelkräftig, elegant, anregend fruchtig	Pinot Noir St. Émilion	Rotwein-Typ 2, 3
Carpaccio vom Rind	Rotwein mittelkräftig, fruchtig	Chianti	Rotwein-Typ 2
Coq au Vin	Rotwein mittelkräftig, fruchtig	Beaujolais, Pinot Noir	Rotwein-Typ 2
Currywurst	Opulente Rotweine mit Alkohol und Fruchtsüße	Roussillon, Châteauneuf-du-Pape, Shiraz	Rotwein-Typ 4
Ente mit Wokgemüse »süss-sauer«	Saftig komplexer Riesling mit Struktur und Körper	Riesling Großes Gewächs	Weißwein-Typ 3
Erdbeeren	Schaumwein prickelnd und harmonisch	Champagner	Schaumwein-Typ 2
Fisch gebraten oder gegrillt mit sahniger Sauce	Weißwein mittelkräftig, Schmelz, Barrique, Röstaromen	Weißburgunder, Grüner Veltliner, Sauvignon Blanc, Chardonnay Barrique	Weißwein-Typ 2, 3, 4
Fisch pochiert mit Gemüse	Weißwein fruchtig, süffig, zarter Schmelz, kein Barriqueausbau	Godello, Vinho Verde Lagen Sauvignon Blanc	Weißwein-Typ 2, 3
Fleisch geschmort	Rotwein fruchtig, belebende Säure, reif, vielschichtig, elegant	Pinot Noir Barolo	Rotwein-Typ 2, 3
Fleisch kurzgebraten	Rotwein jung, gerbstoffreich, Röstaromen	Bordeaux Rotweine vom Douro	Rotwein-Typ 2, 3, 4
Gänsebraten	Rotwein fruchtig, jung, belebende Säure, elegant	Pinot Noir	Rotwein-Typ 2, 3
Gänsestopfleber	Weißwein süß, vielschichtig	Riesling Auslese, Sauternes	Süßwein-Typ 3, 4
Gebratene Pilze mit Sahnesauce	Weißweine kraftvoll, Barrique, elegant oder üppig	Chardonnay Barrique	Weißwein-Typ 2 / Weißwein-Typ 4
Gebratene Pilze mit dunkler Sauce (Fleischbasis)	Rotwein fruchtig, reif, vielschichtig	Pinot Noir, Barolo, Rhône, Ribera del Duero	Rotwein-Typ 2, 3
Hühnerfrikassee	Weißwein mittelkräftig, fruchtig, nicht zu viel Säure	Grauburgunder, Grüner Veltliner, Fendant	Weißwein-Typ 2
Lasagne	Weißwein fruchtig, harmonisch, mittelkräftig	Pinot Grigio, Silvaner	Weißwein-Typ 2
Lamm-Curry (leichte Schärfe)	Opulente Weißweine und Rotweine mit Alkohol und Fruchtsüße	Condrieu Roussillon, Châteauneuf-du-Pape, Priorat	Weißwein-Typ 4 / Rotwein-Typ 4
Lamm-Curry (scharf)	Feinfruchtige Süßweine mit wenig Alkohol und balancierter Restsüße (je schärfer, desto mehr Restzucker)	Riesling Auslese	Süßwein-Typ 3
Lammkoteletts gegrillt	Rotwein fruchtig, mittelkräftig bis kraftvoll, gerbstoffreich	Bordeaux Rotweine vom Douro, Nero d'Avola, Toro	Rotwein-Typ 2, 3, 4

A-Z Schnellfinder – Wer mit wem?

Gericht / Lebensmittel	Weinbeschreibung	Wein	Weintyp	
Linsensuppe mit Speck	Rotwein fruchtig, mittelkräftig, aber auch elegant, mit Säure, vielschichtig	Rioja Crianza Blaufränkisch	Rotwein-Typ 2, 3	🍷🍷 🍷🍷🍷
Matjes	Bevorzugt ganz klar ein Helles, möglichst frisch gezapft			
Maultaschen	Rotwein, leicht fruchtig	Trollinger	Rotwein-Typ 1	🍷
Meeresfrüchte	Weißwein, knackig, frisch	Muscadet	Weißwein-Typ 1	🍷
Minestrone mit Parmesan	Rotwein mittelkräftig, fruchtig	Chianti, Rosso Piceno	Rotwein-Typ 2	🍷🍷
Pasta mit Fleischsauce	Rotwein mittelkräftig, fruchtig	Valpolicella, Barbera	Rotwein-Typ 2	🍷🍷
Pasta mit Sahnesauce	Weißwein kräftig, Barrique	Chardonnay	Weißwein-Typ 2 Weißwein-Typ 4	🍷🍷 🍷🍷🍷🍷
Pizza	Rotwein mittelkräftig, fruchtig	Bardolino	Rotwein-Typ 2	🍷🍷
Quiche Lorraine	Weißwein üppig und opulent ohne Holzeinfluss	Riesling Elsass	Weißwein-Typ 4	🍷🍷🍷🍷
Ragoût mit dunkler Sauce	Rotwein fruchtig, belebende Säure, reif, vielschichtig, elegant	Pinot Noir Barolo	Rotwein-Typ 3	🍷🍷🍷
Ratatouille	Kräftige Roséweine, fruchtige Rotweine mit moderater Tanninstruktur	Rosé Valpolicella, Côtes-du-Rhône	Rotwein-Typ 1, 2	🍷 🍷🍷
Rehkeule	Riesling Auslese, mindestens 20 Jahre gereift	Riesling Auslese Mosel	Süßwein-Typ 3	🍷🍷🍷
Risotto	Weißwein mittelkräftig, fruchtig, vielschichtig, darf Holzeinfluss haben	Epesses, Arneis, Grüner Veltliner, Chardonnay	Weißwein-Typ 2, 3, 4	🍷🍷 🍷🍷🍷 🍷🍷🍷🍷
Salami	Rotwein jung, fruchtig, kantig	Rosso di Montepulciano	Rotwein-Typ 2	🍷🍷
Salat mit Vinaigrette	Weißwein fruchtig, mittelkräftig, wenig Säure	Rueda, Müller Thurgau Pinot Grigio	Weißwein-Typ 2	🍷🍷
Salat Nicoise	Rosé oder leichter Rotwein, fruchtig, kein Barrique	Rosé Portugieser	Rotwein-Typ 1, 2	🍷 🍷🍷
Salat mit gebratenen Garnelen	Weißwein oder Rosé trocken, fruchtig, kein Barrique	Rueda, Albarinho, Rosé	Weißwein-Typ 2 Rotwein-Typ 1, 2	🍷🍷 🍷 🍷🍷
Sashimi vom Thunfisch mit Korinader	Fruchtbetonter, frischer Weißwein, moderate Säure	Scheurebe, Rueda, Sauvignon Blanc	Weißwein-Typ 2, 4	🍷🍷 🍷🍷🍷🍷
Schinkenbrot	Rotwein leicht, fruchtig	Portugieser, Bardolino	Rotwein-Typ 1	🍷
Schnitzel	Weißwein mittelkräftig, fruchtig	Grüner Veltliner	Weißwein-Typ 2	🍷🍷
Schokolade 30% Kakao	Weißwein fruchtig, süßlich	Riesling Spätlese	Süßwein-Typ 2	🍷🍷
Schokolade 70% Kakao	Verstärkter Rotwein, opulent, süß, alkoholstark	Banyuls	Verstärkter Wein-Typ 2	🍷🍷
Schokolade 85% Kakao	Verstärkter Rotwein, opulent, süß, elegant	Port	Verstärkter Wein-Typ 3	🍷🍷🍷
Spare rips	Rotwein üppig, opulent, fruchtbetont	Australischer Shiraz	Rotwein-Typ 4	🍷🍷🍷🍷
Spargel	Weißwein mit wenig Säure und viel Schmelz	Silvaner	Weißwein-Typ 2	🍷🍷
Wildschweinkeule geschmort	Rotwein kräftig, fruchtbetont	Spätburgunder	Rotwein-Typ 3	🍷🍷🍷
Zicklein im Ofen geschmort	Rotwein fruchtig, opulent, kraftvoll, gerbstoffreich	Priorat	Rotwein-Typ 4	🍷🍷🍷🍷

Alles Käse!
Käse & Wein

Käse schließt den Magen: ein Sprichwort, allerdings ein längst überholtes. Ebenso wie die landläufige Meinung, dass Käse nur mit Rotwein perfekt harmoniere. Die Regel stammt aus Zeiten, als man Rotweine gut gereift erst nach jahrelanger Lagerung zu servieren pflegte. Dann nämlich hatten sich die einstmals spröden Tannine sensorisch abgebaut und die Weine beerenfruchtig und samtig gemacht.

In einer klassischen-französischen Menüfolge wird Käse in der Regel nach dem Hauptgericht und vor dem Dessert serviert. Aus gutem Grund, denn an dieser Stelle grenzt er das vorangegangene Hauptgericht durch seinen intensiven, meist salzhaltigen Eigengeschmack ab und bietet gleichzeitig eine anregende Überleitung zum süßen Dessert. Wenn Sie jetzt noch den traditionellen Pfad – »Rotwein zum Käse« – verlassen, dann sind Sie auf dem richtigen Weg, denn interessanterweise vertragen sich die meisten Käse viel besser mit Weißwein-Typen.

> Schneiden Sie die alten Zöpfe ab und lassen Sie sich auf neue und vielleicht ungewohnte Vorschläge ein!

Käse ist ein sehr komplexes Nahrungsmittel. Seine Hauptbestandteile sind Fett und Milcheiweiß. Sein Geschmack umfasst salzige, saure und süße Komponenten und – je nach Reifezustand – auch Würzigkeit oder gar eine Spur Schärfe. Die Zusammensetzung dieser Inhaltsstoffe variiert je nach Käsesorte. Sie hängt von der Milch (Kuh, Ziege, Schaf) ab und hat natürlich ganz entscheidend mit dem Reifegrad zu tun. Wenn Käse reift, verliert er Wasser. Dies bringt eine Konzentration der Inhaltsstoffe mit sich, allen voran Salz, Säure und Fett. Mit zunehmender Reife verändern sich deshalb die Parameter für die Kombination mit den entsprechenden Weinen.

Wer mit wem?

Aufgrund der internationalen Vielfalt hilft es, die verschiedenen Käsearten – ähnlich wie Wein – in Typen oder Gruppen einzuteilen. Die Formel für eine erfolgreiche Kombination ist eng mit den spezifischen Geschmackseigenschaften von Käse und Wein verbunden. Das erste Problem entsteht gleich zu Beginn: mit oder ohne? Gemeint ist die Rinde, die das Innere des Käses, den »Teig«, umgibt und schützt. Die Spezies der Käsefreunde teilt sich in zwei Gruppen: Manche essen ausnahmslos alle Käse mit Rinde, andere filetieren ihre Happen so kunstgerecht, dass kein einziges Stückchen davon auf der Zunge landet. Beides ist erlaubt. Das Essen der Rinde ist – wenn nicht anders angegeben – in Maßen nicht gesundheitsschädlich. Die Rinde gehört zum individuellen Charakter des Käses. Je nach Reifegrad kann die Rinde aber doch so intensiv schmecken, dass man sich besser zumindest teilweise von ihr trennt.

Was für ein Typ?

Käse lässt sich generell sehr gut nach der verwendeten Milchsorte einteilen: Kuh-, Schaf- oder Ziegenmilch. Zweckmäßiger ist jedoch eine Einteilung in »Käsegruppen« nach Herstellungsart, der Konsistenz sowie des Fettgehalts.

1. Frischkäse (Quark, Frischkäse Doppelrahmstufe, Crottin de Chavignol frais, Sainte-Maure frais, Robiola, Ricotta, Mozzarella, Mascarpone u. a.)

Frischkäse weisen keine Reifung auf und sind zum sofortigen Verzehr gedacht. Überwiegend werden sie aus Kuh- aber natürlich auch aus Ziegen- und Schafsmilch hergestellt. Sie enthalten relativ viel Wasser, was sie nur bedingt haltbar macht. Die hier aufgeführten Frischkäse aus Ziegenmilch werden ganz gezielt in frischem Zustand verzehrt, dieselben existieren aber auch als gereifte Varianten und gehören dann der Gruppe der Ziegenkäse an. All diese Käse besitzen einen hohen Anteil an Lactose (Milchzucker) und eine leicht säuerliche Note, aber aufgrund der hohen Feuchtigkeit relativ wenig Salz. Hier passt ein frischer, fruchtsüßer Weißwein besonders gut, weil er den Käse mit seinen fruchtigen Noten geschmacklich unterstützt. Kräftige, tanninreiche Weine würden sich in dieser Verbindung metallisch und bitter entwickeln, weil die Tannine mit Milcheiweiß und Lactose kollidieren.

2. Ziege und Schaf (Bouton de Culotte, Crottin de Chavignol, Banon, Sainte-Maure, Puligny St. Pierre, Briquette du Poiset, Cendre de Niort, Brin d'Amour aux herbes u. a.)

Ziegen- und Schafskäse zeichnen sich durch einen typischen, leicht säuerlichen Geschmack mit Aromen von grünen Nüssen aus. Auffallend sind ihre besonderen Formen (Pyramide, Zylinder, Kegel, Knöpfe etc.) und die Verarbeitung. Es gibt sie mit Asche bestreut, mit Kräutern, »nature« oder auch in aromatisierende Blätter eingepackt. Im Laufe der Reifung verlieren sie Feuchtigkeit, werden immer kreidiger, trockener und bröckeliger. Ihr Geschmack wird würziger, wesentlich intensiver und mit fortgeschrittener Reife sogar salzig. In der Jugend favorisieren diese Käse frische, fruchtbetonte Weine. Mit würzenden Kräutern versehen und/oder im Laufe der Reifung bevorzugen sie mittelkräftige bis komplexe Weißweine, die die intensiveren Aromen gut auffangen.

3. Weichkäse mit Rinde aus Weißschimmel (Brie de Meaux, Camembert, Coulommiers, Chaource, Brillat-Savarin, Gaperon à l'Ail, St. Felicien, St. Marcellin u. a.)

Die flaumig-weißliche Schimmelrinde ist typisch für diese herrlich cremigen, fettreichen Käse aus Kuhmilch. Sie werden gesalzen und anschließend mit einer Schimmelkultur (penicillium candidum) besprüht. Neben der Milch prägt dieser Schimmel ganz entscheidend das Aroma und verleiht dem Käse einen leicht champignonartigen Geschmack. Das Fett dieser charaktervollen Käse puffert die Säure der Weine, lässt die Frucht angenehm in den Vordergrund treten und kann im Gegenzug sogar Tannine abmildern. Neben trockenen, lebhaften und komplexen Weißweintypen können sich in dieser Kombination auch frucht- und säurebetonte Rotweine mit moderatem Holzeinsatz wie Pinot Noir, Chianti und Bordelaiser Côte de Bourg wohlfühlen.

4. Käse mit nicht erhitztem, gepresstem Teig (Appenzeller, Gouda alt, Trappe à la noix, Saint Nectaire, Mimolette Extra Vieille, Tomme de Savoie, Morbier, Tête de Moine, Taleggio u. a.)

Diese Kategorie umfasst eine Vielzahl von Käsen, meist aus Kuhmilch, die sich durch Form, Konsistenz, Rindenbeschaffenheit und natürlich Geschmack unterscheiden. Um den Abtropfvorgang der Flüssigkeit zu ver-

stärken, wird der Teig gepresst. Je geringer der Druck, desto weicher wird der anschließende Käse, je stärker der Druck, desto fester. Der Salzgehalt wirkt sich bei der Weinauswahl geschmacksverstärkend auf die Fruchtaromen aus. Gleichzeitig neutralisiert, bzw. besänftigt er adstringente, herb-bittere Holznoten. Also ein klarer Fall für mittelkräftige Tropfen in Rot sowie für üppig fruchtbetonte, cremige Weißweine mit wenig Säure und relativ hohem Alkoholgehalt.

5. Weichkäse mit gewaschener Rinde (Langres, Munster, Reblochon, Pont l'Evêque, Maroilles, Livarot, Ami Chambertin, Epoisses, Trou de Cru, Vacherin u.a.)
Diese Käse werden überwiegend aus Kuhmilch hergestellt und während der Reifung regelmäßig mit einer Lake aus Wasser, Rotschmierkulturen und Kochsalz abgewaschen, die je nach Typ mit Aromaten angereichert ist (Cidre, Wein, Tresterbrand u. a.). Das Abwaschen verhindert die Schimmelbildung und fördert ein in der Milch enthaltenes Bakterium, welches die rötliche Schmiere und den charakteristischen Geschmack erzeugt. Hier sind opulente Weine mit und ohne Holzeinsatz, höherem Alkohol und Schmelz genau richtig. Diese pikanten, fetthaltigen Käse sind in der Lage, einen hohen Alkoholgehalt aufzufangen, herbe, bittere Noten schlichtweg zu verschlucken und Säure zu neutralisieren. Aber auch auf mittelgewichtige, fruchtbetonte Süßweine sprechen diese mit Salz gewaschenen Käse mit cremig-würzigem Innenleben und delikatem Schmelz gut an.

6. Käse mit gewärmtem und gepresstem Teig (Parmigiano [30 Monate], Manchego, Comté extra vieux, Emmental Grotte, Sbrinz, Gruyère, Beaufort u. a.)
Alle diese Sorten – bis auf Parmigiano und Manchego – stammen aus Alpenregionen und wurden ursprünglich von den Bauern zur Selbstversorgung hergestellt. Bei der Produktion wird der Teig erwärmt und stark gepresst, wodurch Flüssigkeit austritt. Man erhält entsprechend wenig, aber sehr konzentrierten Käse. Eine optimale Qualität ist gegeben, wenn das Salz nach entsprechender Reifezeit auskristallisiert. Auf Grund des konzentrierten Salz-, Fett- und Umamigehaltes sind diese Käse in der Lage, Tannine zu binden. Deshalb gehören diese Käse zu den wenigen richtig guten Rotwein-Begleitern.

7. Käse mit Blauschimmel (Fourme d'Ambert, Bleu d'Auvergne, Bleu de Gex, Roquefort, Gorgonzola, Stilton u.a.)

Diese relativ fetthaltigen Käse werden aus Kuh-, Schafs- und vereinzelt auch aus Ziegenmilch hergestellt. Aufgrund der Farbe ihres Innenlebens werden sie als Blauschimmelkäse bezeichnet. Penicillium glaucum wird mit einer Spritze in den noch unreifen Käse eingebracht. Der Pilz verzweigt sich beim Wachstum. Je nach Sorte werden die Laibe während der Reifeperiode zusätzlich pikiert, mit langen Nadeln durchstochen, um Sauerstoff zuzuführen und eine gleichmäßige Ausbreitung des Schimmels zu gewährleisten. So kann der gewünschte Schimmelpilz bis in das Innere des Käses eindringen. Der Schimmel fördert den Eiweißabbau, konzentriert den Salzgehalt und gibt dem Käse eine cremige Konsistenz. Je nach Salzgehalt und Reifestadium sind hier Süßweine verschiedenen Zuckergehaltes gefragt. Während sich ein jugendlicher Fourme d'Ambert mit einer fruchtbetonten, eleganten Riesling Auslese begnügt, fordert ein reifer Stilton kompakte und alkoholreiche Weine wie zum Beispiel Ruby oder Vintage Ports. Bei Roquefort ist mit Zuckergradationen unterhalb einer Beerenauslese oder eines Sauternes überhaupt keine Harmonie zu erreichen. Fakt ist, dass der hohe Salzgehalt und das Fett in der Lage sind, die Süße, den Alkohol und die adstringierenden Noten der Weine zu neutralisieren und gleichzeitig die Fruchtaromen hervorzuheben. Oder umgekehrt: Die süßen und fruchtigen Noten des Weines unterstützen den jeweiligen Käse geschmacklich perfekt.

Der richtige Umgang mit Käse
Darauf sollten Sie achten, um ein optimales Ergebnis zu erzielen

Die richtige Lagerung	Die richtige Temperatur beim Verzehr	Der richtige Reifegrad zum Zeitpunkt des Verzehrs	Zusammenstellung und Reihenfolge des Verzehrs	Mit oder ohne Rinde
Wenn Käse zu warm gelagert wird, beginnen die Kulturen zu arbeiten und der Käse reift schneller. Bei Kälte wird die Reifung gestoppt, der Käse wird hart und es kann ein bitterer Geschmack entstehen. (Temperatur für längere Lagerzeit ca. 4 bis 8 °C; Temperatur für kürzere Lagerzeit um die 12 °C; Luftfeuchtigkeit ca. 60 %)	Käse sollte gut eine Stunde vor dem Genuss aus dem Kühlschrank genommen werden, damit er sich auf 16 bis 18 °C erwärmen kann. Kalter Käse schmeckt wie Gummi und gibt sein köstliches Aroma erst gar nicht preis!	Bei Verzehr sollte Käse »auf dem Punkt«, also nicht zu jung und nicht zu reif sein.	Immer von leicht bis hin zu kräftig	Die Rinde gehört zum Käse und ist typisch. Sie beeinflusst den Geschmack (meist kräftiger, würziger und manchmal eine Spur bitter).

Welcher Wein zu welchem Käse?

Art	Fettgehalt (absolut)	Herkunft	Weintyp	Beispiel
Ami Chambertin	25%	Kuhmilch, Burgund		Weicher Gevrey Chambertin mit Körper oder opulente, fruchtige, alkoholstarke Weißweine
Banon	20%	Ziegenmilch, Provence		Fruchtiger Rosé aus der Provence mit leichter Fruchtsüße
Brie de Meaux	20%	Kuhmilch, Marne		Spätburgunder, typisch, fruchtig mit sanften Tanninen
Brillat-Savarin	35%	Kuhmilch, Bourgogne		Riesling oder Weißburgunder Großes Gewächs (nördliches Anbaugebiet) mit Säure!
Brin d'Amour aux herbes	22%	Schafsmilch, Korsika		Weiß- oder Grauburgunder, nicht zu hoch im Alkohol, aber mit Schmelz und Frucht
Briquette du Poiset	25%	Ziegenmilch, Bourgogne		Opulenter, reifer Riesling im halbtrockenen Bereich mit deutlich schmeckbarer Restsüße
Chaource	25%	Kuhmilch, Champagne		Riesling Großes Gewächs (nördliches Anbaugebiet) mit eher niedrigem Alkohol und Säure! Oder Champagner, klar!
Comté extra vieux	30%	Kuhmilch, Jura		Vouvray, reif und opulent, der nach Champignons und Quitte duftet, aber gleichzeitig auch ausreichend belebende Säure besitzt
Coulommiers	20%	Kuhmilch, Marne		Spätburgunder oder Chianti, fruchtig, mit sanften Tanninen
Crottin de Chavignol frais	25%	Ziegenmilch, Loire (Centre)		Riesling Kabinett oder Spätlese, fruchtig süß, saftig
Crottin de Chavignol medium	25%	Ziegenmilch, Loire (Centre)		Riesling Kabinett mit Fruchtsüße, Sauvignon Blanc jugendlich frisch Sancerre, etwas gereift, komplex, elegant
Crottin de Chavignol gereift	25%	Ziegenmilch, Loire (Centre)		Sancerre, etwas gereift, komplex, elegant
Epoisses	24%	Kuhmilch, Burgund		Pinot Noir reif, mit Körper und nicht zu viel Holz oder opulente, fruchtige, alkoholstarke Weißweine
Fourme d'Ambert	26%	Kuhmilch, Auvergne		Beerenauslese dicht und gehaltvoll
Gaperon à l'Ail	24%	Kuhmilch, Auvergne		Traminer mit ähnlich würzigen Aromen, eine Idee rustikal, süß
Gouda alt	33%	Kuhmilch, Holland		Rustikaler, würziger Rotwein aus Südfrankreich mit reichlich Tanninen und Alkohol
Langres	23%	Kuhmilch, Champagne		Cremiger Champagner auf Pinot-Noir-Basis oder ein Eau de Vie

Ungeschriebene Gesetze

Welcher Wein zu welchem Käse?

Art	Fettgehalt (absolut)	Herkunft	Weintyp	Beispiel
Livarot	21%	Kuhmilch, Normandie	🍷🍷🍷🍷 (Weiß)	Ein würziger, üppiger, reifer Weiß- oder Grauburgunder mit hohem Alkoholgehalt
Manchego	38%	Schafsmilch, Spanien	🍷🍷🍷 (Rot)	Reifer Rotwein, z. B. ein traditioneller, eleganter Rioja mit feiner Tanninstruktur
Mimolette	30%	Kuhmilch, Nord	🍷🍷🍷🍷 (Rot)	Rustikaler, würziger Rotwein aus Südfrankreich mit Tanninen und Alkohol
Morbier	23%	Kuhmilch, Jura	🍷🍷🍷 (Weiß)	Riesling Großes Gewächs mit Schmelz und Komplexität
Munster	26%	Kuhmilch, Elsass	🍷🍷🍷 (Weiß) 🍷🍷🍷 (Orange)	Gewürztraminer mit Schmelz oder opulenter Weißwein
Parmigiano	25%	Kuhmilch, Italien	🍷🍷🍷🍷 (Rot)	Opulenter Italiener mit Struktur und wenig Säure, z. B. Aglianico aus Kampanien
Reblochon	25%	Kuhmilch, Haute Savoie	🍷🍷🍷🍷 (Weiß)	Opulente Weiß- und Grauburgunder oder Chardonnay mit sanftem Holzeinfluss
Roquefort	32%	Schafsmilch, Aveyron	🍷🍷🍷 (Orange) 🍷🍷🍷🍷 (Orange)	Trockenbeerenauslese. Der hohe Grad an Salzigkeit fordert ein süßes Gegengewicht
Sainte-Maure	24%	Ziegenmilch, Touraine	🍷🍷🍷 (Weiß)	Riesling Großes Gewächs (nördliches Anbaugebiet) mit eher niedrigem Alkohol und Säure!
Saint Nectaire	26%	Kuhmilch, Auvergne	🍷🍷🍷 (Weiß)	St. Aubin 1er Cru (Chardonnay mit Barrique-Ausbau)
Sbrinz	30%	Kuhmilch, Schweiz	🍷🍷🍷 (Rot)	Klassischer Bordeaux, komplex, elegant, klassisch und gereift
St. Marcellin	21%	Kuhmilch, Isère	🍷🍷 (Weiß)	Opulenter, reifer Riesling oder Silvaner, mit würzig-leichten erdigen Noten
Stilton	25%	Kuhmilch, England	🍷🍷 (Port)	LBV Port, intensive Frucht, Süße und hoher Alkohol
Taleggio	25%	Kuhmilch, Italien	🍷🍷🍷 (Weiß)	Riesling oder Weißburgunder Großes Gewächs (nördliches Anbaugebiet) mit Säure!
Tête de Moine	35%	Kuhmilch, Schweizer Jura	🍷🍷🍷 (Rot)	Klassischer Rotwein, komplex, elegant und gereift
Tomme de Savoie	27%	Kuhmilch, Savoie	🍷🍷🍷 (Weiß)	Chardonnay oder Burgunder mit Barrique-Ausbau
Trappe à la noix	27%	Kuhmilch, Bretagne	🍷🍷🍷 (Rot)	Gereifter, klassischer Bordeaux, mit erdigen Noten
Vacherin Mont d'Or	24%	Kuhmilch, Jura, Schweiz	🍷🍷🍷 (Weiß)	Dezaley mit Mineralität oder Riesling, Weißburgunder elegant und komplex

Schokolade & Wein

Köstliche Allianzen zum Dahinschmelzen

Schokolade galt stets als schwieriger Partner für trockene Weiß- und Rotweine. Dabei war lange Zeit einfach nur die Auswahl begrenzt: es gab sie entweder als süßliche Milchschokolade oder im besten Fall zartbitter. Doch das Schokoladenangebot hat sich in den letzten Jahren explosionsartig vergrößert und damit auch die Chance, zu jeder Schokolade den passenden Wein zu finden.

Basis jeder Schokolade ist die Rohmasse, die aus Kakaobohnen, dem Samen der Kakaofrucht, hergestellt wird. Die frische Kakaofrucht wird fermentiert, getrocknet und damit die einzelnen Kakaobohnen herausgelöst. Sie werden geröstet, bevor sie schließlich zu einer zähflüssigen Kakaomasse vermahlen werden. Diese Prozesse weisen Parallelen zur Weinherstellung auf und haben ähnliche Auswirkungen. Während der Fermentation der Bohnen werden Aromenvorstufen gebildet, die später in der Schokolade auftauchen und chemisch mit den Aromen der Weine verwandt sind. Weine, die im Barrique (getoastetes Eichenfass) gereift sind, werden oft als schokoladenartig bezeichnet, weil sie an die Aromen von gerösteten Kakaobohnen erinnern. Zudem kann die gehaltvolle Kakaomasse neben den klassischen Komponenten Zucker, Milch und Vanille mit weiteren Zutaten gemischt werden, die eine Liaison zwischen Wein und Schokolade begünstigen – Salzig-Mineralisches, Würziges, Scharfes, Säuerliches und Fruchtiges etwa.

> Die gelungene Kombination von Wein und Schokolade hängt in erster Linie vom Kakaogehalt ab.

Ob sich genüssliche Kombinationen ergeben, hängt vor allem vom Kakaogehalt der Schokolade ab. Dieser macht auch den Hauptunterschied zwischen den jeweilgen Schokoladentypen aus.

Wer mit wem?

Milchschokolade

Milchschokolade hat einen Kakaogehalt von 30 bis 45 Prozent. Der Rest setzt sich aus Kakaobutter und Milch oder Sahne und einer gehörigen Portion Zucker zusammen. Süße Weißweine mit Säure und köstlichen Fruchtaromen lassen sich mit sahniger Milchschokolade in der Regel sehr gut kombinieren. Möchte man aber lieber trockene oder halbtrockene Weißweine einsetzen, eignen sich eher Milchschokoladen, die eine Spur Salz und einen Hauch Säure und Zitrusaromen (zum Beispiel Zitronenzesten) enthalten. Eine perfekte Paarung, weil Salz als Geschmacksverstärker wirkt und sich perfekt mit Süße und Säure verbindet. Probieren Sie es einfach aus: Ein Hauch Salz auf das nächste Stückchen Schokolade, das Sie naschen wollen. Wenn diese Mischung im Mund schmilzt, werden Sie beeindruckt sein, wie sich der Geschmack geradezu anregend und köstlich potenziert.

Milchschokolade mit Nüssen

Etwas kräftigere, im Barrique ausgebaute Weißweine kommen mit sahnig-süßlicher Milchschokolade nicht zurecht. Diese Weine bevorzugen intensiver schmeckende Milchschokoladen mit fetthaltigen Nüssen oder Mandeln. Diese nehmen die Üppigkeit des Weines auf, puffern Alkohol und Gerbstoffe elegant ab und lassen die fruchtigen Aromen in den Vordergrund treten.

Weiße Schokolade

Auch weiße Schokolade zählt zu den eher gehaltvolleren Typen. Im Gegensatz zu den braunen Versionen enthält sie nur Kakaobutter, das farblose Fett der Kakaobohne. Ihre weiße Farbe bekommt sie durch den hohen Milch- und Sahneanteil. Diese reichhaltige Schokolade passt hervorragend zu kompakten Süßweinen, aber auch zu voluminösen, trockenen Weißweinen. Dafür benötigt sie allerdings Zutaten, die ihr Struktur geben: säuerliches Safran oder herb schmeckende Nüsse, wie Walnüsse oder Pistazien.

Schokolade – über 60 Prozent Kakaogehalt

Bei Schokoladen mit hohem Kakaoanteil wird die Kombination mit Weißweinen meist ungenießbar, der bittere Kakao demontiert die zarten Fruchtaromen und schiebt die Säure unangenehm in den Vordergrund. Dunkle Schokoladen mit einem Kakaogehalt von über 60 Prozent erscheinen zunächst recht herb im Geschmack. Der bittere Kakao dominiert, seine Gerbstoffe machen den Gaumen benommen und eine Spur pelzig. Im Nachhall breitet sich im Mund eine erfrischende Säure aus, mit deren Unterstützung der aromatisch, intensive Kakaogeschmack erst richtig zur Geltung kommt. Mit diesem charaktervollen Geschmacksbild kommen interessanterweise die Tannine fruchtiger Rotweine mit adstringenten und auch vegetabilen Noten sehr gut klar. Im Mund entwickeln sie sogar eine gemeinsame geschmackliche Länge und ergänzen sich gegenseitig auf köstlichste Weise.

Schokolade – über 60 Prozent Kakaogehalt mit Gewürzen oder Schärfe

Ist in der Schokolade eine fruchtige Zutat oder ein Gewürz enthalten, das sich auch in den Aromen des Weines wiederfindet, ist perfekte Harmonie garantiert. Wenn die Schokolade zusätzlich eine sehr kleine Menge pikanter oder exotischer Gewürze enthält, kommt es zu einer wahren Geschmacksexplosion. Je schärfer eine Schokolade, desto fruchtsüßer muss der Rotweinpartner sein.

Schokolade extrem – bis zu 100 Prozent Kakao

Erfreulicherweise erstreckt sich die Vielfalt der bitteren Schokoladen auch auf Exemplare mit bis zu 100 Prozent Kakaomasse. Diese Schokoladen können rein mathematisch keinen Zucker mehr enthalten, allenfalls eine Spur Vanille. Alleine verkostet haben sie eine geradezu betäubende Wirkung auf die Rezeptoren, die für die Aufnahme der Bitterstoffe im Mund zuständig sind. Erst nach einer Weile, immer in Verbindung mit einer belegenden Adstringens, schmeckt man die erfrischende Säure der Schokolade, die den Kakaogeschmack erst richtig und vor allem mit einer Spur Frucht zur Geltung bringt. Diese Schokoladen können es nur mit einem Weintyp aufnehmen, der ausreichend Süße und Extrakt besitzt. In Verbindung mit einem trockenen Rotwein käme es zu einer unangenehmen Gerbstoffpotenzierung am Gaumen. Je nach Kakaogehalt sind deshalb Banyuls, Portwein und Pedro Ximenez Sherry unschlagbare Partner. Sie bieten dieser extrem schmeckenden Schokolade eine unwiderstehliche Partnerschaft in Form von reizvoll zungenumwickelnder Süße.

Schokoladen-Opposition

Doch es gibt auch unüberwindbare Feindschaften: Elegante, puristische Bordelaiser, Chianti Classico, Rioja und Burgunder lassen sich nie mit Schokolade ein. Ihr eigenständiger Charakter – meist in Form von festen Tanninen und kantiger Säure – verlangt am besten nach einem gebratenen Stück Fleisch. Ebenso erfolglos ist die Kombination von Rotwein mit Milchschokolade. Nur in Ausnahmefällen und in Verbindung mit einer geschmacklichen Brücke in Form vom Gewürzen, Karamell oder ganzen, gerösteten Kakaobohnen, finden sich genussvolle Allianzen. Doch meist genügen selbst derartige Kniffe nicht und das Ergebnis bleibt pfeffrig, scharf, bitter, kurz und dünn.

Ungeschriebene Gesetze

Welcher Wein zu welcher Schokolade?

Art	Kakaogehalt	Ingredienzen	Weintyp	Beispiel
Milchschokolade	30%	Besonders hoher Zuckeranteil		Riesling Spätlese süß
Milchschokolade	35 – 40%	Salz, Zitronenzesten		Riesling Spätlese trocken/feinherb
Milchschokolade	45%	Fetthaltige Nüsse (Mandeln, Macadamia etc.)		Üppige, opulente Weine mit und ohne Holz, z. B. Badischer Grauburgunder
Weiße Schokolade	–	Enthält nur Kakaobutter, hoher Zuckeranteil		Riesling Auslese
Weiße Schokolade	–	Enthält nur Kakaobutter, aber zusätzlich Safran (säuerlich), Curry, Pistazien, hoher Zuckeranteil		Opulente Weißweine mit Holzlagerung aber auch opulente Süßweine mit weniger Säure
Dunkle Schokolade	60 – 65%	Getrocknete Kirschen		Merlot Typ, beerig, saftig, rund, mittlerer Gerbstoff
Dunkle Schokolade	65 – 70%	Aromatische Gewürze, z. B. Zimtblüte, Kardamom, Pfeffer		Spätburgunder, nicht zu elegant, eher Samtpfötchen-Typ
Dunkle Schokolade	80 – 90%	Geröstete Kakaobohnen, geröstete Kaffeebohnen, Gewürze (alles nur in geringen Mengen)		Banyuls, Maury, Tawny Port (oxidativer Typ) (ca. 50 – 100 g/l RZ)
Dunkle Schokolade	90 – 100%	Kein Zucker! Allenfalls ein Hauch Vanille (Gerbstoffe und Säure sind deshalb besonders dominant)		Port (hoher Zuckergehalt!) PX Sherry (ca. 250 g/l RZ)

Prickelnde Momente

Schaumwein hat eigene Regeln

Legendär ist Lily Bollingers Antwort Anfang der 1960er-Jahre auf die Frage eines Journalisten, zu welchen Gelegenheiten sie denn Champagner trinke: »Ich trinke Champagner, wenn ich froh bin, und wenn ich traurig bin. Manchmal trinke ich davon, wenn ich allein bin; und wenn ich Gesellschaft habe, dann darf er nicht fehlen. Wenn ich keinen Hunger habe, mache ich mir mit ihm Appetit, und wenn ich hungrig bin, lasse ich ihn mir schmecken. Sonst aber rühre ich ihn nicht an, außer wenn ich Durst habe.«

Wenn es prickelt

Alle Schaumweintypen in einem Atemzug zu behandeln ist vielleicht vermessen und unübersichtlich. Die einzige Gemeinsamkeit ist die prickelnde Kohlensäure. Bei einem hochwertigen Champagner ist diese je nach Länge des Hefelagers natürlich wesentlich feinperliger als beim sprudelnden Billigsekt. Neben der anregenden Kohlensäure besitzen Schaumweine und vor allem Spitzen-Champagner eine facettenreiche Balance von Frucht, Säure und Süße, die durch die kleinen Bläschen noch unterstützt wird. Hochwertige Schaumweine reifen länger auf der Hefe, die neben Aromen auch Kohlensäure spendet, die bei der zweiten, der Flaschengärung, als Nebenprodukt entsteht. Die Verbindung von Kohlensäure und Hefe gibt dem Schaumwein Struktur, fördert die charakteristische Aromatik und zeichnet sich am Gaumen durch eleganten Schmelz und zarte Cremigkeit aus.

Säure trifft Zucker

Lassen Sie sich nicht von der Bezeichnung »extra trocken« täuschen. Schaumweine können deutlich mehr Zucker enthalten, als Sie vermuten. Süße markiert geschmackliche Unebenheiten. Der im Vergleich zu trockenen Weinen deutlich höhere Restzuckergehalt ist allerdings sensorisch nicht sofort spürbar, weil die Kohlensäure zusätzlich für erfrischende Lebhaftigkeit sorgt.

Dosagestufen nach der EU-Verordnung vom 24.7.2009 in Gramm Zucker pro Liter (Zusätzlich wurde ein Toleranzwert von 3 g/l eingeführt).

brut nature:	0-3 g/l
extra brut:	0-6 g/l
brut:	0-12 g/l
extra dry:	12-17 g/l
sec:	17-32 g/l
demi sec:	32-50 g/l
doux:	>50 g/l

Auch Sommelière Paula Bosch rät zu Qualität:

»Bei manch prickelndem Stoff, der als Champagner abgefüllt wurde, handelt es sich um unreife Plörre, die mit Zucker kaschiert, nicht nur den Magen in Unruhestimmung bringt, sondern auf der Zunge einen metallisch, sauren Nachgeschmack hinterlässt. Grundsätzlich meine ich, dass durch die Kohlensäure die Kombination zu Speisen besonders schwierig wird, vor allem für Menschen, die auf ihre Figur achten. Fettes, cremig Schlotziges, wie es viele Champusis brauchen, ist ja nicht bei jedermann angesagt. Gut gereifte Champagner haben generell Röstnoten, Brottöne und nussige Aromen und diese passen wiederum sehr gut zu Speisen mit den entsprechenden Inhaltsstoffen, weil sie sich auf so wunderbare Weise paaren, bzw. ergänzen. Beispielsweise Röstaromen von gebratenem Fleisch oder Krustentieren, dunkle Jus, Fonds oder Saucen mit gebratenen Pilzen.«

Champagner & Speisen

Wussten Sie, dass Schaumwein, ein sehr vielseitiger Essensbegleiter sein kann? Unsere französischen Nachbarn sind uns da voraus, denn sie bezeichnen ihren prickelnden Champagner ganz einfach als »Wein« und trinken den guten Stoff auch gerne zum Essen. Vielleicht muss man sich auch hier einfach von Vorurteilen und alten Regeln verabschieden, um neue, interessante Kombinationen zu entdecken. Als Klassiker gilt die Kombination Kaviar und Champagner – aber die funktioniert in der Realität überhaupt nicht. Kaviar enthält gut 30 Prozent Eiweiß, einen hohen Anteil essentieller Aminosäuren, etwa 15 Prozent Fett, Vitamine, Mineralstoffe, je nach Sorte Salz und beschert das Mundgefühl Umami. Auf diese eiweißhaltige Zusammenstellung reagiert kohlensäurehaltiger Champagner sauer, schmeckt metallisch und verliert seine Frucht. Besser wäre ein Weißwein mit verhaltener Säure und Mineralität!

Was ist wichtig?

Da die Palette der Schaumweine von einfach, günstig, süß und breit über elegant, feinperlig, geschliffen bis zu opulent, wuchtig, süßlich reicht, ist es schier unmöglich, ein grundsätzliches Regelwerk für die Speisenverträglichkeit von Schaumwein aufzustellen. Das wichtigste Unterscheidungsmerkmal wird zunächst durch die Qualität des jeweiligen Produktes bestimmt. Ein simpler, süßlich anmutender Schaumwein, dem die Kohlensäure zugesetzt wird, ist sicherlich kein geeigneter Essenspartner. Während Schaumweine, die nach der »méthode champenoise« hergestellt werden, ergiebigeres Kombinationspotential besitzen. Durch die zweite Gärung in der Flasche wird die Kohlensäure feinperliger, damit besser eingebunden und weniger aggressiv. Aromatische Komponenten werden zartprickelnd in den Vordergrund befördert.

Zunächst der Ausbau

Erfolgte er in Stahltanks oder Struktur gebenden Holzfässern? Das wahrscheinlich wichtigste Merkmal für eine Kombination mit Speisen ist die sogenannte Perlage (Struktur der Kohlensäurebläschen: grob- oder feinperlig, explosiv oder langanhaltend und persistent). Eine feine Perlage entsteht durch ein langes Hefelager und bringt Cremigkeit und Eleganz mit sich. Solche

Champagner sind in der Regel die vielseitigsten und besten Speisebegleiter. Cremigen, fettreichen Saucen kann ein Champagner bestens begegnen, wenn er genügend Substanz, Vielschichtigkeit und eine feine Perlage besitzt. Dann ist die Kohlensäure sogar in der Lage, leicht bitteren, adstringierenden Aromen, wie Röstnoten von gebratenem Fisch oder Fleisch zu begegnen. Schlussendlich sollte ein guter Schaumwein ein lebendiges, angenehmes Mundgefühl besitzen, das Lust auf mehr macht.

Dann die Säure
Obwohl die Säure der Grundweine fast immer durch einen biologischen Säureabbau »abgeschmolzen« wird, sollte man in Bezug auf mögliche Speisekombinationen zwischen den eher fruchtigen, säurebetonten Champagnern mit höherem Chardonnay-Anteil (bis zum reinsortigen Blanc de Blancs) und den saftigen, weinigen Typen mit höherem Pinot Noir-Anteil unterscheiden.

Was ist schwierig?
Servieren Sie nie einen trockenen Champagner zu einem süßen Dessert. Das Ergebnis ist eine sensorische Katastrophe! Der schäumende Wein verliert seine Eleganz, entwickelt sich fahl und schmeckt nur noch säuerlich kurz. Warum? Die reichhaltige Süße des Desserts trifft auf die Kohlensäure, was zu einem süßsauren Gaumeneindruck führt und die Weinsäure unangenehm in den Vordergrund schiebt. Vorsicht auch bei scharfen Gewürzen: Zu viel Schärfe raubt jedem Champagner die Seele und damit den Nachhall. Fülle und Volumen bleiben zunächst durch die leichte Süße des Schaumweines erhalten, brechen dann aber schlagartig mit dem Einfluss der Kohlensäure ab.

Prickelnder Exkurs zum Abschluss
Nach einem mehrgängigen Menü »reinigt« die prickelnde Kohlensäure den Gaumen, erzeugt ein ähnlich frisches Gefühl wie Zähneputzen und eignet sich deshalb perfekt als »Reparaturwein«. Das funktioniert natürlich auch mit prickelndem Mineralwasser. An dieser Stelle überlassen wir Ihnen die Wahl!

Auf die Frage, was gar nicht mit Champagner gehe, antwortete Sommelier Jürgen Fendt, Restaurant Bareiss, Baiersbronn unlängst verschmitzt: »Ein leeres Glas!«

Vielleicht noch ein Tipp zum passenden Glas:

Das Sektschalen »out« sind, weiß fast jeder. Eine große Oberfläche ohne Kamin und Kelchform würde die Aromenmoleküle und die Kohlensäure buchstäblich in Luft auflösen. Besser ist eine kegelförmig zulaufende Kelchform mit mittelhohem Kamin, der den Molekülen erlaubt, sich zu entfalten, um dann sanft aufsteigen zu können. Je hochwertiger und komplexer der schäumende Wein, desto größer darf das Glas sein. Dann benötigt ein Champagner, genau wie ein Wein, entsprechende Zeit und Sauerstoff, um seine wahre Identität zu entfalten.

Wohltuende Wechselwirkung
Wein & Wasser

Mineralwasser gehört heute nicht nur zum guten Ton sondern auch auf jeden Tisch. Es beinhaltet Mineralstoffe, Spurenelemente und je nach Sorte mehr, weniger oder gar keine Kohlensäure. Man bezeichnet ein Mineralwasser als ausgewogen, wenn die Inhaltsstoffe im richtigen Verhältnis zueinander stehen. Genauso wie beim Wein.

Mineralwässer mit einem zu hohen Gehalt an Natrium in Verbindung mit Chlorid können salzig schmecken. Sulfatreiche Mineralwässer erscheinen geschmacklich fast bitter. Ein ausgewogenes Mineralwasser hingegen verfügt über entsprechend Calcium und Magnesium bei vergleichsweise wenig Natrium, Chlorid oder Sulfat. Damit ist es von Natur aus optimal mineralisiert. Mineralien sind in der Lage, eine ausgleichende und neutralisierende Wirkung auf die saure Eigenschaft der Kohlensäure auszuüben und lassen das Wasser runder, weicher und harmonischer erscheinen. Zudem versorgen sie unseren Organismus mit wichtigen Stoffen, die im Körper nicht selbst gebildet werden können.

So wie beim Wein das »Terroir« den Charakter prägt, besteht auch bei Mineralwasser ein Zusammenhang zwischen Herkunft, Geschmack und Qualität. Neben dem Kohlensäuregehalt entscheiden die Gesteinsschichten, die ein Wasser am Quellort durchlaufen hat, über Höhe und Zusammensetzung der Mineralstoffe und damit über den Geschmack. Die meisten Menschen nutzen Mineralwasser als effektiven Durstlöscher, andere mögen das kühle Nass begleitend zum Kaffee oder in erfrischender Allianz mit Wein und Speisen.

Es macht durchaus Sinn, sich nicht nur über die Auswahl eines Weines Gedanken zu machen, sondern auch gleich über das passende Mineralwasser. Dieses Thema hat man bei Gerolsteiner beispielhaft gelöst und bietet nicht nur Informationen über die Mineralien-Zusammensetzung an, sondern auch gleich passende Weinempfehlungen und entsprechende Gläser.

Welches Wasser zu welchem Wein?

Die sensorische Beurteilung von Mineralwasser funktioniert ähnlich wie bei Wein. Auch hier kommt es auf die Wahrnehmung der jeweiligen Inhaltsstoffe und deren Wechselwirkungen an. Entscheidend ist neben der prickelnden Intensität der Kohlensäure der salzig schmeckende Natriumgehalt (je höher die Kohlensäure, desto höher ist in der Regel auch der Natriumgehalt), was sich wiederum sehr gut mit Süße verträgt. Je höher die Süße im Wein, desto höher darf die Kohlensäure des Mineralwassers dosiert sein. Rotweine reagieren dagegen sehr extrem auf Kohlensäure. Sie bekommen Bitternoten und die Gerbstoffe treten stärker hervor: Je mehr bitter-phenolische Noten (Tannine) ein Wein hat, desto weniger Kohlensäure sollte das Wasser haben. Probieren Sie einen gerbstoffbetonten Rotwein nach einem ordentlichen Schluck Sprudel und versuchen Sie anschließend denselben Rotwein mit einem stillen Wasser. Das Resultat werden Sie nicht so schnell vergessen.

Trockene Weine

verlangen nach einem Mineralwasser mit niedrigem Kohlensäuregehalt. Aufgrund der der nur wenig prickelnden Kohlensäure und des Natriumgehaltes wird der Wein geschmacklich angeregt. Der Wein kann seine Aromen voll entfalten, weil die wohldosierte Kohlensäure für Frische und Fruchtigkeit sorgt.

Halbtrockene und süße Weine

bevorzugen je nach Zuckergehalt ein Mineralwasser mit mittlerem bis hohem Kohlensäuregehalt. Bei Weinen mit einem hohen Zuckergehalt wirkt die Kohlensäure erfrischend. Aufgrund der prickelnden Kohlensäure des Mineralwassers wird die Süße geschmacklich unterstützt. Der Wein kann sein volles Aromenspektrum entfalten, wirkt lebhaft elegant und macht vor allem Lust auf ein weiteres Glas. Anmerkung: Je höher die Süße im Wein, desto höher darf die Kohlensäure des Mineralwassers dosiert sein.

Gereifte Weine

können wiederum von einem Mineralwasser mit etwas Kohlesäure regelrecht erfrischt werden. Die Kohlensäure übernimmt den Part der durch die lange

Lagerung sensorisch abgebauten Säure, dadurch werden die Fruchtaromen angenehm untermalt. Der Wein erscheint frischer und jünger.

Weine mit Gerbstoffen
(kräftige Weißweine mit Holzeinfluss, Rotweine mit Tanninen und Barriqueausbau) mögen nur stilles Wasser, weil durch Kohlensäure der bittere Eindruck der Tannine extrem verstärkt wird. In Kombination mit stillem Wasser werden die Fruchtaromen geschmacklich in den Vordergrund gestellt und bekommen mehr Ausdruck. Leichtere Rotweine oder Weine mit weniger Tanninen können durchaus auch mit einem milden, leicht kohlensäurehaltigen Mineralwasser kombiniert werden. Entscheidend ist, wie sich die Tannine mit dem jeweiligen Kohlensäuregehalt eines Mineralwassers vertragen.

Aller guten Dinge sind drei

Zu Wasser und Wein kommt jetzt noch ein weiterer Part ins Spiel: die Lebensmittel. Grundsätzlich sind stille oder zart kohlensäurehaltige Mineralwässer die besten Essens-Begleiter, weil eine grob sprudelnde Kohlensäure nicht nur den Wein unangenehm beeinflusst, sondern auch die Geschmackskontraste feiner Gerichte zerstören kann. Aber keine Regel ohne Ausnahme: Ein kohlensäurehaltiges Mineralwasser passt beispielsweise zu edelsüßen Weinen in Verbindung mit gehaltvollen, fettreichen Lebensmitteln (Blauschimmelkäse, Leberterrine). Es bringt Lebhaftigkeit in die mächtige Kombination, erfrischt den Gaumen und »reinigt« die Zunge!

Warum ist Mineralwasser ein idealer Begleiter zu Wein und Speisen?
Je nach Sorte kann ein Mineralwasser den Geschmack von Wein und Speisen intensivieren, unterstützen aber auch neutrale oder sogar negative Auswirkungen haben. Allgemein beugt Mineralwasser der Übersäuerung des Magens vor und bringt den Feuchtigkeitshaushalt, der durch den Alkoholgenuss beansprucht wird, wieder ins Gleichgewicht. Welches Mineralwasser Sie einsetzen, hängt zunächst von Ihrem persönlichen Geschmack aber letztendlich vom begleitenden Weintyp, den im Essen enthaltenen Inhaltsstoffen, der Zubereitungsart und den Gewürzen ab.

	Naturell (keine Kohlensäure)	**Medium** (zarte Kohlensäure)	**Sprudel** (prickelnde Kohlensäure)	**Weintyp**
Leichte bis mittelkräftige Gerichte (moderat im Fettgehalt und Gewürzen)	😐 Je nach Fettgehalt wirkt das Wasser neutral bis etwas belegend.	🙂 Sanfte Kohlensäure wirkt anregend und unterstützt die Aromatik.	☹️ Sprudelnde Kohlensäure beeinflusst zarte Aromen, kann Geschmack verändern.	Weißwein-Typ 1, 2 Rotwein-Typ 1, 2 Schaumwein-Typ 2
Mediterrane Gerichte (Olivenöl, Tomaten, Kräuter, Gewürze, Knoblauch, Röstaromen etc.)	🙂 Angenehm neutral, erfrischt und balanciert kräutrige Noten und sogar extreme Röstaromen.	😐 Je nach Intensität von Salz und Gewürzen kann sich sanfte Kohlensäure frisch und lebhaft auswirken.	☹️ Intensive Gewürze, Tomaten, Kräuter und pikanter Knoblauch verstärken sprudelnde Wirkung.	Weißwein-Typ 2, 3, 4 Rotwein-Typ 2, 3, 4
Facettenreiche, komplexe Gerichte (mehr als 5 Komponenten auf dem Teller)	🙂 Eine komplexe Rezeptur benötigt sanfte Begleitung ohne sprudelnde Wirkung.	😐 Je nach Rezeptur kann sich sanfte Kohlensäure erfrischend aber auch störend auswirken.	☹️ Sprudelnde Kohlensäure beeinflusst negativ und kann sich bitter auswirken.	Weißwein-Typ 2, 3 Rotwein-Typ 2, 3 Schaumwein-Typ 2, 3
Gehaltvolle Gerichte (Fett, Eiweiß, Kohlenhydrate, Kräuter, Gewürze, Röstaromen etc.)	🙂 Angenehm neutral und »verdünnt«. Kann Röstaromen balancieren und Fruchtaromen heben.	🙂 Je nach Reichhaltigkeit und Gewürzintensität kann sanfte Kohlensäure erfrischen und neutralisierend wirken.	☹️ Kohlensäure passt nicht zu herb anmutenden Tanninen. Ein hoher Fettgehalt kann puffernd wirken.	Weißwein-Typ 2, 3, 4 Rotwein-Typ 2, 3, 4 Schaumwein-Typ 3
Scharfe Gerichte (Fett, Eiweiß, Kohlenhydrate, Kräuter, Gewürze, Röstaromen etc.)	🙂 Je nach Schärfegrad neutralisierend. Kann pikante Noten und extreme Röstaromen balancieren.	☹️ Schärfe und Kohlensäure passen nicht zueinander. Schärfe wird verstärkt, lässt zusätzlich bittere Noten entstehen.	☹️ Starke Kohlensäure verstärkt die Schärfe, sowie Alkohol und adstringierende Gerbstoffe.	Süßwein-Typ 2, 3, 4
Gehaltvolle, fetthaltige, salzige Lebensmittel, die zu Süßwein passen (Blauschimmel, Terrinen, Leberpaté etc.)	☹️ Das Wasser wirkt kalkig fad und kommt mit dem Fettgehalt der Speise und der Süße des Weines nicht zurecht.	🙂 Gehaltvolle Speisen in Kombination mit mittelsüßem Wein benötigen Erfrischung durch prickelnde Kohlensäure.	🙂 Kohlensäure unterstützt Fruchtsüße der Weine, erfrischt den Gaumen und intensiviert die Spannung.	Süßwein-Typ 2, 3, 4 Schaumwein-Typ 4 Verstärkter Wein-Typ 2, 3, 4
Süßspeisen (hoher Zuckergehalt)	☹️ Je nach Fettgehalt, Temperatur und Konsistenz wirkt das Wasser belegend, fast kalkig.	🙂 Leichte Kohlensäure kann »unterstützen«, Süße wird lebendig.	🙂 Prickelnde Kohlensäure bringt erfrischende Lebhaftigkeit ins Spiel.	Süßwein-Typ 3, 4 Schaumwein-Typ 4 Verstärkter Wein-Typ 3, 4

Welches Glas zu welchem Mineralwasser?

Wahrscheinlich werden Sie jetzt denken, dass man es auch übertreiben kann. Stimmt. Mineralwasser versprüht keine Aromen, die Sie wahrnehmen oder gar riechen können. Der Geschmack findet auf der Zunge statt. Aber warum sollte man den sprudelnden Effekt der im Mineralwasser gebundenen Kohlensäure noch unnötig verstärken. In der Regel spielt bei der Wahl des Wasserglases die Optik eine größere Rolle als sensorische Gesichtspunkte. Bei den folgenden Gläsern passt beides. In Kooperation mit dem Glashersteller Zwiesel Kristallglas und Sommelier Thomas Sommer entwickelte Gerolsteiner zwei funktionale Gläser, von denen eines speziell auf stilles Mineralwasser Naturell und das andere auf die kohlensäurehaltigen Varianten Gerolsteiner Sprudel und Medium zugeschnitten ist.

Wasserglas »sparkling«

Kohlensäurehaltiges Mineralwasser sollte im Mund zunächst auf die Zungenmitte treffen, um sich dann sanft zu verteilen. Das wird durch eine schmalere Öffnung erreicht. Die nach oben hin leicht verjüngte Form verhindert zudem ein zu schnelles Entweichen der Kohlensäure.

Wasserglas »still«

Stilles Mineralwasser wirkt geschmeidiger und weicher im Mundraum, wenn es durch einen breiten Zufluss aus dem Glas in den Mund fließt. Deshalb ist das Glas nach außen geöffnet.

Die Genuss-Werkstatt

Die Genusswerkstatt

Die Lieblingsrezepte unserer Genussexperten zum Nachkochen

Hier geht es sprichwörtlich ans Eingemachte. Sie müssen jetzt selber an den Herd, um die Lieblingsrezepte der Köche und Kellermeister nachzukochen. Der passende Wein ist auch bereits ausgesucht, deshalb sollte nichts mehr schief gehen.

Mit Wein und Speisen haben Köche und Winzer täglich zu tun, deshalb haben wir sie nach ihren Lieblingskombinationen befragt. Sie verraten Ihnen in diesem Kapitel die Rezepte der Gerichte samt passendem Weintipp. Eine höchst individuelle Aufreihung von persönlichen Genussanleitungen zum Nachkochen. Dabei ist den Protagonisten durchaus bewusst, dass sie wohl das Gericht in seinen Zutaten variieren können – der Wein aber mehr oder weniger trinkfertig aus der Flasche kommt.

Ein Sommelier dagegen muss sich – bevor er überhaupt Weinempfehlungen zum Essen aussprechen kann – erst ein umfangreiches Produktwissen verschaffen, also fast eine Kochausbildung im Sauseschritt absolvieren. Doch bedeutet das noch lange nicht, dass er die sensorischen Unterschiede auch schmecken und vor allem richtig zuordnen kann. Das braucht einfach etwas Zeit, Geduld und Übung.

Deshalb ist es eigentlich unmöglich, ein umfassendes Standard-Regelwerk für alle Gelegenheiten und Kombinationen zu erstellen. Das Thema ist zu umfangreich, bietet viel zuviel geschmackliche Angriffsfläche und ist obendrein von gefühlsbedingter Subjektivität gekennzeichnet. Aber genau deshalb ist es auch so spannend und lässt nahezu jedes Experiment zu.

Vielleicht muss man nur den Ansatz im eigenen Kopf ändern, um die Scheu vor dem genussreichen Wein-&-Speisen-Kombinationsthema zu verlieren. Worum es geht? Es muss Ihnen schmecken!

Stellt sich also die Frage, was man mit dem Wein machen kann, den man trinken möchte oder der sich bei einem Restaurantbesuch gerade im Glas befindet. Welcher Kategorie gehört er an, wie ist er hergestellt, welche Stilistik prägt diesen Wein und zu welchen Speisen könnte er deshalb passen?

Letztendlich trifft Ihr Geschmack die Entscheidung!

Ingo Holland ist einer der wenigen Köche, die genau diesen Weg bevorzugen. Er liebt kraftvolle Rhône-Weine und gerät sofort ins Schwärmen: »Am besten ein ›Royal de Lièvre‹ von Harald Wohlfahrt. Perfekter kann Wildhase nicht schmecken. Weil man zu diesem Gericht die besten Roten aus dem französischen Süden trinken kann: Henri Bonneau, Château Rayas, Jean-Louis Chave, Paul Jaboulet Aîné und einige andere. Alles, was unendlich dicht, rot und kräftig ist.«

Das Konzept funktioniert auch bei kurzfristigen Einladungen, oder wenn wenig Zeit zum Kochen bleibt. Der Trick: Vorbereitung! Karl-Heinz Wehrheim empfiehlt eine seiner Lieblingskombinationen, einen jungen Spätburgunder mit opulenten Sauerkirscharomen, zart pfeffrigen Noten und etwas kantigen Tanninen zu einem kurz gebratenen Rückenfilet vom Reh oder Hirschkalb. »Das hat den Vorteil, dass ich mich um meine Gäste kümmern kann, nicht stundenlang in der Küche stehen muss und das Ergebnis immer gut ist. Dazu gibt es eine Sauce, die ich mit den Knochen vorbereite, wenn ich das Stück Wild erlegt habe und es zerlege. Für diese Sauce koche ich einen ganzen Haufen Knochen mit Wurzelgemüse und reduziere es, bis der Löffel drin stehen bleibt. Anschließend wird die Sauce in kleinen Portionen eingefroren und ist dann bei solchen Gelegenheiten Gold wert.«

Die folgenden Rezepte reichen jeweils für vier Personen. Die Weinration ist frei zuteilbar, Experimente sind selbstverständlich erlaubt. Die Palette der Kombinationen reicht Gott sei Dank von einfach, schnell und köstlich bis fein, vielschichtig und umfangreich. Bei manchen Gerichten ist die Beschaffung der Lebensmittel schon ein tagfüllendes Programm, aber Gäste kommen ja meistens erst am Abend. Lassen Sie sich nicht abhalten und legen Sie einfach los, es macht Spaß! Übung macht auch hier den Meister. Der Wein ist ja bereits ausgesucht, deshalb sollte nichts mehr schief gehen!

Eva Clüsserath
Thunfisch »asiatisch«
& fruchtig leichter Kabinett mit zarter Süße

600 g Thunfischfilet in Sushi-Qualität
Saft von 3 Limetten
200 ml Sojasauce
etwas Olivenöl
2 Frühlingszwiebeln
1 Stück frischer Ingwer (ca. 3 cm)
1 Prise Wasabi
Koriandergrün
Holzspieße
gemischter Kräutersalat
Saft von 1 Zitrone
2 El Honig
gemahlener Pfeffer

Thunfisch in ca. 1,5 cm dicke Stücke schneiden. Für die Marinade den Saft von 2 Limetten, 100 ml Sojasauce und etwas Olivenöl verrühren. Die Frühlingszwiebeln waschen, trocknen und in feine Ringe schneiden. Ca. 2 cm Ingwer in der Knoblauchpresse zerdrücken, Wasabi und etwas gewaschenes und fein gehacktes Koriandergrün hinzufügen. Den Thunfisch ca. 1 Stunde marinieren. Die marinierten Thunfischstücke auf Holzspieße stecken und kurz angrillen, sodass der Fisch innen noch roh ist.

Die Kräuter waschen, trockenschütteln, harte Stücke entfernen und grob zupfen. Aus dem Saft von je 1 Zitrone und Limette, 100 ml Sojasauce, 2 El Honig, etwas Koriandergrün, frisch geriebenem Ingwer, etwas Olivenöl und frisch gemahlenem Pfeffer eine Vinaigrette herstellen und über den Kräutersalat träufeln. Die Thunfischspieße auf dem Salat servieren.

Eva Clüsseraths Weinempfehlung zum Thunfisch:

2011 Riesling Kabinett
Trittenheimer Apotheke
Weingut Ansgar Clüsserath,
Trittenheim, Mosel

Weinbegleitung:

Süßwein-Typ I

Es mag in einer fortschrittsgläubigen Gesellschaft etwas merkwürdig anmuten, dass ausgerechnet junge Winzer der zunehmenden Modernität im Weinberg und Keller einen Riegel vorschieben und sich auf die Methoden ihrer Großväter besinnen. Die junge studierte Weinbauingenieurin Eva Clüsserath geht mit ihrem Stil vorwärts in die Vergangenheit, verzichtet im Keller auf technischen Schnickschnack und macht nur das Nötigste, gibt den Weinen in ihrer Entwicklung ausreichend Zeit und arbeitet mit alten Holzfässern. Das Resultat kann sich jetzt schon sehen und vor allem schmecken lassen: saftige Fruchtaromen, dazu ein zarter Pfirsichduft, harmonisch ergänzt von einer feinen Mineralität und der herrlich eingebundenen Säure. Mit der vielversprechenden Perspektive, dass die Weine von Eva Clüsserath Kondition für Jahre mitbringen. Also auch im »Alter« noch fit sind, ganz im Stil der Zeit. Der »Rückschritt« der jungen Winzerin hat sich gelohnt, wir jedenfalls freuen uns auf ihre Zukunft. Und Eva Clüsserath umgekehrt an der köstlichen Vereinigung von süßen Rieslingen und asiatisch gewürzten Gerichten: »Man mag gar nicht aufhören zu essen, weil sich der mineralische Kabinett mit seiner saftigen Fruchtsüße perfekt auf die salzige Sojamarinade, die süßen Honignoten und die herzhafte Zitronenfrische einlässt.«

Hans Ruck
Zickleinschlegel mit Estragon & fruchtig üppiger Weißwein mit Barriqueausbau

1 Bund Estragon
1 Bund Suppengemüse
(2 gelbe Rüben,
 1/8 Sellerieknolle,
 1 Stange Lauch)
1 Jungzickleinschlegel
2,5–3 kg (beste Zeit
 März / April oder Oktober /
 November)
1,5 El Butterschmalz
200 ml ESTHERIA
Meersalz
1/2 Tl »Melange noir«
 (Altes Gewürzamt –
 Ingo Holland)
1 kg junger Spinat
1 Messerspitze Natron
3 El Olivenöl
1 Bund Bärlauch
 (ab Saisonende frischer
 Knoblauch)
frisch geriebene Muskatnuss
500 g Bandnudeln
Sahne
1 Stück Butter

Den Estragon waschen, trockenschütteln und die Blättchen von den Stielen zupfen. Das Suppengemüse putzen, waschen, schälen und klein schneiden. Vom Zickleinschlegel nicht das Fett, aber evtl. vorhandene Sehnen wegschneiden und das Fleisch im Butterschmalz rundherum anbraten und Farbe nehmen lassen. Anschließend das Suppengemüse und die Stängel des Estragons (die Blättchen aufheben!) im Bräter mit dem Bratfond der Keule anschwitzen. Mit Wein ablöschen und bei geschlossenem Deckel ca. 20 Minuten dünsten.

Den angebratenen Schlegel mit reichlich Meersalz und frisch gemörserter »Melange noir« bestreuen und auf das Röstgemüse und die Estragonstängel legen. Das Gemüse im Bräter verteilen, Deckel auflegen und im Backofen bei 80°C etwa 4 Stunden garen.

Inzwischen den Spinat verlesen, im Salzwasser mit etwas Natron maximal 15 Sekunden blanchieren und abtropfen lassen. Das Olivenöl in einer hohen Kasserolle erhitzen, den gewaschenen kleingehackten Bärlauch (oder die zerdrückten Knoblauchzehen) anschwitzen und den Spinat dazugeben. Beides weiter schwitzen lassen. Mit Meersalz und frisch geriebener Muskatnuss würzen. Die Nudeln nach Packungsanweisung zubereiten und darauf achten, dass sie bissfest bleiben.

Den Bräter aus dem Backofen nehmen und das Fleisch warm stellen. Den Fond durchs Spitzsieb geben und in einer breiten, flachen Kasserolle einreduzieren. Etwas Sahne zugeben und die Sauce schön cremig werden lassen. Kurz vor dem Anrichten die Estragonblättchen dazugeben. Den Schlegel aufschneiden, die Nudeln in einem Sieb abtropfen lassen, in Butter schwenken und den Spinat dazu reichen.

Hans Rucks Weinempfehlung zum Zickleinschlegel:
2010 ESTHERIA
Weingut Johannes Ruck,
Iphofen, Franken

Weinbegleitung:

Weißwein-Typ 4

Während Hans Ruck sein Zicklein präpariert, erzählt er uns, warum der Wein so gut passt: »Die Vergärung erfolgt in einem kleinen Holzfass aus heimischer Iphöfer Eiche. Dafür sägt der Strobinger Franzl das Holz auf und legt es vier Jahre bei Wind und Wetter raus. Das gibt dem Wein wunderbare Vanillenoten, ist trotzdem nicht zu dominant, sondern erhält die Mineralität und verhindert grüne, unreife Holznoten. Das Resultat: ein kraftvoller, fruchtbetonter Wein mit hervorragend integriertem Holzgerüst und kräftigem Schmelz, der keine Angst vor den Röstaromen des Zickleinschlegels hat. Im Gegenteil, er freut sich auf das Fleisch und die geschmacksintensiven Beilagen: Nudeln, Estragonrahm, Bärlauch und Spinat.«

Frank Buchholz
Gratinierter Rotlachs mit Meerrettich & kraftvoll cremiger Weißwein mit Schmelz

4 Stücke Rotlachs (à 50 g)
50 g Butter
1 Eigelb
Salz, Pfeffer
Zucker
1 El Meerrettich
Brösel von 3 Scheiben
 Weißbrot ohne Rinde
1/2 Schlangengurke
8 Radieschen
1 feingewürfelte Schalotte
Olivenöl
1 Tl Senf
50 ml Apfelsaft
1 El Crème fraîche
Zitronensaft
1 El Wasabipaste
1 Tl Honig
Meersalz

Für die Meerrettichkruste die Butter weich werden lassen und mit einem Handmixer aufschlagen. Eigelb hinzufügen und weiter aufschlagen. Mit Salz und Zucker abschmecken. Den Meerrettich und die Brösel mit einem Holzlöffel untermengen. Dünn ausrollen und kalt stellen.

Die Gurke vierteln und das Kerngehäuse entfernen. Dann schräg versetzt in Dreiecke schneiden. Radieschen vierteln. Anschließend einzeln in Salzwasser blanchieren und abschrecken. Trockentupfen und kaltstellen. Die feingewürfelte Schalotte in Olivenöl anschwitzen. Mit Senf, etwas Zucker und etwas Apfelsaft ablöschen. Crème fraîche hinzugeben, schlotzig einkochen und mit Zitronensaft, Salz und Pfeffer abschmecken.

In einer kleinen Pfanne etwas Wasser, den restlichen Apfelsaft und Salz zum Kochen bringen. Den Lachs mit Meersalz würzen. Die Wasabipaste mit Honig und Zitronensaft verrühren und den Lachs damit auf der Oberseite bestreichen. Den Lachs in die heiße Pfanne mit der Flüssigkeit einlegen und von der Kochstelle nehmen. Nun die Kruste auflegen und im vorgeheizten Backofen bei starker Oberhitze goldgelb gratinieren. In der Zwischenzeit die Gurken- und Radieschenstücke in der Senf-Crème-fraîche erwärmen und mit dem gratinierten Rotlachs anrichten.

Frank Buchholz' Weinempfehlung zum Rotlachs:

2009 Pedra de Guix
Terroir al Limit,
Torroja, Priorat

Weinbegleitung:

Weißwein-Typ 4

Die im Schnitt 60 Jahre alten Garnacha blanc-, Macabeu- und Pedro Ximenez-Reben wachsen auf 400 bis 600 Meter hohen Lagen und liefern nur noch sehr geringe Erträge. Der Lohn ist ein dichtes, konzentriertes Weißwein-Cuvée mit quicklebendigen Zitrus- und Melonenaromen und anregenden Apfelschalennoten. Frank Buchholz Küche ist einer ständigen Entwicklung unterworfen. Ursprünglich mediterran mit regionalen Einflüssen geprägt, kommen heute die unterschiedlichsten Akzente hinzu. Wenn es um Wein geht, lautet sein Grundsatz: »Die Sauce muss zum Wein passen und nicht der Wein zur Sauce!« Was in dieser Kombination allerdings nicht einfach ist. Der gesuchte Weinpartner muss einerseits mit Schärfe umgehen können und andererseits dem Rotlachs standhalten. Die katalanische Trouvaille eignet sich besonders gut, weil der Wein in gebrauchten 500-Liter Foudres vergoren wurde, was ihm eine entsprechende Struktur verleiht. Neben dezenter Rauchigkeit, feinherben Grapefruitnoten und vielschichtiger Substanz zaubert er einen köstlichen Schmelz auf die Zunge und macht ihn damit zu einem perfekten Begleiter zu dem pikanten Rotlachs mit seiner »scharfen« Begleitung.

Ingo Holland
Geschmortes Perlhuhn
& fruchtüppiger, körperreicher Weißwein

1 Perlhuhn, ganz ca. 1,8 kg
 oder ausgenommen
 ca. 1,4 kg, Spitzenqualität
Salz, weißer Pfeffer
 frisch gemahlen
70 ml Olivenöl
80 g Gänsestopfleber
40 mittelgroße Knoblauch-
 zehen (ca. 225 g, ersatzweise
 Ail rosé aus der Provence)
1 Flasche nicht zu trockener
 Muscat oder Morio Muskat
80 g kandierte Zitronen
 fein gewürfelt
20 frische Verveineblätter
 oder 6 g getrockneter
 Verveine
frisch gepresster Zitronensaft
Rohrzucker nach Belieben
4 schöne Verveinespitzen

Das Perlhuhn innen und außen waschen, trocknen und in Brust und Keulen zerteilen. Die verbleibende Geflügelkarkasse (Knochen) in 3-4 Stücke zerteilen. Die Geflügelteile von überflüssigem Fett und Sehnen befreien. Die Keulen im Gelenk zerteilen und alles kräftig mit Salz und Pfeffer würzen.

Keulenteile und Brüste in Olivenöl rundum braun anbraten, die verbliebenen Knochen hinzugeben. Wenn die Brüste Farbe genommen haben, herausnehmen. Die Gänseleber in grobe Würfel schneiden und mit den geschälten Knoblauchzehen zu Keulen und Karkassen geben. Die Zehen bei milder Hitze so lange braten bis sie goldbraun und nahezu gar sind. Jetzt alles mit dem Wein ablöschen. Die Keulen sollten bedeckt sein, ansonsten mit etwas Brühe auffüllen. 50 g der kandierten Zitronen zugeben.

Das Ganze ca. 30-35 Minuten mit geschlossenem Deckel saftig und zart schmoren. 5 Minuten vor Ende der Garzeit die Verveineblätter zugeben. Die Fleischstücke herausnehmen und warmstellen. Die Knochenteile entfernen. Den verblieben Fond mit Knoblauch und Kräutern mit einem Stabmixer zu einer cremigen Sauce pürieren. Der Knoblauch fungiert hier als Bindemittel. Durch ein Sieb passieren, erneut aufkochen und mit Salz, Pfeffer, Zitronensaft und eventuell etwas Rohrzucker abschmecken. Die angebratenen Bruststücke sowie die Keulen einlegen und so lange in der Sauce belassen, bis die Brust auf den Punkt gar ist. Die restlichen kandierten Zitronenstücke zugeben.

Ingo Hollands Weinempfehlung zum Perlhuhn:

2010 Condrieu »Les Chaillées de l'enfer«
Domaine Georges Vernay, Rhône

Weinbegleitung:

Weißwein-Typ 4 🍷🍷🍷🍷

Die im Durchschnitt 60 Jahre alten Rebstöcke dieses tiefgründigen Condrieus wachsen auf schmalen Terrassen mit brüchigem Granitboden und geben dem Wein Dichte und Substanz. Georges Vernay gilt unangefochten als Retter dieser wunderbaren Weinregion und wird deshalb augenzwinkernd als »Monsieur Condrieu« bezeichnet. Sein Credo: Respekt vor dem Terroir. Nach gleichen Kriterien sucht Ingo Holland seine Produkte aus: Qualität, Saison und Preis-Leistungs-Verhältnis. Und vor allem, was er selber gerne kochen und anschließend essen und trinken möchte: »Die zitronig frische Note des Condrieus ist ein ideales Bindeglied zu diesem doch sehr aromenintensiven Gericht. Der Wein verfügt über die nötige Vielschichtigkeit und vor allem Komplexität. Durch das Braten von Knoblauch und der Stopfleber entstehen Aromen von gerösteten Nüssen, die sich im Wein widerspiegeln. Die Lindenblütennoten des Viogniers vereinen sich mit dem Duft des zartwürzig, blumigen Muscats, mit dem das gebratenen Huhn abgelöscht wurde.

Vincent Klink
Schlotziges Geflügelfrikassee & tiefgründig komplexer Riesling

1 Freilandhähnchen
1 Zwiebel
Salz
1 Tl Pfefferkörner
1 Lorbeerblatt
150 g kleine Champignons
3 Stangen Staudensellerie
140 g Mehl
250 ml Milch
2 Eier
3 El Butter
1 Schalotte (fein gehackt)
40 ml Sahne
1 Eigelb
Pfeffer
1 Spritzer Zitronensaft
1 El Kapern
   mit Einlegeflüssigkeit
Butter zum Einfetten
   der Formen

Das Hähnchen waschen und trockentupfen. Zwiebel schälen und in Achtel schneiden. Das Hähnchen in einen Topf geben und mit Wasser bedecken. Salz, Pfefferkörner, Lorbeerblatt und Zwiebel zugeben. Alles zum Kochen bringen und das Hähnchen in ca. 1,5 Stunden gar kochen. In der Brühe auskühlen lassen, herausnehmen und anschließend die Brühe durch ein Sieb passieren.

Das Fleisch von den Knochen ablösen und in mundgerechte Würfel schneiden. Champignons putzen und in Viertel schneiden. Staudensellerie waschen und in 1 cm dicke Stücke schneiden. Champignons und Staudensellerie separat kurz in Salzwasser blanchieren, herausnehmen und abtropfen lassen.

Für die Pfitzauf 130 g Mehl, Milch, Salz und Eier mit dem Mixer gut vermengen, dann 1 El sehr weiche Butter gut untermixen. Die Pfitzauf-Formen gut ausbuttern. Zur Hälfte mit dem Teig füllen und im vorgeheizten Backofen bei 180 °C ca. 30 Minuten backen. Die Pfitzauf – daher der Name – sollten um das Dreifache aufgegangen sein. Dann bei geöffneter Ofentür noch kurz ruhen lassen, damit sie stabil werden und nicht in sich zusammensacken.

Die gehackten Schalottenwürfel in einem Topf mit 1 El Butter anschwitzen, restliches Mehl zugeben und kurz anrösten, mit Sahne ablöschen und gut verrühren. Mit einem halben Liter zuvor passierter Geflügelbrühe aufgießen und 10 Minuten köcheln lassen. Den Topf vom Herd ziehen, restliche kalte Butter und das Eigelb unterrühren. Mit Salz, Pfeffer und Zitronensaft abschmecken. Champignons, Staudensellerie, Kapern mitsamt der Kapernflüssigkeit sowie das Hühnerfleisch zugeben und nochmals erwärmen. Nicht mehr kochen lassen. Pfitzauf aus der Form stürzen und mit dem Frikassee anrichten.

Vincent Klinks Weinempfehlung zum Geflügelfrikassee:

2006 Lämmler Riesling GG
Weingut Aldinger, Fellbach,
Württemberg

Weinbegleitung:

Weißwein-Typ 3

»Ich trinke nicht viel, aber wenn, dann wird nicht gespart. Es gibt auf der Welt massenhaft guten Wein, so viel, dass ich mich ganz gern wieder auf meine Wurzeln besinne. Württemberger. Erstens bin ich schwäbischer Patriot, zweitens setzt mir der Wein eine Kraft entgegen. Damit meine ich nicht, dass er auf den ersten Schluck gefällig ist, sondern man sich mit ihm Schluck um Schluck befassen muss. Er wird mir subjektiv immer besser, mit jedem Schluck. Mit anderen Worten: er ist das Gegenteil eines anbiedernden Designweines.« Vincent Klink trifft diese Bemerkung schmunzelnd und wohlwissend, dass dieser komplexe Riesling sein Geflügelfrikassee als kulinarisches Gegengewicht nicht nur akzeptieren, sondern sich öffnen und seine Eleganz und Vielschichtigkeit zum Ausdruck bringen wird.

Monika Fürst
Geschmortes Kalbfleisch mit Estragon & präzise Burgunder

800 g Kalbfleisch
  (Hals oder Brust)
Butter
2 Schalotten
1 Lorbeerblatt
Salz, Pfeffer
Melange blanc
  (Altes Gewürzamt –
  Ingo Holland)
Weißer Burgunder
Gemüsebrühe
Kalbsfond
Sahne
frischer Estragon
1 unbehandelte Zitrone

Kalbshals oder -brust in große Würfel schneiden. Im Bräter ganz langsam in Butter anbraten. Gehackte Schalotten und ein Lorbeerblatt dazugeben. Alles leicht bräunen und mit Pfeffer, Salz und Melange blanc würzen.

Mit Weißem Burgunder ablöschen. Etwas Gemüsebrühe, Kalbsfond und Sahne auffüllen. Ein paar Stängel frischen Estragon und ein Stück Zitronenschale dazugeben. Das Ganze sollte knapp mit Flüssigkeit bedeckt sein.

Bei 160 °C ca. 90–100 Minuten im geschlossenen Bräter im vorheizten Backofen schmoren.

Monika Fürsts Weinempfehlung zum Kalbfleisch:
2007 Weißer Burgunder »R«
oder
2006 Klingenberger Spätburgunder

Weingut Rudolf Fürst, Bürgstadt, Franken

Weinbegleitung:

Weißwein-Typ 4
oder Rotwein-Typ 3

Die Gegend rund um Klingenberg gehört zu den ältesten deutschen Rotwein Regionen und ist aufgrund ihrer Bodenstrukturen und des milden Klimas bestens für Burgunderanbau geeignet. Vor gut 10 Jahren erwarben Paul Fürst und sein Sohn Sebastian einen Wingert inmitten Klingenbergs bester Parzellen. Der Spätburgunder reift in Barriques mit einem vierzig prozentigem Anteil neuer Fässer. Neben dem burgundisch geprägten Centgrafenberg Spätburgunder entstehen nun auch hier »fürstliche« Weine, die mit Eleganz, Komplexität, Tiefgründigkeit und Langlebigkeit brillieren. »Im Keller kann nur erhalten werden, was aus dem Weinberg hinein kommt«, lautet Sebastians kompromisslose Qualitätsphilosophie, die er vom Vater übernommen hat und damit klarstellt, dass gute Weine im Weinberg wachsen und im Keller nicht mehr maßgeblich verbessert werden können. Mutter Monika setzt beim Kochen ebenfalls auf klare Prinzipien: »Der Wein soll das Essen nie übertönen.« Das wissen die Männer, denn während sie mit dem Kochen beschäftigt ist, suchen sie den passenden Wein aus. Die letztendliche Auswahl richtet sich jedoch nach der Zubereitungsart: den geschmacksgebenden Elementen und den verwendeten Gewürzen. »Schmeckt das Kalbfleisch zum Beispiel durch Wein und Zitrone eher säurebetont, passt am besten ein komplexer Weißer Burgunder »R« dazu. Ist es aber eher cremig, weicher, dann sollte es ein feiner, femininer Klingenberger Spätburgunder sein, weil er mit seiner ausgeprägten Frucht die Kraft des Geschmorten sehr gut trägt, ohne den zarten Geschmack des Kalbfleisches dabei zu erschlagen.«

Lea Linster
Gebratenes Zanderfilet
& fruchtiger Riesling mit Biss und Charme

Zutaten:

- 2 kleine Zwiebeln
- 1 Knoblauchzehe
- Salz
- Olivenöl
- 100 ml Riesling
- 100 ml Fond (vorzugsweise Muschelfond, ersatzweise Gemüse- oder Hühnerfond)
- Baguette
- Butter
- 1 Tl frisch gehackte, glatte Petersilie
- 2 Tl fein geriebene Weißbrotbrösel
- 2 Tl fein geriebener Parmesan
- 100 ml Sahne Zitronensaft
- frisch geriebene Muskatnuss
- 4 küchenfertige Zanderfilets (à ca. 180 g)
- 8 mittelgroße Kartoffeln
- Meersalz
- gehobelter Parmesan

Zwiebeln schälen und fein würfeln. Die Knoblauchzehe schälen, entkeimen, zwei Minuten in kochendem Salzwasser blanchieren und eiskalt abschrecken. Zwiebelwürfel und Knoblauchzehe in 2 El Olivenöl ganz leicht andünsten. Dann mit 3-4 El Wasser ablöschen und alles einkochen lassen. Riesling, etwas Salz und den Fond hinzufügen und die Sauce bei geschlossenem Deckel 30 Minuten köcheln lassen. Anschließend im Mixer sehr fein pürieren, durch ein Haarsieb passieren und zur Seite stellen. Die Sahne steif schlagen und mit Salz, Zitronensaft und etwas Muskatnuss aromatisieren.

Vom Baguette schräg vier dünne Scheiben abschneiden und hauchdünn mit geklärter Butter einstreichen. Die Brotscheiben auf ein Backblech mit Backpapier geben, mit einem zweiten Backblech abdecken und im vorgeheizten Backofen bei 180 °C ca. 10 Minuten hellbraun rösten lassen. Die Petersilie mit den Weißbrotbröseln und dem Parmesan mischen.

Die Zanderfilets waschen und trockentupfen. In einer heißen beschichteten Pfanne etwas Butter zerlassen, die Filets salzen und in der Pfanne mit der Hautseite nach unten kross anbraten. Anschließend zur perfekten Garung für 2-3 Minuten in den 180 °C heißen Backofen stellen.

Inzwischen die Kartoffeln in Salzwasser garen, pellen und vierteln. Die noch heißen Kartoffeln in eine vorgewärmte Schale geben und mit etwas feinem Olivenöl beträufeln. Etwas Meersalz darübergeben und die Kartoffeln sofort mit einer stabilen Gabel zerdrücken. Dabei nicht zu sorgfältig drücken, sodass das Püree noch stückig ist. Anschließend das Kartoffelpüree auf angewärmten Tellern anrichten und mit etwas gehobeltem Parmesan bestreuen. Die Zanderfilets mit der krossen Haut darauf platzieren. Die Sauce kurz erhitzen, 1-2 El Sahne darunterheben aber nicht verrühren. Etwas Sauce um die Filets und jeweils 1 Tl Sahne obenauf geben. Die Baguettescheiben mit der Petersilien-Parmesan-Mischung bestreichen und auf dem Zanderfilet platzieren.

Lea Linsters Weinempfehlung zum Zander:

2011 Koeppchen Riesling »Sélectionné avec amour par Léa Linster«
Domaine Alice Hartmann, Wormeldange, Luxembourg

Weinbegleitung:

Weißwein-Typ 2

»Die Träume erfüllt man sich vom Ersparten der Wünsche«, zwinkert Lea Linster und serviert zum Zander »den Riesling, der auch in der Sauce steckt.« Lea Linster ist bekennender Rieslingfan. Vor einigen Jahren hat sie gemeinsam mit der Domaine Alice Hartmann, einem der traditionsreichsten Weingüter Luxemburgs, ein gemeinschaftliches Riesling-Projekt ausgeheckt. Die Trauben dieser Selektion wachsen in der Spitzenlage Koeppchen. »Der Riesling ist wie ich, trocken, aber sehr charmant!« strahlt die Grande Dame. »Der ausdrucksstarke Riesling passt sich dem Zander besonders gut an und lässt seinen exotischen Aromen freien Lauf. Die pikante Säure sorgt mit zartem Biss für Spannung und vor allem für Lust auf ein weiteres Glas.«

Bart de Pooter, Pastorale
Gegrillte Seezunge in brauner Butter
& saftiger Weißwein mit zarter Eleganz

1 große Seezunge (ca. 1,2 kg)
1 EL Transglutaminase-Pulver
50 g hell gebräunte und durch ein Tuch passierte flüssige Butter (Beurre Noisette)
Fleur de sel
frisch gemahlener Pfeffer
500 g Petersiliewurzel
5 geschälte Kastanien
Saft und Abrieb von einer unbehandelten Zitrone
Fleur de sel
1 Büschel wildwachsende Brunnenkresse
1 EL Butter
Muskatnus frisch gerieben

Petersilienwurzel-Krokant:
300 g Petersilienwurzel
30 g Reismehl
50 g Isomalt
50 g Eiweiss
2 g Salz
10 g hartes Weizenmehl
1 Tl Sahne
frisch geriebene Muskatnuss

Bart de Pooters Weinempfehlung zur Seezunge:
2008 Riesling Terra Montosa
Weingut Georg Breuer,
Rüdesheim, Rheingau

Weinbegleitung:
Weißwein-Typ 2

Die Petersiliewurzeln für das Krokant im Ofen bei 150 °C gut 40 Minuten gar werden lassen. Mit den restlichen Zutaten in einem Thermomix-Gerät vermischen und auf einem Silpad (Silikon-Backmatte) dünn ausstreichen. 8 Minuten im vorgeheizten Ofen bei 150 °C backen und in einem Easydry-Gerät trocknen.

Die Seezunge filetieren. Die Filets mit Transglutaminase bestreuen, aufeinander legen und mit Plastikfolie fest einwickeln. 1 Stunde ruhen lassen. Anschließend aus der Folie nehmen. Die Seezungenfilets kurz grillen. Danach halbieren, mit 50 g Beurre Noisette in einem Plastikbeutel vakuumverschließen. Bei 52 °C im Wasserbad 6 Minuten ziehen lassen. Herausnehmen, mit Fleur de sel und frisch gemahlenem Pfeffer würzen.

Die Petersilienwurzeln und die Kastanien in Brunoise (kleine Würfel) schneiden und mit etwas Beurre Noisette in der Pfanne schmoren lassen. Mit Zitronenabrieb, etwas Zitronensaft und Salz abschmecken.

Einige Blättchen und Zweige der Brunnenkresse als Garnitur aufheben. Die restliche Brunnenkresse blanchieren und pürieren. Vor dem Servieren mit 1 Esslöffel frischer Butter und Muskatnuss abschmecken.

Die unterschiedlichen Zutaten dieses Gerichtes, sowie die individuell eingesetzten Koch- und Gartechniken fordern einen relativ komplexen Wein. Terra Montosa besticht mit zarter Reife, erfrischender Mineralität und wohlschmeckender Vielschichtigkeit. Lebhafte Pfirsicharomen und eine fast salzig anmutende Säure vereinen sich harmonisch zu angenehmer Tiefgründigkeit mit köstlichem Schmelz, der lange auf der Zunge bleibt. In diesen süffigen Riesling-Cuvée vereinen sich die unterschiedlichen Böden des steinigen Rüdesheimer Bergs (Schiefer und Taunusquarzit) und den etwas tieferen Rauenthaler Lagen (Lehm und Löss). Natürlich hat Terra Montosa nicht die Dominanz eines Berg Schlossbergs oder Nonnenbergs, aber er vereint sehr harmonisch alles Positive dieser Weinbergslagen und nimmt es Dank seiner angenehmen Reife ohne weiteres mit der Seezunge auf.

André Siebertz
Iberico mit Sardellen-Oliventapenade
& vielschichtig eleganten Sherry

400 g Iberico Schweinerücken
Saft von 8 Orangen
Schale von
  1 unbehandelten Orange
60 g Pinienkerne
5-6 Kaffeebohnen
100 ml Kalbsjus
1 Zucchini
Salz, Pfeffer
Olivenöl
Tapenade von schwarzen
  »Aragon« Oliven
  und Sardellen

Zuerst die Fettschicht des Iberico Schweinerückens einritzen. Das Rückenstück kross anbraten und im vorgeheizten Backofen bei 75 °C ca. 1,5 Stunden sanft garen bis es eine Kerntemperatur von 57 °C hat.

Orangen auspressen, die Orangenschale mittels eines Sparschälers ablösen und in den Orangensaft geben. Den Saft aufkochen und auf ein Drittel reduzieren. Die Pinienkerne rösten und bis zum Anrichten zur Seite stellen. Die Kaffeebohnen fein zu Staub zermörsern und ein wenig von dem Pulver mit der Tapenade vermengen. Die Kalbsjus mit einer kleinen Menge des reduzierten Orangensafts aromatisieren. Darauf achten, dass die Sauce nicht zu flüssig wird. Die Zucchini in Scheiben schneiden und in einer Grillpfanne grillen. Mit Salz und Pfeffer aus der Mühle würzen und anschließend mit etwas Olivenöl marinieren.

Den Iberico Schweinerücken nach dem Garen etwas ruhen lassen, dann mit Salz, gemahlenem Pfeffer und dem Kaffeepulver würzen. Anschließend in Tranchen schneiden und auf den gegrillten Zucchinischeiben anrichten. Mit Jus und Oliven-Sardellen-Tapenade nappieren und die gerösteten Pinienkerne darüber verteilen.

André Siebertz'
Weinempfehlung zum
Iberico Schwein:

Palo Cortado de Jerez
(Solera matured by Vides 1/56)
Lustau Almacenista,
Jerez de la Frontera

Weinbegleitung:

Verstäkter Wein Typ 3

Ein ausdrucksvoller Sherry, der mit lebhafter Frische, reifen Aprikosearomen, anregend herber Kumquat, sanften Moccanoten und eleganten Schmelz besticht. Für diesen hochprozentigen Vertreter ist ein Partnergericht mit würzig pikanten Noten, entsprechendem Fettanteil und hohem Salzgehalt notwendig. Die geschmacksintensiven Zutaten des gebratenen Iberico Rückens befördern die Fruchtaromen des Palo Cortado charmant in den Vordergrund. Als perfekter Puffer erweist sich in diesem Fall die Tapenade aus schwarzen Oliven, Sardellen und Kapern, sowie der zarte Moccageschmack der gemörserten Bohnen. Hinzu kommen die nussigen Anklänge der gerösteten Pinienkerne und die Röstaromen der gegrillten Zuchinischeiben, beide fangen die Gerbstoffe des Palo Cortado auf und nivellieren den Alkohol – zumindest sensorisch. Ein weiteres, aromatisch unterstützendes Bindeglied ist der reduzierte Orangensaft, der sich in der Jus befinden. Dieser Trick verstärkt die fruchtige Seite des Sherrys und sorgt für zusätzliche Lebhaftigkeit. Ziel ist eine geschmackvolle Symbiose zwischen Sherry und Gericht, die Lust auf den nächsten Bissen macht, weil sie den hochprozentigen Wein als erfrischenden Partner zulässt.

Karl-Heinz Wehrheim
Wildschweinkeule im Ofen geschmort mit Rotkraut nach König Ludwig

1 Wildschweinkeule (ca. 2 kg)
je 300 ml Kalbs- und Wildfond
1 Flasche milder Rotwein
10 Knoblauchzehen
1 Stück Ingwer (ca. 1–1,5 cm)
2 El Honig
3 El Zwetschgenmarmelade
1 Bund Suppengemüse
 (1/8 Sellerieknolle,
 2 Karotten, 1 Stange Lauch,
 1 Zwiebel)
7 Nelken
5 Wacholderbeeren
2 Lorbeerblätter
2 El Butterschmalz
1–2 Stückchen Schokolade
 (80 % Kakaoanteil)
500 g Rotkohl
Olivenöl
100 ml Gemüsebrühe
Aceto balsamico
Salz, Pfeffer

Karl-Heinz Wehrheims
Weinempfehlung zur
Wildschweinkeule:

2004 Kastanienbusch
Spätburgunder Großes
Gewächs
Weingut Dr. Wehrheim,
Birkweiler, Pfalz

Weinbegleitung:

Rotwein-Typ 3

Das Fleisch in einer Mischung aus Kalbs- und Wildfond sowie Rotwein für 2 Tage einlegen. Verwenden Sie einen milden Wein mit wenig Säure, da die Sauce später nach dem Eindicken sonst vielleicht zu säuerlich wird. In diese Brühe 10 Knoblauchzehen, geschälten, klein geschnittenen Ingwer, 1 El Honig, 3 große El Zwetschgenmarmelade sowie das geputzte und gewaschene Wurzelgemüse geben. 5 Nelken, Wachholderbeeren und Lorbeerblätter in ein Teesieb geben – dann kann man es jederzeit während des Schmorens entfernen.

Nach 2 Tagen das Fleisch von allen Seiten in Butterschmalz anbraten, sodass sich die Poren schließen. Anschließend den Braten wieder in den Topf mit der Brühe geben. Der Braten sollte zu mindestens 2/3 im Saft liegen. Im Topf mit Deckel für ca. 30 Minuten bei 220 °C in den vorgeheizten Ofen schieben. Anschließend den Ofen auf 150 °C zurückschalten und den Braten mehrere Stunden (pro Kilo eine Stunde) schmoren lassen. Mit einer Gabel kann man jederzeit den Weichheitsgrad kontrollieren. Trocken kann das Fleisch im Grunde nicht werden, da es mit Brühe bedeckt ist. Wenn das Fleisch beginnt auseinander zu fallen, vorsichtig aus der Brühe nehmen, in Alufolie einpacken und warm stellen. Die Sauce abseihen, stark reduzieren und abschmecken. Ein kleines Stück 80 %-ige Schokolade gibt der Sauce den letzten Schliff!

Dazu passt Rotkraut. Rotkohl entblättern und in grobe Stücke brechen. In heißem Olivenöl in einer Pfanne unter ständigem Wenden anbraten. 1 El Honig, 2 Nelken, 100 ml Brühe sowie etwas Aceto balsamico in die Pfanne zum Rotkohl geben. Mit Deckel etwas ziehen lassen und anschließend die Brühe wieder verkochen lassen. Mit Salz und Pfeffer würzen.

»Am liebsten ein 2004 Kastanienbusch Spätburgunder Großes Gewächs!«, entgegnet Karl-Heinz Wehrheim, während er genussvoll das Fleisch tranchiert: »weil dieser Wein jetzt ideale Trinkreife besitzt, über eine samtige Tiefgründigkeit verfügt und nach reifen Beeren aus dem Garten duftet. Das alles gepaart mit der dem Pinot Noir eigenen Säure, lässt ihn geradezu eigenwillig wild erscheinen und passt damit bestens zum Wildschwein aus dem Kastanienbusch.«

Harald Rüssel
Bentheimer Schwein & feinherber Riesling mit zarter Reife

120 g Schweinebauch
120 g Schweinenacken
Salz, Pfeffer
180 g Kotelett
30 g Pflanzenöl
5 Zweige Thymian
1/2 Knoblauchzehe
  (fein gehackt)
120 g Weißkraut
45 g Butter
25 ml Brühe
3 cl Gin
2 cl Riesling
Maisstärke
4 g Kreuzkümmel
14 Schalotten (fein gewürfelt)
100 ml Kalbsfond
1 cl Spätburgunder (jung)
gekochte Pellkartoffeln
Pflanzenfett
20 g grobe Leberwurst
1 Eigelb
1 Tl Sahne
frisch geriebene Muskatnuss

Den Schweinebauch einritzen und zusammen mit dem Nacken und Kotelett kräftig würzen. Anschließend anbraten und im vorgeheizten Backofen bei 180 °C auf einem Gitter fertig garen, bis das Fleisch eine Kerntemperatur von 56 °C erreicht hat. Das Fleisch mit Thymian und Knoblauch nachbraten.

Das Weißkraut klein schneiden und in 20 g Butter anschwitzen. Anschließend mit Brühe, 2 cl Gin und Riesling ablöschen. Mit Salz und Pfeffer würzen. Die Flüssigkeit mit ein wenig in Wasser angerührter Stärke binden. Den Kreuzkümmel mit dem Mörser zerkleinern und mit einer fein gewürfelten Schalotte in Butter anschwitzen. Mit restlichem Gin ablöschen. Mit Kalbsfond auffüllen, leicht reduzieren und mit Salz und Pfeffer abschmecken. Den Spätburgunder hinzugeben, kurz aufkochen, passieren und würzen.

Die Kartoffeln pellen, halbieren und aushöhlen. Die Kartoffeln in Pflanzenfett frittieren. Die restlichen Schalottenwürfel in der verbliebenen Butter anschwitzen und abkühlen lassen. Dann mit Leberwurst, Eigelb und Sahne vermengen und mit Salz, Pfeffer und Muskat abschmecken. Als Füllung in die ausgehöhlten Kartoffeln geben und im vorgeheizten Ofen bei 160 °C gratinieren. Das Fleisch tranchieren und die Scheiben auf etwas Aniskraut anrichten und mit etwas Kreuzkümmeljus servieren.

Harald Rüssels Weinempfehlung zum Bentheimer Schwein:
2007 Saarfeilser Riesling Spätlese feinherb
Weingut St. Urbans-Hof, Leiwen, Mosel

Weinbegleitung:
Süßwein-Typ 2

Harald Rüssels sympathischer Schwager Nik Weis führt das 40 Hektar große Weingut St. Urbanshof in dritter Generation, damit bestimmt der Riesling das tägliche Umfeld. Harald Rüssel ist einer der wenigen Köche, die hervorragend zu reifen und auch zu restsüßen Rieslingen kochen können und mögen. Und dieser Saarfeilser Riesling hat es in sich! Ein echter Sponti, nur mit wilden Hefen vergoren. Bitte nicht die Nase rümpfen, denn so kann ein halbstarker Riesling mitten in der Pubertät schon mal riechen. Viel entscheidender sind die rauchige Mineralität, das umwerfende Säure-Süße-Verhältnis, der saftige Schmelz und vor allem der lange Nachhall. »Der Saarfeilser Riesling spielt mit den teilweise recht intensiven Zutaten dieses facettenreichen Gerichtes, die sich über die fruchtexplosive Partnerschaft freuen. Die notwendige Verbindung zur Süße schafft die reduzierte und damit leicht salzige Sauce. Ein Rotwein mit ausdruckvollen Tanninen würde die geschmackliche Intensität dieser köstlich zarten ›Schweinereien‹ überdecken.«

Anhang

A wie Anfang …
und der Weg ist das Ziel

Wie im Vorwort bereits erwähnt, ist die genussvolle Verbindung von Wein und Speisen seit langem ein fester Bestandteil meines Lebens. Wissen und Leibesumfang sind im Lauf der Zeit gewachsen und irgendwann kam ich an den Punkt, an dem ich wissen wollte, warum manche Zusammenstellung funktioniert und manche eben nicht. Den eigentlichen Ausschlag zu diesem Vorhaben gab das Weinmagazin VINUM. Mit der geplanten weinkulinarischen Serie kam ich in die Zwangslage, meine Erfahrungen zu systematisieren. Es ist definitiv ein Unterschied, ob man über die Verbindung von Wein und Speisen einfach plaudern darf oder darüber schreiben muss. Letztlich musste ich mich festlegen und nachvollziehbare Resultate schaffen. Auf diesem Weg entstanden Millionen Fragen, viele Gespräche und herzhafte Diskussionen. Die unterschiedlichen Thesen wurden in stundenlangen Sitzungen mit entsprechenden Weinen auf Geschmack und Auswirkung geprüft. Und oftmals wiederholt und nochmals überprüft, weil letztendlich eine logische Schlussfolgerung fehlte. Dabei ist mir aufgefallen, dass die meisten Sommeliers wissen, welche Kombination funktioniert aber ihnen deshalb noch lange nicht klar ist, warum.

Völlig unmöglich, all diese Fragen alleine zu lösen! Dazu benötigt man strukturierte und geduldige Sparringspartner mit denen man sich kompetent auseinander setzen kann. Die auch nach der tausendsten Frage noch zuhören und geduldig Rede und Antwort stehen. Im Nachhinein ist es wirklich so – auch wenn ich es zwischendurch nie hören wollte: Jede noch so geringfügige Diskussion war qualitätsfördernd! Notwendige Rückendeckung für dieses Projekt erhielt ich von meinem Mann Rolf Fischer. Während Dr. Holger Schneider und Dr. Thomas Hauffe den verlegerischen Vertrauensvorschub für die überarbeitete Neuauflage lieferten, stellten Erik Muth und Helena Mariscal die entscheidenden Fragen. Prof. Ulrich Fischer nahm sich Zeit für wichtige Korrekturen und Prof. Dr. Thomas Vilgis hat es tatsächlich geschafft, mich wissbegierig auf lebensmittelchemische Hintergründe zu machen. Ingo Holland, André Siebertz und Michael Kammermeier kochten geduldig nach all meinen Vorgaben, während sich »Versuchskaninchen« Christine Balais mit untrüglicher Nase durch alle von mir aufgestellten Thesen probierte. Einen ganz herzlichen Dank an den sensiblen Foto- und Filmemacher Bernd Euler und die graphischen Fingerzeige von Irene von der Groeben und Kirsten Wittneven. Aber ohne die Redaktion von Michael Büsgen, der sich durch nichts aus der Ruhe bringen ließ, wäre das alles nicht zu schaffen gewesen. Für ein gutes Buch müssen viele Drähte in richtiger Reihenfolge zusammenlaufen. Das habe ich gelernt! Last but not least natürlich ein riesigen großes Dankeschön an Claudia Schug-Schütz für ihre grandiose Übersetzung und all die Menschen, die mir in den letzten Monaten geduldig zugehört und all meine Fragen beantwortet haben. Herzlichen Dank Euch allen!

Z wie Zusammenarbeit ...

Der Verlag und die Autorin danken folgenden Personen, Unternehmen und Institutionen für die Unterstützung bei der Realisierung dieses Buches:

Gerolsteiner Brunnen GmbH & Co. KG
www.gerolsteiner.com

Die ausgewogene Mineralisierung und der daraus resultierende harmonische Geschmack machen das Mineralwasser aus der Vulkaneifel auch zu einem idealen Begleitgetränk für Wein. Mit Gerolsteiner Sprudel, Medium und Naturell, die sich im Kohlensäuregehalt und in ihrer Mineralisierung unterscheiden, kann Gerolsteiner zu jedem Wein ein Mineralwasser bieten, das den Charakter des Weines optimal zur Geltung bringt.

Österreichische Wein
marketing-serviceges.m.b.H
www.weinausoesterreich.at

Die Vielfalt der österreichischen Weinlandschaft spiegelt sich in der Vielfalt der Weintypen. Durch ihren kompakten Körper und die klimabedingte Frische sind Österreichs Weine geniale Speisenbegleiter zu Gerichten der unterschiedlichsten Kochstile und Küchen – von Mitteleuropa über die mediterranen Länder bis nach Asien, von Ethno bis zur Fusion-Küche.

VINATUREL
www.vinaturel.de

Vinaturel ist ein Spezialist für hochwertigste Bioweine, hier finden Sie Weine mit authentischem, natürlichem Geschmack, die naturnah oder nach den Regeln der Biodynamie erzeugt werden. Nicht Technik und Chemie bestimmen über Qualität und Geschmack der Weine, sondern ausschließlich die Böden, das Klima und das Können der Winzer. Das Ergebnis sind terrainspezifische und authentische Weine.

Zwiesel Kristallglas AG
www.zwiesel-kristallglas.com

Zwiesel Kristallglas steht im Jahr des 140-jährigen Jubiläums an der Spitze der Kristallglashersteller, wenn es um Tischkultur, Drinks und Living geht. Das Unternehmen erfüllt die hohen Anforderungen professioneller Anwender und privater Haushalte zugleich: Die Zusammenarbeit mit Topgastronomen und renommierten Designern sowie nachhaltige Material- und Produktinnovationen machen Zwiesel Kristallglas weltweit zum führenden Anbieter.

Christine Balais,
CB-Weinberatung
www.balais.de

Ralf Bos
Bos Food
www.bosfood.de

Frank Buchholz
www.frank-buchholz.de

Weingut Ansgar Clüsserath
www.ansgar-cluesserath.de

Deutsche Wein- und Sommelierschule
www.weinschule.com

DWI – Deutsches Weininstitut GmbH
www.info@deutscheweine.de

Prof. Dr. Ulrich Fischer –
Weinbau und Oenologie
Dienstleistungszentrum
Ländlicher Raum (DLR)
Rheinpfalz
www.dlr-rheinpfalz.rlp.de

Weingut Rudolf Fürst
www.weingut-fuerst.de

Ingo Holland
Altes Gewürzamt
www.ingo-holland-shop.de

Ente im Nassauer Hof,
Michael Kammermeier
www.nassauer-hof.de

Wielandshöhe, Vincent Klink
www.wielandshoehe.de

Lea Linster
www.lealinster.lu

Parmigiano Reggiano
www.parmigiano-reggiano.it

Sommelier Union
Deutschland e.V.
www.sommelier-union-deutschland.de

VDP – Verband Deutscher Prädikatsweingüter e. V.
www.vdp.de

Vinum
www.vinum.info

Register

Adelmann, Michael Graf 15
Albariño 57
Alkohol 94
Aminosäuren 96
Aromen 34, 40, 44-47, 92, 94, 104
Aromenbibliothek 44-47
Artischocke 168
Asparagin 96
Austern 180, 182

Ballaststoffe 92
Banyul 78f.
Barbaresco 67
Bardolino 63
Barolo 67
Beaujolais 63f.
Becker, Hajo 13
Beizen 98
Besser, Klaus 13
Beurre blanc 42, 118
Blaufränkisch 64
Bocuse, Paul 10
Boeuf Bourguinon 167, 177
Bordeaux 63 ff.
Bordelaiser 63, 64, 141 ff.
Bos, Ralf 25 f., 143 f.
Botrytis 60, 76 f.
Bourgueil, Jean-Claude 12
Brot 181
Buchholz, Frank 25, 216
Burgunder 56, 60, 64, 66

Cabernet Sauvignon 62, 64, 67, 107
Carmenere 65
Cava 71
Champagner 70 ff., 199 ff.
Chardonnay 56 f., 59, 61
Chasselas 57

Chenin Blanc 76
Chianti 64
Chilisauce 121
Choucroute 177
Chutney 120
Clairet 63
Clüsserath, Eva 19, 212
Coq au Vin 175
Cremant 71
Cuvée 70, 72

Dämpfen 98
Diel, Armin 15
Dijon-Senf 170
Districtus Austriae Controllatus (DAC) 56, 64
Dolcetto 64

Eiermann, Lothar 11
Eis 173
Eiswein 76
Eiweiß 95
Elbling 54
Engelhardt, Egbert 11, 14
Entrecôte 177
Ethanol 94

Falkenstein, Pit 13
Faustregeln 178-183
Feinde 167-173
Feinschmecker 13
Fendt, Jürgen 201
Fett 41 ff., 94 f.
Fisch 95 f.
Flaschengärung, traditionelle 71
Fleisch 95 f.
Fond 42
Franciacorta 71
Freunde 167, 174-177

Fruchtzucker 169
Fürst, Monika 22, 222

Garmethoden 96 f.
Gartner, Gerhard 12
Gerbstoffe 36, 39
Geruchssinn 44 f.
Geschmacksrichtungen 34 f.
Geschmacksverstärker 34, 92, 169
Gewürze 39 ff.
Gewürztraminer 60
Glutamat 34, 99
Glycerin 93
Gourmet 13
Gran Reserva 67
Grauburgunder 56, 60
Grundsaucen 42
Grüner Veltiner 54, 56, 60

Haeberlin 10
Holland, Ingo 17, 211, 218
Huegel, Jean 29

Joghurt 172
Jus 42, 119

Kaffee 173
Kammermeier, Michael 21
Käse 181, 184-191
Keller, Franz 13
Klink, Vincent 11, 28 f., 220
Kohlensäure 199 f.
Krimsekt 73

Linster, Lea 28, 224
Lysin 96

Madeira 78 f.
Malaga 78

Marinieren 98
Matjes 172
Matuschka-Greiffenclau,
　　Erwein Graf 14 f.
Meeresfrüchte 174
Meerrettich 170
Merlot 65
Methode Champenoise 70 f., 200
Milchprodukte 95
Mineralstoffe 93
Mineralwasser 201-207
Moscato d'Asti 74
Müller, Jörg 11
Munster 175
Muscadet 54
Muscat de Rivesaltes 78
Muskateller 54

Niepoort, Dirk van der 18 f.

Paczensky, Gerd von 13
Peptide 96
Perlwein 70 f.
Petit Maseng 76
Phenole 93
Pinot Grigio 56
Pinotage 65
Pochieren 98
Pökeln 98
Pooter, Bart de 26 f., 226
Portugieser 63
Portwein 78 f.
Prosecco 70
Proteine 92, 95 ff.
Pufferung 36 f.

Rebholz, Hans 13
Reife Weine 80 f.
Reserva 67

Rettich 170
Riesling 55 f., 58, 74 ff.
Rosé 62 f.
Rosso di Montepulciano 64
Röstaromen 97
Rotling 63
Rotwein 62–69
Ruck, Hans 24, 214
Rungis-Express 11
Rüssel, Harald 20, 232
Ruster Ausbruch 76

Saignée-Methode 62
Sangiovese 67
Sardellen 171
Sauce 38–43
Sauerkraut 171
Saumur Champigny 64
Säure 92
Sautieren 96 f.
Sauvignon Blanc 56 f.
Schaumweine 70–73
Scheurebe 56, 76
Schilcher 71
Schillerwein 63
Schmitt, Adalbert 11
Schmitt, Paul 13
Schmoren 97
Schokolade 192-197
Schön, Dr. Werner 14
Schubert, Dr. Carl von 15
Sherry 78 f.
Shiraz 69, 73
Siebeck, Wolfram 13
Silvaner 56
Spargel 174
Spätburgunder 64
Spinat 168
Steirische Klassik 56

Steirischer Junker 54
Stilton 176
Stopfleber 179
Süßspeisen 181
Süßwein 74–77
Syrah 67

Toasting 94
Tomaten 169
Traminer 56
Trollinger 63
Trüffel 140-149

Umami 34 f.

Valpolicella 63
Verdejo 57
Vernatsch 63
Verstärkte Weine 78 f.
Vinho Verde 54
Vintage Champagner 72
Vollrads, Schloss 14 f.

Wachauer Steinfeder 54
Wasabi 170
Wehrheim, Karl-Heinz
　　22 f., 211, 230
Weintypen 48–81
Weißburgunder 54, 56
Weißwein 54–61
Welschriesling 76
Willsberger, Johannes 13
Winzersekt 71
Witzigmann, Eckart 10 f.
Wodarz, Hans-Peter 11
Wohlfahrt, Harald 12
Wolf, Karl-Heinz 11

Quellenverzeichnis

Guy Bonnefoit, *Faszination Wein & Aromen*, Rödermark 2008
Jürgen Dollase, *Kulinarische Intelligenz*, Wiesbaden 2006
Philippe Faure-Brac, *Kulinarische Harmonie*, Bielefeld 2004
Christina Fischer & Ingo Swoboda, *Riesling*, München 2005
Christina Fischer, *Weingenuss & Tafelfreuden*, München 2005
Harington, Wiley, Food and Wine Paring, in: *Feinschmecker Bookmagazine Nr. 15*, Hamburg 2009
Beat Koelliker, *Die neue Hallwag Weinschule*, München 2008
Bernd Kreis, *Essen und Wein*, München 2008
Manfred Kriener, Schaumwein, in: *Der Tagesspiegel*, Dezember 2008
Prof. Dr. Thomas Vilgis, *Kochuniversität Geschmack*, Wiesbaden 2010
Martin Wurzer-Berger, Prof. Dr. Thomas Vilgis (Hrsg.), *Journal Culinaire, No 7*, Münster 2008
Slowfood-Magazin 4-2010 / Geschmack
Ingeborg Pils – auf einmal waren's sechs
Cornelia Ptach – Umami in aller Munde
Champagner Magazin Meininger – 12/2011
Falstaff Magazin – 06/2011

Weiterführende Websites

www.beringer.com
www.bringer.com www.brockhaus.de
www.deutscher-sektverband.de
www.ernestopauli.ch
www.gerolsteiner.de
www.howeg.ch/Jerry Comfort
www.landwirtschaft-mrl.baden-wuertemberg.de
www.lebensmittellexikon.de
www.netzwissen.com
www.oesterreichwein.at
www.teubner-verlag.de/wissen
www.unileverfoodsolutions.de
www.wein-plus.de www.weinschule.de www.wikipedia.de
www.zwiesel-kristallglas.com

Bildnachweis

Archiv Schloss Vollrads: S. 11 (u), 15; Ralf Bos: S. 26 (o.); Champagne Louis Roederer: S. 201; DEEPOL/Edith Lauenstein: S. 8/9; dpa/picture alliance: S. 11 (o); Bernd Euler: S. 6, 16, 17, 21, 44, 55 (4), 57 (3), 61 (1), 63 (4, 6), 65 (3, 5, 6), 69 (1, 5), 71 (1, 4, 5, 6), 73 (2), 75 (2, 3), 77 (1), 82, 102/103, 104, 106, 107 (alle), 108, 111, 112, 113, 127, 129, 131, 135, 137, 139, 145, 147, 149, 150, 155, 156, 157, 158, 159, 160, 161, 162, 163, 184, 192, 194, 202, 211, 215, 217, 219, 221, 223, 229, 231;
Christina Fischer: S. 26 (u), 93 (o), 140, 144, 146, 148, 153, 227; Gaggenau Hausgeräte GmbH: S. 92, 97 (alle), 99 (alle); Gerolsteiner Brunnen GmbH & Co. KG: S. 205; Lea Linster: S. 28, 225; Mauritius – Die Bildagentur: S. 170 (o), 171 (u), 172 (u); Niepoort/Pedro Lobo: S. 18; S. 183; RÜSSELs Landhaus St. Urban: S. 20, 233; vdp: S. 13 (o); Vinaturel/Andreas Huber: S. 198; Weingut Rudolf Fürst/Udo Herrmann: S. 22, 185; Weingut Dr. Wehrheim: S. 23; Zwiesel Kristallglas AG: S. 84, 85 (alle), 87 (alle), 207 (alle).

Alle übrigen Fotos: © Tamara Jung-König/Arne Landwehr – DEEPOL

© 2012 Fackelträger Verlag GmbH, Köln
Gestaltung und Satz: Kommunikationsdesign Petra Soeltzer, Düsseldorf / Igor Divis, Dortmund
Lektorat: Erik Muth
Gesamtgestaltung: Fackelträger Verlag GmbH
Alle Rechte vorbehalten

ISBN 978-3-7716-4509-0
www.fackeltraeger-verlag.de